KB076396

하마터면
또 회계를 모르고 일할 뻔했다!

하마터면 또 회계를 모르고 일할 뻔했다!

초판 1쇄 발행 | 2022년 11월 29일
초판 9쇄 발행 | 2024년 8월 29일

지은이 | 김수헌, 이재홍
펴낸이 | 이원범
기획·편집 | 김은숙
마케팅 | 안오영
표지디자인 | 강선욱
본문디자인 | 김수미

펴낸곳 | 어바웃어북 about a book
출판등록 | 2010년 12월 24일 제313-2010-377호
주소 | 서울시 강서구 마곡중앙로 161-8 C동 1002호 (마곡동, 두산더랜드파크)
전화 | (편집팀) 070-4232-6071   (영업팀) 070-4233-6070
팩스 | 02-335-6078

ⓒ 김수헌·이재홍, 2022

ISBN | 979-11-92229-16-4   03320

투자에서 비즈니스까지 한칼로 끝내는 | 김수헌·이재홍 지음 |

하마터면 또 회계를 모르고 일할 뻔했다!

어바웃북

회계 공부 시작만 n번째,
결심하고 포기하는 무한반복의 사슬을 끊어드리겠습니다!

『하마터면 회계를 모르고 일한 뻔했다!』를 세상에 내놓은 게 2018년 11월입니다. 그해 봄에 기획하고 여름에 원고를 집필해 늦가을 무렵 세상에 선보였습니다. 이 책은 저자들이 감당하기 어려울 정도로 많은 독자의 사랑을 받았습니다. 이 자리를 빌려 감사 인사를 드립니다.

어느 저자나 비슷하겠지만, 책을 내고 나면 항상 후련함 뒤로 후회가 밀려옵니다. 집필할 때는 괴롭고 힘들어 얼른 끝내고 싶지만, 출간하고 나면 '이 부분은 좀 더 자세하게 쓸 걸 그랬나?' 또는 '이 부분은 다른 방식으로 설명해야 했는데……' 하는 것들입니다.

책을 열독한 많은 독자께서 다양한 질문을 보내주셨고, 이에 답하는 과정에서 회계 초보자들이 느끼는 애로를 다시 체감할 수 있었습니다. 아울러 출간 이후 산업계에서 회계 이슈가 발생할 때마다 "이런 내용을 좀 더 쉽게 해석하여 『하마 회계(많은 분이 다소 제목이 긴 이 책에 이런 애칭을 붙여주셨습니다)』에 담았더라면 좋았을 텐데……" 하는 생각이 들곤 하였습니다.

『하마 회계』가 저자들의 첫 작품은 아닙니다. 초판 서문에서도 말씀드렸듯이 『하마 회계』를 내기 2년 전에 저자들은 '기초부터 고급까지 한 권에 담았다'는 캐치프레이즈를 내걸고 『이것이 실전회계다』를 출간하였습니다. 기획 단계에서 저자들의 목표는 지금까지 세상에 없었던 새로운 책을 만드는 것이었습니다. 당시 기초 회계를 다루는 책이 더러 있었기 때문에 중급자를 타깃으로 실제 사례를 통해 중요한 회계 개념을 설명하고자 했습니다. 이 책 역시 많은 독자의 사랑을 받았습니다.

그런데 독자 반응에는 공통적인 내용이 담겨있었습니다. "내용이 알차고 좋다. 그러나 혼자 공부하기에는 어려운 게 아쉽다"는 것이었습니다. SNS에 올라온 서평 역시 "회계 공부에 관심 있는 사람에게 책을 강추한다"면서도 "초급자용은 아니니 난이도에 유의하라"는 내용이 주를 이뤘습니다.

후속작으로 기초 회계 책을 써 보라는 주위 권유에도 망설일 수밖에 없었던 이유는 동어반복의 진부한 책을 시장에 더하는 게 아닐까 하는 우려 때문이었습니다. 오랜 망설임을 멈추고 기초 회계 책을 집필해야겠다고 결심하게 한 동인(動因)은 『이것이 실전회계 다』에 보내주신 독자 여러분의 아쉬움이었습니다.

회계 분야에서 지금까지 세상에 없었던 내용으로만 책을 쓰는 것은 불가능합니다. 하지만 독자들이 좀 더 친숙하게, 좀 더 쉽게, 좀 더 원리적으로, 그리고 좀 더 체계적으로 회계를 이해할 방법을 제시할 수는 있습니다. 회계라는 익숙한 주제를 새로운 시각과 접근으로 풀어낸 것이 바로 『하마 회계』였습니다.

그리고 3년 만에 저자들은 『하마 회계』 개정판을 내놓고 독자 여러분과의 만남을 기다리고 있습니다. 그동안 독자 여러분과 주고받은 피드백을 반영해 초판 내용을 좀 더 가다듬었습니다. 그리고 최근 산업계에서 발생한 회계 이슈를 대폭 추가하였습니다. 주식투자 열기 속에서 많은 투자자가 『하마 회계』를 찾았습니다. 주식투자를 위한 첫 단추가 재무제표 분석인 만큼, 회계 공부의 필요성을 느끼는 투자자가 많아졌다는 것은 반가운 현상입니다. 공부하는 투자자들을 위해 개정판에서는 '회계의 쓸모'를 주식투자로 확장해보았습니다. 수주업만의 고유한 회계 처리 특성을 몰라서 주식을 던져버린 투자자 이야기, 기자들마저 잘못 이해하고 엉

터리 분석 기사를 내놓기 일쑤인 재고자산 회계 처리 문제, 합의금 1조 원을 놓고 LG와 SK 두 기업의 엇갈린 회계 처리, 감사보고서를 통해 기업의 위기 시그널을 포착하는 법, 회계로 저평가된 주식 찾기 등 개정판에서 보강한 주식투자자 맞춤 회계 이야기는 여러분의 투자 판단을 도울 것입니다.

아예 새 책을 쓸까 고민도 하였지만 이미 세상에 '저질러놓은' 책의 완성도를 더 높인 다음, 시간을 두고 또다시 세상에 없는 책을 만들겠다는 각오로 후속작에 도전해 보기로 하였습니다.

가을이 저물고 초겨울로 넘어가는 계절입니다. 독자 여러분의 건강과 행복을 기원합니다.

2022년 초겨울에
저자 김수현·이재홍

회계 공부를 아무리 해도 제자리걸음인 건,
여러분 책임이 아니다!

2년 전 필자들은 '실전 사례 중심으로 회계 이해와 재무제표 분석 능력을 최대한 끌어올릴 수 있는 회계 교양서를 만들자'는 목표를 가지고 의기투합했습니다. 그 결실이 『이것이 실전회계다』입니다.

이 책은 독자들로부터 과분한 찬사와 격려를 받았습니다. 하지만 이보다 더 필자들의 눈길을 끈 것은 자책이 담긴 일부 독자들의 반응이었습니다. "이 책을 보기에는 제가 많이 부족한가 봐요. 야심 차게 시작했지만, 결국 끝까지 못 봤습니다."

『이것이 실전회계다』에 대한 독자들의 평가를 쭉 종합해본 결과, 필자들이 내린 결론은 이랬습니다. '중급자 수준에서는 이만큼 알차고 명쾌하게 설명된 책이 없지만, 초보자 수준에서는 어렵다.'

실제로 수많은 기업에서 발생한 회계 사건들을 다루다 보니, 공부를 조금이라도 해 본 경험이 있는 독자들은 "실전 사례를 중심으로 회계와 재무제표를 하나하나 깨닫는 즐거움을 얻게 되었다"며

환호했지만, 회계 입문자들에게는 큰 부담으로 다가왔던 것이죠.

지인이 우스갯소리처럼 한 말이 떠올랐습니다.

"우리 남편 책장에 회계 입문서가 몇 권이나 꽂혀있는지 모르겠어요. 누가 보면 회계책 수집가인 줄 알겠어요. 그런데 끝까지 다 본 책은 한 권도 없대요."

많은 회계 초보자들이 번번이 좌절감을 맛보면서도, 희망을 놓지 못하고 있습니다.

그래서 필자들은 이들을 위해 회계 기초 체력을 확실하게 키울 수 있는 '진짜 입문서'를 써 보기로 했습니다. 회계 공부를 시작한 단계에서 과부하 일으킬 게 뻔한 내용은 과감히 걸러냈습니다. 주변 회알못(회계를 알지 못하는 사람)을 상대로 원고를 읽히고 피드백을 반영해 다시 쓰는 작업을 수차례 반복했습니다.

동시에 회계를 어떻게 설명할지 수 없이 고민했습니다. 우리가 찾은 답은 '원리'입니다. 원리만 완벽하게 이해하면, 어떤 문제를 만나도 헤쳐나갈 힘이 생깁니다.

회계 원리는 아주 단순합니다. '자산 = 부채 + 자본'이라는 간단한 원리에서 출발합니다. 초급에서 고급 회계까지 이 원리가 통하지 않는 회계 처리는 없습니다. 이 책은 '회계항등식'이라 불리는 이 원리가 다양한 상황에서 변주되는 모습을 보여줍니다.

백 마디 말보다 한 장의 그림이 전달력이 더 뛰어납니다. 이 책은 모든 회계 처리 과정과 결과를 그림으로 설명합니다. 그림을 쫓다 보면 자연스럽게 회계 원리뿐만 아니라 재무제표와의 연관관계를 이해할 수 있게 구성했습니다.

회계를 공부하는 목적은 달라도 목표는 한 가지로 귀결됩니다. 바로 재무제표 읽기입니다. 이 책은 독자들의 재무제표 독해력을 높임으로써, 회계를 공부하는 목적에 따라 재무제표를 활용할 수 있도록 돕고자 쓰였습니다. 이를 위해 최신 기업 사례를 수록했습니다. 기업들이 당면한 이슈는 재무제표에 숫자로 반영됩니다. 독자들은 경영 이슈들이 재무제표에 어떻게 반영되는지 확인함으로써, 기업을 보는 인사이트를 기를 수 있을 것입니다.

재무제표는 기업의 과거 거래를 보여주는 죽은 숫자들의 나열이라고 생각하는 분도 있을 것입니다. 그러나 재무제표 독해력을 높이면 기업의 살아있는 이야기를 읽어 낼 수 있습니다. 재무제표에는 기업의 역사와 현재, 그리고 미래를 보여주는 흥미진진한 이야기가 담겨 있기 때문입니다.

'회계'는 기업의 언어, 경영의 언어입니다. 이 책을 통해 여러분이 기업의 언어로 사고하고, 재무제표가 들려주는 많은 이야기를 들을 수 있게 되기를 소망합니다.

늘 그렇듯 많은 분의 도움으로 오늘 하루도 무사히 보낼 수 있었습니다. 이 책 역시 많은 분의 도움과 배려로 세상에 나올 수 있었습니다. 늘 감사하고 또 감사합니다.

이재홍, 김수헌

일러두기

* 책에 수록한 기업의 실제 재무제표는 독자의 이해를 돕기 위해 수치와 항목 등을 간략하게 편집한 것임을 밝힙니다.
* 재무제표에서 괄호로 표시된 숫자는 마이너스를 나타냅니다.
  예) (1,234) = −1,234

차례

Lesson 14 통신사와 연예기획사에만 있는 무형자산은?   282

- SK텔레콤의 2조 1700억 원짜리 전리품   283
- 주파수 자산 회계로 '좌우균형 원리' 꿰뚫기   285
- KT는 못쓰게 된 주파수이용권을 재무제표에 어떻게 반영했나?   288
- 연예인 전속계약금은 기획사의 무형자산   290
- 전속계약금 비용 처리(상각), 매출원가일까, 판관비일까?   293

Lesson 15 "외상대금 못 받을 거 같아요", 매출채권 손상   296

- 돈을 떼일 것 같으면 '대손충당금'과 '대손상각비'로   297
- 동네 슈퍼와 기업, 외상값 회계 처리 무엇이 다른가?   299
- 떼일 돈을 어떻게 추정하지?   302
- 떼일 줄 알았던 돈을 받았다면 재무제표에는 어떻게 기록할까?   303

Lesson 16 누구에게 언제 얼마를 줄지 정확히 몰라도 빚, 충당부채   305

- 프러포즈할 때 한 약속은 부채일까, 아닐까?   307
- 사장님이 약속한 성과급은 부채다!   309
- 식중독 사고 난 식품회사의 재무제표 변화는?   311
- 한방에 1조 원 비용 처리한 기아차의 사연   312
- 보증수리 의무도 부채다!   314
- 기아차 재무제표에 나타난 충당부채 분석   316
- 판매보증 충당부채로 호되게 고생한 평화정공   320

회계에 '원론'과 '개론'이 없는 이유

어느 학문이건 입문자를 위한 도서에는 대개 '원론' 또는 '개론'이라는 제목을 붙입니다. 『경영학원론』, 『심리학개론』, 『건축학개론』처럼요. 그런데 회계 입문서에는 '원리'라는 제목이 붙습니다. 왜 그럴까요?

답은 간단합니다. 회계를 잘하려면 먼저 원리를 깨우쳐야 하기 때문입니다.

수학을 잘하려면 개념과 원리를 제대로 이해해야 한다고 합니다. 하지만 정작 가르치는 사람이나 배우는 사람이나 원리를 이해하려 하기보다는 문제 유형과 풀이 방법을 익히는 데 여념이 없습니다. 심지어 수학을 암기 과목으로 규정하기도 합니다. 그러나 기본 원리를 제대로 이해하지 못하면 허구한 날 수학 문제와 씨름해도 돌아서면 잊어버리고 맙니다. 회계도 마찬가지입니다.

간단한 수학 문제를 예로 들어보겠습니다.

영식이는 가지고 있던 돈 가운데 공책을 사는 데 650원을 사용했다. 남은 돈의 2분의 1을 필통 사는 데 썼더니, 700원이 남았다. 영식이가 처음에 가지고 있었던 돈은 얼마인가?

> 공책을 사는 데 650원을 썼고,
> 남은 돈의 2분의 1로 필통을 샀어요.
> 그랬더니 700원 남았어요.

실제로 초등학교 5학년 수학책에 나오는 문제입니다. 선행 학습을 전문으로 하는 한 학원에서는 학생들에게 이 문제를 이렇게 풀어야 한다고 가르친답니다.

▶ **문제 1의 학원 풀이법**

- 처음에 가지고 있던 돈 : X
- 공책 : 650원
- 필통 : $\dfrac{(X-650)}{2}$
- 남은 돈 : 700원

$$X-650-\left\{\dfrac{(X-650)}{2}\right\}=700$$

양변에 2를 곱해주고, 정리하면
$$X=1400+650=2050원$$

21

처음에 가지고 있던 돈을 미지의 수 X로 놓고 방정식을 세워 푸는 방법입니다. 어떻습니까? 초등학생들에게 선행 학습으로 방정식을 가르치고, 문제를 이런 방법으로 풀라고 하면 수학 실력이 향상될까요?

이런 문제는 그림을 그려 놓고 눈으로 보면서 직관적으로 추론하면 쉽게 풀립니다. 기초적인 추론 훈련이 잘되어있어야 나중에 복잡한 문제를 방정식을 활용해 훨씬 수월하게 풀 수 있습니다.

▶ **문제 1을 직관적으로 푸는 방법**

길게 선을 하나 긋습니다. 이 선이 영식이가 처음 가지고 있던 돈입니다. 공책을 사는 데 650원을 쓰고, 남은 돈의 절반을 필통을 사는 데 썼더니 700원이 남았다는 것을 그림으로 표현하면 다음과 같습니다.

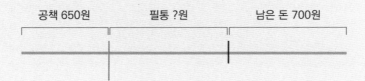

그림으로 표현하니 필통 값이 700원이라는 것을 금방 알 수 있습니다. 처음 가지고 있던 돈이 '650원+700원+700원=2050원'이라는 것을 쉽게 추론할 수 있습니다.

조금 더 복잡한 문제를 풀어볼까요?

문제 2 영미는 가지고 있던 돈의 3분의 1을 저금하고, 남은 돈의 4분의 1로 연필을 샀다. 그랬더니 1200원이 남았다. 영미가 처음 가지고 있던 돈은 얼마인가?

> 가지고 있는 돈의 3분의 1을 저금하고,
> 남은 돈의 4분의 1로 연필을 샀어요.
> 그랬더니 1200원이 남았어요.
> 제가 처음 가지고 있던 돈은 얼마일까요?

이 문제를 다음과 같이 풀라고 가르치는 학원이 있습니다. 심지어 창의력을 활용한 풀이법이라고 내세우기까지 합니다.

▶ **문제 2의 학원 풀이법**

- 처음 가지고 있던 돈을 X원이라 하면, 저축한 돈은 $X(\frac{1}{3})$
- 남은 돈은 $X - X(\frac{1}{3}) = X(\frac{2}{3})$
- 남은 돈의 4분의 1을 연필을 사는 데 사용했다고 하므로, 연필을 사는 데 쓴 돈은 $X(\frac{2}{3})(\frac{1}{4})$
- (처음 돈) − (저금한 돈) − (연필 산 돈) = 1200원

$$X - X(\frac{1}{3}) - X(\frac{2}{3})(\frac{1}{4}) = 1200$$
$$X - X(\frac{1}{2}) = 1200$$
$$X = 2400$$

첫 번째 문제와 마찬가지로 처음 가지고 있던 돈을 미지수 'X'라고 가정한 다음, 방정식으로 문제를 풀었습니다. 언뜻 봐도 복잡합니다.

이 문제 역시 그림을 그려서 단계적으로 추론해 풀 수 있습니다. 다음 그림처럼요.

▶ **문제 2를 직관적으로 푸는 방법**

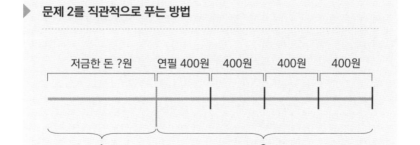

저금하고 남은 돈의 4분의 1로 연필을 샀더니 1200원이 남았다고 했습니다. 연필이 400원이라는 것을 쉽게 알 수 있습니다. 저금한 돈이 처음 가지고 있던 돈의 3분의 1이라고 했으니, 저금한 돈이 800원이라는 것도 쉽게 추론할 수 있습니다. 그림을 가만히 들여다보기만 해도 처음 가지고 있었던 돈이 2400원이라는 걸, 어렵지 않게 추론할 수 있습니다.

아주 복잡한 문제는 당연히 방정식을 활용해 풀어야 할 것입니다. 하지만 그림만 그려도 쉽게 풀리는 단순한 문제에 굳이 방정식을 들이밀 필요가 있을까요? 문제를 그림으로 바꿔 생각하는 과정에서 자연스럽게 방정식의 원리를 깨우치게 됩니다. 원리를 알고 있어야만 복잡한 문제를 만났을 때 방정식을 활용해 쉽게 풀 수 있는 능력이 생깁니다.

앞으로 이 책은 그림으로 회계 원리를 설명할 것입니다. 그림은 딱 두 가지뿐입니다. 재무상태표의 자산, 부채, 자본을 나타내는 그림과 손익계산서의 수익, 비용을 나타내는 그림, 이렇게 두 가지입니다. 두 그림은 매우 직관적이어서, 그림만 봐도 다양한 거래가 어떻게 회계 처리되고 재무제표에 반영되는지 한 눈에 이해할 수 있습니다. 기초 단계에서 저자가 제시하는 그림으로 회계 원리를 깨우치고 나면, 더 높은 단계로 도약하는 데 필요한 '근력'이 자연스레 붙을 것입니다. 차근차근 한 걸음씩 떼어봅시다.

| 일러두기 |

이 코너는 주식투자자들을 혼란스럽게 하는 회계 이슈와 개념을 집중적으로 분석하고,
투자 수익률을 높이기 위한 회계 사용법을 소개하고 있습니다.
실제 사례를 바탕으로 쓰였기 때문에 회계를 처음 접하는 독자라면 다소 어렵게 느껴질 수 있습니다.
이제 막 회계 공부를 시작한 독자라면 102쪽 Lesson 1부터 차근차근 학습한 후
이 코너를 읽으시길 권합니다.

하마터면 회계를 모르고

주식투자할 뻔했다!

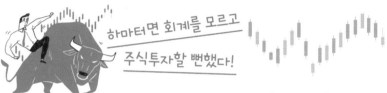

조선업체 '공손충'의 추억
수주 풍년이라는데,
실적은 왜 이 모양일까?

예상을 한참 빗나간 조선사의 실적 발표

2021년 8월 17일 오후 대우조선해양의 2분기(4~6월) 실적이 발표되었습니다. 이후 주가가 슬금슬금 빠지더니 5% 넘게 급락했습니다. 그리고 나흘 동안 이 회사 주가는 17%나 빠졌죠. 실적이 얼마나 나빴길래 나흘 연속으로 주가가 내리막을 걸었을까요?

2분기 이 회사 매출은 1조 694억 원입니다. 1분기와 별 차이가 없었죠. 시장을 놀라게 한 것은 영업손실의 규모였습니다. 1조 75억 원 적자였죠. 매출액과 맞먹는 영업손실이라니!

한국조선해양도 이 무렵 2분기 실적을 공시했습니다. 이 회사는 현대중공업그룹의 중간지주회사입니다. 자회사로 현대중공업, 현대미포조선, 현대삼호중공업 등 굵직한 조선업체들을 거느리고 있습니다. 이 3사의 성적표가 한국조선해양 실적에 다 녹아 있습니다. 한국조선해양은 2분기 수백억 원 영업이익을 기록할 것으로 예

2021년 2분기에 대우조선해양, 한국조선해양, 삼성중공업 조선 3사가 대규모 영업적자를 냈다. 수주 호황으로 조선업이 모처럼 활기를 띤다는 기사를 접해왔던 투자자들은 혼란스러울 수밖에 없었다. 2021년 2분기 조선사들의 대규모 영업적자 원인은 무엇이었을까?

상됐습니다. 하지만 너무나 크게 빗나갔습니다. 매출은 1분기와 비슷했지만 무려 8973억 원의 영업손실을 냈습니다. 사람들은 의아해합니다.

"2021년 들어 국내 조선업체들의 수주가 대풍년이라는데 왜 어닝쇼크(시장 예상치에 크게 못 미치는 실적 발표)급 실적을 내놓고 있는가?" "이 정도 적자면 회사의 현금흐름과 유동성에는 문제가 없는 걸까?"

☑ 수주 실적이 재무제표에 반영되는 데 시차가 있는 수주업

조선이나 건설 업종의 기업은 수주가 실적에 금방 반영되지 않습니다. 그렇다고 하여 배를 다 만들거나 건물을 다 지어 인도하고 난 뒤에야 매출과 비용, 이익을 결산하는 것도 아닙니다. 일반적으로 선박은 수주하면 설계에 6개월 정도가 소요됩니다. 이후 1년여 동안 건조 작업에 들어가면 공사 진행 정도에 따라 손익을 반영해 나갑니다.

건설업과 조선업은 대표적인 수주산업이다. 수주산업은 공사에서 발생하는 수익과 비용을 공사진행률에 따라 공사기간 동안 배분해 반영한다.

조선업체의 손익계산서가 어떻게 만들어지는지 가상의 사례로 보여드리겠습니다.

튼튼중공업이 2021년 초~말까지 1년(4개 분기) 동안 컨테이너선 1척을 건조한다고 해보죠. 발주처로부터 받기로 한 선박계약대금(앞으로 매출액이 될 금액)은 100억 원입니다. 투입해야 할 총예정원가는 80억 원으로 산출되었습니다. 그렇다면 이 선박 공사의 예상이익은 20억 원입니다.

튼튼중공업 선박 수주 내역
- 건조 기간 : 1년(2021년 초~말)
- 선박계약대금 : 100억 원
- 총예정원가 : 80억 원
- 예상이익 : 20억 원

2021년 1분기 말에 분기 결산에 들어갑니다. 1분기 공사원가 투입액은 20억 원이라고 해보죠. 남은 기간(2~4분기) 투입해야 할 예정원가를 점검했더니 60억 원입니다. 그렇다면 1분기 공사진행률은 얼마가 될까요?

'실제투입원가 20억 원/총예정원가 80억 원 × 100%'를 계산하면 25%가 됩니다. 공사진행률은 이렇게 총예정원가 대비 실제 투입된 원가에 따라 측정합니다.

공사진행률 $= \dfrac{\text{실제투입원가}}{\text{총예정원가}} \times 100\%$

1분기 공사매출액은 '선박계약액 100억 원 × 공사진행률 25% = 25억 원'으로 계산하면 됩니다. 1분기 공사이익은 5억 원(매출액 25억 원 - 공사원가 20억 원)으로 산출되겠죠.

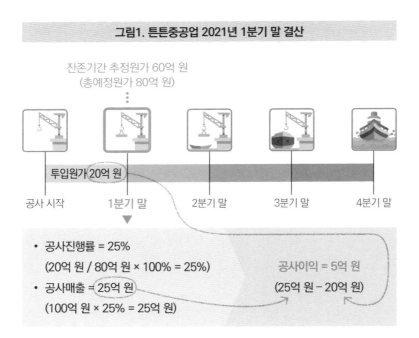

그림1. 튼튼중공업 2021년 1분기 말 결산

잔존기간 추정원가 60억 원
(총예정원가 80억 원)

투입원가 20억 원

공사 시작   1분기 말   2분기 말   3분기 말   4분기 말

- 공사진행률 = 25%
  (20억 원 / 80억 원 × 100% = 25%)
- 공사매출 = 25억 원
  (100억 원 × 25% = 25억 원)

공사이익 = 5억 원
(25억 원 - 20억 원)

이제 2분기 말 결산을 해 보겠습니다. 2분기에도 실제투입원가 는 20억 원이라고 가정해 봅니다.

마찬가지로 남은 기간(3~4분기)의 예정원가를 점검합니다. 40억 원으로 산출되었습니다. 이 공사의 총예정원가는 80억 원으로 변함없다는 이야기네요. 그렇다면 2분기까지 누적공사진행률은 50%가 됩니다. '2분기 누적공사원가 40억 원/총예정원가 80억 원×100%'로 계산되니까요.

2분기 누적공사매출액은 '100억 원×50%=50억 원'이 되죠. 2분기만의 매출액을 구해보면 누적공사매출액(50억 원)에서 1분기 공사매출액(25억 원)을 빼면 25억 원 이 됩니다. 2분기의 공사이익은 '공사매출액 25억 원 - 투입원가 20억 원=5억 원'입니다.

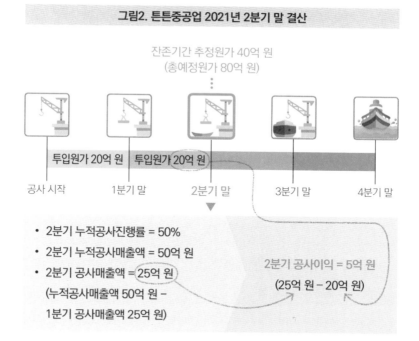

그림2. 튼튼중공업 2021년 2분기 말 결산

3분기 실적을 앞에서와 같은 방법으로 계산해 보겠습니다. 3분기 실제투입원가는 30억 원, 남은 기간(4분기) 예정원가는 10억 원으로 산출되었습니다. 역시 총예정원가는 80억 원이라는 이야기죠.

3분기 누적공사진행률은 87.5%(누적공사원가 70억 원/총예정원가 80억 원×100%)이므로 누적공사매출액은 87억 5000만 원이죠. 3분기만의 공사매출액은 '87억 5000만 원－2분기 누적매출액 50억 원＝37억 5000만 원'이 됩니다. 3분기 공사이익은 투입원가(30억 원)를 빼주면 7억 5000만 원입니다.

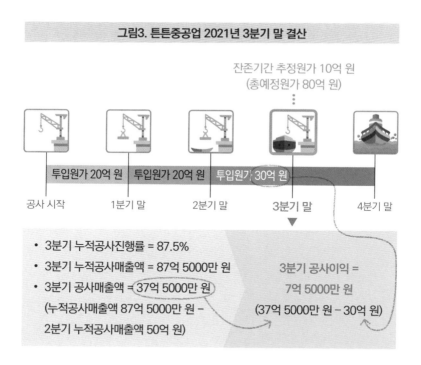

그림3. 튼튼중공업 2021년 3분기 말 결산

잔존기간 추정원가 10억 원
(총예정원가 80억 원)

투입원가 20억 원　투입원가 20억 원　투입원가 30억 원

공사 시작　　1분기 말　　2분기 말　　3분기 말　　4분기 말

• 3분기 누적공사진행률 ＝ 87.5%
• 3분기 누적공사매출액 ＝ 87억 5000만 원
• 3분기 공사매출액 ＝ 37억 5000만 원
　(누적공사매출액 87억 5000만 원 －
　2분기 누적공사매출액 50억 원)

3분기 공사이익 ＝
7억 5000만 원
(37억 5000만 원 － 30억 원)

마지막 4분기에 10억 원의 공사원가를 투입하여 이 공사를 완료하였다고 해 봅시다. 누적공사진행률은 100%(누적공사원가 80억 원/총예정원가 80억 원×100%)이고, 누적공사매출액은 100억 원이 됩니다.

이 선박공사에서 총 100억 원을 벌었고, 80억 원의 원가를 투입하였으므로 20억 원의 공사이익을 남겼다는 것을 알 수 있습니다.

4분기만의 공사매출액을 계산하면 '100억 원-87억 5000만 원=12억 5000만 원'이고, 공사이익은 2억 5000만 원이 됩니다.

조선업이나 건설업에서 사용하는 진행기준 회계는 이렇게 공사 총예정원가를 점검해가면서 누적진행률을 이용하여 손익을 계산합니다.

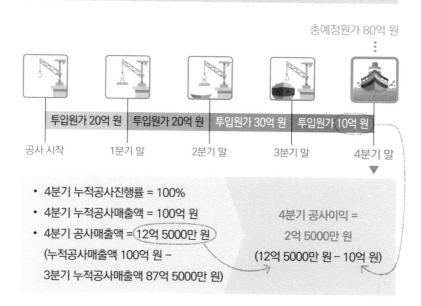

그림4. 튼튼중공업 2021년 4분기 말 결산

총예정원가 80억 원

| 투입원가 20억 원 | 투입원가 20억 원 | 투입원가 30억 원 | 투입원가 10억 원 |

공사 시작   1분기 말   2분기 말   3분기 말   4분기 말

• 4분기 누적공사진행률 = 100%
• 4분기 누적공사매출액 = 100억 원
• 4분기 공사매출액 = 12억 5000만 원
  (누적공사매출액 100억 원 –
  3분기 누적공사매출액 87억 5000만 원)

4분기 공사이익 =
2억 5000만 원
(12억 5000만 원 – 10억 원)

☑️ 공사가 예측대로 진행되지 않을 때의 결산

그런데 실제 공사에서는 앞의 사례에서처럼 최초 추정했던 총
예정원가가 공사가 완료될 때까지 그대로 유지되는 경우는 거의
없습니다. 원자재 가격이나 환율 변동, 재시공 발생, 예상치 못했던
장애물 등장, 공기 지연 등으로 총예정원가는 계속 변합니다. 앞의
예와 같은 공사를 하는데, 2분기 말 결산 시 총예정원가가 변동하
는 경우를 살펴보겠습니다. 이게 더 현실적입니다.

1분기는 앞의 예와 똑같습니다([그림1]). 매출액 25억 원, 투입원
가 20억 원, 공사이익 5억 원입니다. 2분기에는 총예정원가 자체가
달라집니다. 2분기 실제 투입원가는 20억 원으로 같지만, 2분기 말
결산 시점에서 남은 기간(3~4분기)에 투입해야 할 원가(=잔존기간 추
정원가)를 재점검했더니 80억 원으로 계산되었습니다. 이렇게 되면
이 공사의 총예정원가는 이제 120억 원으로 바뀌죠. 1~2분기 실
제 투입원가 40억 원에다 3~4분기 추정원가 80억 원을 더한 숫자
입니다.

2분기까지 공사누적진행률은 '40억 원(누적투입원가)/120억 원
(총예정원가) × 100% = 33%'입니다. 따라서 누적매출액은 '100억
원×33% = 33억 원'이 되죠. 2분기만의 매출은 '2분기까지 누적매
출 33억 원 - 1분기 매출액 25억'으로 8억 원이 되겠죠.

2분기 손익은 '매출액 8억 원 - 실제투입원가 20억 원 = 12억 원 적
자'로 계산하면 될 것 같습니다. 그런데 문제는 이게 끝이 아닙니다.

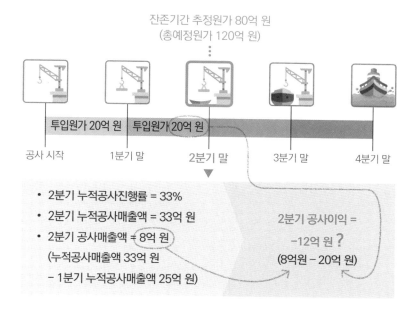

그림5. 튼튼중공업 2021년 2분기 말 결산(총예정원가 수정)

잔존기간 추정원가 80억 원
(총예정원가 120억 원)

투입원가 20억 원 투입원가 20억 원

공사 시작   1분기 말   2분기 말   3분기 말   4분기 말

• 2분기 누적공사진행률 = 33%
• 2분기 누적공사매출액 = 33억 원
• 2분기 공사매출액 = 8억 원
  (누적공사매출액 33억 원
  - 1분기 누적공사매출액 25억 원)

2분기 공사이익 =
-12억 원?
(8억원 - 20억 원)

✅ 조선업체 대규모 영업손실의 비밀

지금부터가 중요합니다. 조선업체들이 2021년 2분기에 왜 그렇게 막대한 영업손실을 냈는지 설명해 줄 핵심 포인트를 지금부터 설명하겠습니다.

2분기 말 결산 시점에서 총예정원가를 재점검해보았더니 애초 80억 원에서 120억 원으로 매우 증가했다고 하였죠. 인건비와 자재비가 공사 도중 너무 올라서 그렇게 되었다고 해보죠. 어쨌든 이 때문에 이 선박 공사는 결론적으로 적자 프로젝트가 되었습니다.

왜냐고요? 발주처로부터 받기로 한 선박대금은 100억 원으로 고정되어 있습니다. 그런데 총예정원가는 120억 원이니, 이대로 간다면 적자가 날 운명이라는 겁니다.

전체 공사가 적자가 될 것으로 예상된다면 앞으로 남은 기간 (3~4분기)의 손실이 얼마가 될지 따져봐야 합니다. 남은 기간(3~4분기) 매출은 총 67억 원이 되겠죠. 선박대금 100억 원에서 1~2분기 누적매출 33억 원(1분기 25억 원+2분기 8억 원)을 뺀 값입니다. 그럼 남은 기간 공사원가는 얼마일까요? 앞서 80억 원으로 추정되었다고 했습니다. 따라서 남은 기간의 손익은 13억 원 적자(매출액 67억 원 - 원가 80억 원)가 됩니다. 이게 중요한 포인트입니다!

2분기 결산 시점에 우리는 공사 전체 손익이 적자가 예상된다는

결산 시점에 공사 전체 손익이 적자가 예상된다면, 남은 기간의 예상 적자를 당겨서 반영해야 해. 이때 필요한 게 '공사손실충당부채' 계정이야.

이대로 간다면 적자가 날 게 뻔하군!

실제 공사에서 최초 추정했던 총예정원가가 공사가 완료될 때까지 그대로 유지되는 경우는 거의 없다.

것을 알았습니다. 그리고 남은 기간의 예상 적자, 즉 미래의 예상 손실을 산출해 봤더니 13억 원이라는 거죠. 그렇다면 2분기 결산에다 이 13억 원을 공사원가로 추가 반영해줘야 합니다. 즉 미래의 손실을 당겨서 반영해야 한다는 이야기입니다.

애초 계산한 2분기 공사적자는 12억 원(매출액 8억 원 - 원가 20억원)입니다. 그런데 남은 기간 예상적자 13억 원을 당겨서 2분기 원가에다 추가 반영해주면 '매출액 8억 원 - 원가 33억 원 = 25억 원 적자'가 됩니다. 남은 기간의 예상적자(13억 원)만큼 2분기 적자 규모가 커지는 거죠(12억 원 적자 ➡ 25억 원 적자)

이 13억 원을 '공사손실충당부채'(흔히 공사손실충당금, 줄여서 공손충이라고 표현)라고 합니다. 재무상태표의 부채 항목에 들어가면서 동시에 손익계산서에서 공사원가로 더해집니다.

공사를 계속 진행합니다. 만약 남은 기간 실제 손실이 예상대로 딱 13억 원만큼 난다면 어떻게 될까요. 손실을 2분기에 미리 반영하였으니 남은 기간 손익계산서 손실은 '0'으로 처리되겠죠.

남은 기간 손실이 2분기에 미리 반영한 금액보다 더 커져 15억 원이 된다면요? 그럼 추가로 2억 원만 더 손실로 반영하면 되겠죠. 남은 기간 실제 손실이 10억 원밖에 안 난다면요? 차이(13억 원-10억 원)인 3억 원만큼은 다시 이익으로 잡아주면 됩니다.

남은 공사기간 동안 13억 원(공사손실충당금)을 초과할 정도의 손실만 나지 않는다면 추가로 적자를 반영할 일은 없다는 이야기입니다. 13억 원 미만의 손실이 나면 이익 환입도 가능하죠.

✅ 배고팠던 과거의 부메랑

조선업체들이 2021년 2분기에 대규모 영업적자를 낸 것은 조선용 후판(선박 건조원가의 20% 정도 차지) 가격이 급격히 인상되었기 때문입니다. 톤당 70~80만 원대 수준이던 후판 가격이 120만 원대까지 인상되었거든요. 국제 철광석 가격 급등으로 원가 압박에 시달리던 철강업체가 조선업체에게 후판 가격 인상을 강력하게 요구했습니다.

조선업체는 2분기 결산을 하면서 건조 작업 중인 선박의 총예정원가를 후판 가격 120만 원대를 기준으로 다시 산정해봤겠죠. 그랬더니 상당수 선박의 공사 전체 수지가 흑자에서 적자로 전환되었습니다. 아니면 적자가 확대되는 경우가 발생했을 겁니다. 앞으로 건조 작업에 들어가야 할 신규 수주 선박도 마찬가지였죠. 공사 예정원가 90억 원으로 산출된 선박을 100억 원에 수주했는데 후판 가격 인상으로 재산정한 예정원가가 105억 원이 되었다고 해보죠. 예상적자 5억 원이 공사손실충당금이 되는 겁니다.

2021년 2분기 조선 3사가 반영한 공사손실충당금은 2조 5000억 원가량입니다. 앞으로 후판 가격이 더 급등하지 않는다면 실적에 추

잊지 마!
저가 수주는
공사손실충당부채로
돌아올 거야!

가로 미칠 영향은 제한적이겠죠. 다행스럽게 철강재 가격이 앞으로 하락한다면 선반영했던 공사손실충당금 가운데 일부가 이익으로 환입될 여지도 있습니다.

조선업체들은 2021년 하반기에 좋은 가격으로 선박을 수주했습니다. 이 선박이 본격 건조에 들어가는 시점은 2022년 하반기가 될 것입니다. 2022년 상반기 시점에 건조 중인 선박 가운데는 과거 낮은 가격에 수주했던 것들이 아직 많았습니다. 그러니 2021년 들어 '수주가 풍년'이라지만 당장 조선업체 실적이 좋아지지는 않았던 것입니다.

☑ 손익계산서상 적자가 막대하니, 현금이 없다?

한편 조선업체들의 손익계산서상 적자 규모가 막대한 것으로 나타나자, 현금 유동성을 우려하는 보도들이 등장하기 시작했습니다. 2021년 8월에 다음과 같은 보도들이 꽤 있었습니다.

"후판 가격 급등 때문에 조선 3사가 올 상반기에만 3조 원대 적자를 냈다. 수주는 풍년이지만 당장 '현금 곳간'은 텅 빈 것이다."

조선 3사가 상반기에 무려 3조 원에 가까운 적자를 내는 바람에 회사의 현금 보유고가 말랐다는 기사입니다. 과연 그럴까요?

2021년 상반기 말 기준 조선업체가 보유한 현금 규모는 전년 말과 대비하여 크게 증가했습니다.

조선 3사 연결재무제표 중 재무상태표

한국조선해양

구분	2021년 반기말	2020년 말
현금 및 현금성 자산	4조 6032억 원	3조 7034억 원
단기금융자산	8417억 원	8417억 원

대우조선해양

구분	2021년 반기말	2020년 말
현금 및 현금성 자산	1조 6409억 원	1조 3435억 원
단기금융상품	1424억 원	698억 원

삼성중공업

구분	2021년 반기말	2020년 말
현금 및 현금성 자산	1조 2796억 원	9871억 원
단기금융상품	4221억 원	5261억 원

조선업체의 손익계산서는 현금흐름과는 별 상관이 없습니다. 조선업체는 선박대금을 일반적으로 다섯 번에 나누어 받습니다. 건조 계약 시 선수금으로 20%, 중도금으로 10%씩 세 번, 그리고 선박 인도 시 나머지 50%를 받죠. 인도 시 받는 금액이 50%나 되기 때문에 이를 '헤비 테일(heavy tail)' 계약이라고 부릅니다.

극단적으로, 배값을 인도 시점에 전액 다 받기로 발주처와 계약을 했다고 해보죠. 공사 중간에 돈이 한 푼도 안 들어오니, 조선업체는 자기 돈을 들여 공사를 해 나가야 한다는 거죠. 발주처에서 돈을 받건 못 받건 공사진행률이 오르면 공사 매출과 이익이 발생합니다. 손익과 현금흐름이 따로 노는 겁니다.

반대로 공사손익은 대규모 적자라도 영업현금흐름은 플러스인 경우도 얼마든지 발생할 수 있습니다. 한국조선해양의 2020년 상반기 영업이익은 2146억 원이었습니다. 그런데 영업현금흐름은 2978억 원 순유출(마이너스)이었습니다. 2021년 상반기 영업이익은 8298억 원 적자였죠. 그런데 영업현금흐름은 정반대로 1조 4512억 원이라는 큰 폭의 플러스(순유입)를 기록했습니다.

이처럼 조선업체는 손익을 보고 현금흐름도 같은 방향일 것이라고 예단해서는 안 됩니다. 공사 진행 정도에 따라 회계적으로 측정하는 손익과 실제 돈이 들어오고 나가는 현금흐름은 얼마든지 다를 수 있기 때문입니다.

선박대금은 일반적으로 헤비테일 방식으로 지급하기 때문에 조선사는 손익과 현금흐름이 일치하지 않는 경우가 다반사야.

헤비테일(Heavy-tail) 지급 방식은 조선사의 선박 건조 과정 후반기 또는 선박을 인도할 때 선박대금이 집중적으로 몰리는 형태를 일컫는다. 일반적으로 선박대금은 계약 때 20%, 착공·탑재·진수 때 10%씩 지급되고 인도 때 나머지 50%가 한꺼번에 지급된다.

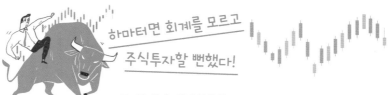
하마터면 회계를 모르고
주식투자할 뻔했다!

LG와 SK의
배터리 영업비밀 소송,
회계 처리 신경전

☑ LG vs. SK, 세기의 배터리 소송

2019년 당시 LG화학이 SK이노베이션과 SK배터리아메리카를 상대로 미국 국제무역위원회(ITC) 및 델라웨어주 법원에 소송을 제기합니다. SK가 LG의 배터리 영업비밀 및 특허를 침해하였으니 SK 배터리 제품의 미국 내 수입을 금지해 달라는 것이었죠.

장기전으로 치닫던 소송은 2021년 2월 마무리됩니다. ITC가 LG 주장을 일부 인정하는 판결을 내린 거죠. 그리고 5월에 두 회사는 배상과 관련한 최종 합의문을 발표하고 공시합니다. 내용은 이렇습니다.

합의 대가로 SK이노베이션은 총 2조 원을 LG에너지솔루션(LG 화학에서 분할한 배터리전문기업)에 지급하기로 했습니다. 우선 일시금 1조 원은 2021년과 2022년에 각각 5000억 원씩 나누어 지급하기로 했습니다. 다음으로 SK이노베이션은 2023년부터 해마다 배터리 매출액의 일정 비율을 LG에너지솔루션에 지급하는 방법으로, 나머지 1조 원을 채우기로 했습니다. 말하자면 1조 원이 될 때까지 로열티(royalty) 명목으로 지급한다는 것이죠.

✅ 매출은 '번 돈 - 쓴 돈 = 남긴 돈'

이 같은 합의를 LG에너지솔루션과 SK이노베이션은 손익계산서에 어떻게 반영했을까요? 손익 계산은 '번 돈'에서 '쓴 돈'을 빼 '남긴 돈'을 구하는 과정입니다. 번 돈을 손익계산에서는 '수익'이라고 합니다. 쓴 돈은 '비용', 남긴 돈은 '이익'이라고 합니다. 회사의 주된 영업활동으로 번 돈을 '영업수익'이라 하는데요. 영업수익을 흔히 '매출액'이라고 부릅니다.

영업활동이라고 하면 대개 제품이나 상품을 판매하는 활동만을 떠올릴 텐데요. 회계에서 말하는 영업활동은 상품을 외부에서 구매해 판매하는 활동, 제품을 개발하고 제조·생산해 판매·관리하는 활동 등을 모두 통틀어 말합니다.

삼성전자가 스마트폰을 팔아서 번 돈은 매출액(영업수익)이죠. 만약 삼성전자가 은행에 넣어둔 예금에서 받는 이자가 있다면, '영업외수익'에 해당할 것입니다. 회사의 주된 영업활동에서 발생한 수익이 아니기 때문입니다.

스마트폰을 제조, 유통, 판매, 관리하는 데 들어가는 비용을 '영업비용'이라고 합니다. '매출원가'와 '판매비 및 관리비(판관비)'를

LG VS. SK 배터리 전쟁사

2017년 5월	SK, "2025년까지 배터리 글로벌 선두 목표" 선언
2017년 여름	LG 직원, SK로 대거 이직
2017년 10월	LG, SK에 "인력 스카우트를 자제해 달라"는 내용의 공문 발송
2017년 12월	LG, SK로 이직한 핵심 인력 5명에 대해 전직 금지 가처분 소송
2019년 4월	LG, 미국 국제무역위원회(ITC)와 델라웨어법원에 SK를 영업 비밀 침해 혐의로 소송 제기
2019년 8월	SK, 미국 ITC에 특허 침해로 LG 제소
2020년 2월	ITC, SK에 '증거 훼손'을 이유로 조기 패소 예비 결정
2021년 2월	ITC, SK에 최종 패소 판정

▼

최종 합의 내용

합의 대가로 SK이노베이션은 총 2조 원을 LG에너지솔루션에 지급하기로 함. 1조 원은 2021년과 2022년에 각각 5000억 원씩 나누어 지급하고, 2023년 부터 해마다 배터리 매출액의 일정 비율을 지급하는 방법으로 나머지 1조 원을 지급하기로 함.

묶어 영업비용이라고 하죠. 은행 차입금에 대해 이자를 지급했다면 '영업외비용'이 됩니다.

영업수익에서 영업비용을 빼면 영업이익, 즉 영업활동에서 남긴 돈이 산출됩니다.

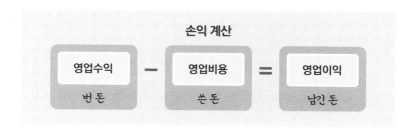

✅ 로열티는 영업수익일까, 영업외수익일까?

LG에너지솔루션이 SK이노베이션으로부터 2023년부터 받게 될 로열티는 영업수익(매출)일까요? 영업외수익일까요?

우선 현대자동차의 영업수익에는 뭐가 있는지를 한번 보겠습니다.

현대자동차 2021 사업연도 별도재무제표 주석

매출의 내역

구분	2021년	2020년
재화의 판매	53조 4486억 원	48조 9243억 원
용역의 제공	1조 348억 원	8718억 원
로열티 수익	1조 1216억 원	8648억 원

'재화의 판매'란 자동차 제조·판매를 의미합니다. '용역의 제공'은 자동차 수리를 의미하죠. 자동차 회사라면 당연히 자동차를 제조해 판매하는 것이 주된 영업활동이겠죠. 하지만 현대자동차는 로열티 수익도 영업활동에서 벌어들이는 돈의 범주로 판단하고 있습니다.

제품을 개발, 제조·생산하는 과정에서 회사에 '지식재산권'이 생깁니다. 그리고 이 지식재산권에 기초해 벌어들이는 수익이 로열티입니다. 그래서 우리나라 기업들은 로열티를 주된 영업활동의 부산물로 보고 영업수익(매출액)으로 분류합니다.

한미약품도 마찬가지입니다. 국내 제약사는 개발 중인 신약 후보 물질에 대한 판권 등 권리 일체를 글로벌 제약사에 매각하는 경우가 많습니다. 이를 '라이선스 아웃(License Out, L/O)'이라고 하는데, 일반적으로 '기술수출' 또는 '기술이전계약'이라고 말하기도 합니다.

제약사는 기술이전수익을 매출로 분류합니다. 약을 제조해 판매하는 것만 주된 영업활동의 범주로 보지는 않는다는 거죠.

제품을 개발, 제조·생산하는 과정에서 생기는 지식재산권에 기초해 벌어들이는 수익이 로열티다. 그래서 우리나라 기업들은 로열티를 주된 영업활동의 부산물로 보고 영업수익(매출액)으로 분류한다.

한미약품 2021 사업연도 연결재무제표 손익계산서		
구분	2021년	2020년
매출액	1조 2031억 원	1조 758억 원
제품매출	1조 744억 원	9631억 원
상품매출	966억 원	868억 원
임가공매출	67억 원	79억 원
기술수출수익	226억 원	166억 원

그렇다면 LG에너지솔루션이 받게 될 로열티(총 1조 원)에 대한 답은 나왔습니다. 이 회사는 SK이노베이션으로부터 연간 배터리 판매량의 일정 비율을 받을 때마다 매출액(영업수익)으로 반영할 것입니다. SK이노베이션은 로열티를 줄 때마다 영업비용으로 처리하겠죠.

✅ 주는 쪽과 받는 쪽의 엇갈린 회계 처리

그렇다면 두 회사가 2021년과 2022년 각각 5000억 원씩 주고받기로 한 일시금 1조 원은 손익계산서에 어떻게 반영해야 할까요? 이 일시금의 회계 처리를 두고 두 회사는 물밑에서 묘한 신경전을 벌였습니다.

미국 ITC의 판결이 나온 것은 2021년 2월입니다. 그리고 두 회사는 4월에 잠정 합의를 했습니다. SK이노베이션은 1분기 보고서를 공시(5월 13일)하면서 "잠정 합의 내용에 기초하여 1분기 손익계산서에 일시금 1조 원을 '영업외비용'으로 반영하였다"고 밝힙니다.

그런데 LG에너지솔루션은 2분기 보고서를 공시(8월 16일)하면서 "최종 합의 내용에 기초하여 2분기 손익계산서에 일시금 1조 원을 '영업수익(매출액)'으로 반영하였다"고 밝힙니다.

일시금을 받는 회사는 영업수익으로, 일시금을 주는 회사는 영업외비용으로 처리하는 일이 벌어진 것이죠. 물론 이처럼 엇갈린 회계 처리가 딱히 잘못되었다고 할 수는 없지만, 상당히 미묘한 일이 발생한 겁니다.

LG에너지솔루션의 입장은 뭘까요? LG는 SK이노베이션으로부터 받을 돈 2조 원을 모두 라이선스 대가로 본 것입니다. LG는 라이선스 대가를 주된 영업활동의 결과물로 봅니다. 그러니 2조 원(일시금+로열티) 전액을 영업수익으로 인식한 것이죠.

그렇다면 SK이노베이션 측의 입장은 무엇이었을까요? SK는 일시금 1조 원은 '소송 화해금' 성격으로 보았습니다. 과거의 소송을 취하하고 앞으로 소송을 제기하지 않겠다는 약속에 대한 대가로 해석한 것이죠. 화해금은 영업활동과는 무관한 것이니 영업외비용으로 판단한 것입니다.

당시 필자에게 이런 질문을 한 분이 있었습니다. "LG에너지솔루션은 일시금 1조 원이 아직 회사로 유입되지 않았는데, 왜 영업수익으로 미리 반영하는 것입니까?" 그건 이렇습니다. 삼성전자가 스마트폰을 외상으로 팔았습니다. 외상으로 팔았으니 매출이 아닐까요? 매출입니다! 현금 유입 여부와는 상관없습니다. 외상매출이 생기면 앞으로 돈을 받아야 할 매출채권이 생깁니다.

LG에너지솔루션도 마찬가지입니다. 일시금 1조 원은 과거 SK 이노베이션이 LG 몰래 무단으로 사용한 영업 기밀에 대한 대가이 므로, 돈이 안 들어온 상태에서도 지금 영업수익으로 반영할 수 있 다는 겁니다. 아직 돈을 주지 않았지만, SK이노베이션이 일시금 1조 원을 1분기에 비용 처리한 것도 마찬가지입니다. 두 회사 간 잠정 합의에 따라 일시금을 지급해야 할 의무가 발생했고, 지급 금 액과 시기가 거의 확정되었기 때문에 1분기 보고서에 적극적으로 비용 처리를 한 것이죠.

LG와 SK의 일시금 1조 원 회계 처리

최종 합의 내용에 기초 하여 2분기 손익계산서 에 일시금 1조 원을 '영 업수익(매출액)'으로 반 영하였다.

잠정 합의 내용에 기초 하여 1분기 손익계산서 에 일시금 1조 원을 '영 업외비용'으로 반영하 였다.

2021년과 2022년 각각 5000억 원씩 주고받기로 한 일시금 1조 원에 대해, 받는 쪽인 LG에너지솔 루션은 영업수익으로, 주는 쪽인 SK이노베이션은 영업외비용으로 처리했다. 일시금 1조 원을 LG 에너지솔루션은 라이선스 대가로, SK이노베이션은 소송 화해금 성격으로 인식했기 때문에, 양사의 회계 처리에 차이가 있었다.

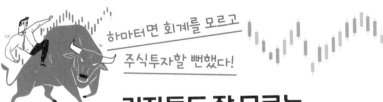
하마터면 회계를 모르고
주식투자할 뻔했다!

기자들도 잘 모르는
재고자산 회계 처리

☑️ **보관 중인 재고자산의 가치가 오르면, 이익이 증가할까?**

질문을 하나 해보겠습니다. 한국 정유사가 2021년 3월 초 중동에서 원유 1배럴을 50달러에 수입했습니다. 원유를 정유사 탱크에 보관 중인 상태에서 1분기 결산 시점(3월 31일)이 되었습니다(상장회사이므로 분기마다 결산을 한다고 가정).

중동 두바이유 국제 시세는 배럴당 65달러로 변했습니다. 그렇다면 정유사가 손익계산서에 15달러(= 65달러 - 50달러)의 재고자산 평가이익을 반영할 수 있을까요? 반영한다면 그만큼 영업이익이 증가할까요?

비슷한 질문을 하나만 더 해보겠습니다. 풍산은 전기동(정련된 구리)을 원재료로 해 구리 가공제품(구리 판·대·봉)을 만드는 회사입니다. 풍산은 2021년 5월에 전기동을 톤당 8000달러에 수입했습니다. 2분기 결산 시점(6월 30일)에 전기동 국제 시세는 9000달러

그림1. 정유사 탱크에 보관 중인 원유(재고자산)의 가치 상승

2021년 3월 원유 1배럴 수입

중동   정유사

2021년 3월 시세

 = 50달러

2021년 3월 장부가격

 = 50달러

2021년 3월 31일 시세

시세 상승

2021년 3월 31일 장부가격

 = 65달러

 = ?

그림2. 풍산이 보관 중인 전기동(재고자산)의 가치 상승

2021년 5월 전기동 1톤 수입

구리 광산   풍산

2021년 5월 시세

 = 8000달러

2021년 5월 장부가격

= 8000달러

2021년 6월 30일 시세

시세 상승

2021년 6월 30일 장부가격

 = 9000달러

 = ?

가 되었습니다. 그렇다면 창고에 보관 중인 전기동에서 1000달러
(=9000달러-8000달러)의 재고자산 평가이익이 발생했다고 손익계
산서에 반영해도 될까요?

✅ 재고자산 평가이익이 발생한다?
뉴스 기사 팩트 체크

　대부분의 국내 언론은 "그렇다"고 보도합니다. 창고에 보관 중
인 원재료의 시세가 상승한 덕분에 기업이 재고자산 평가이익을
손익계산서에 기록하고, 그만큼 영업이익이 증가한다는 논리죠.
　결론부터 말하자면 틀렸습니다! 틀려도 한참 틀렸습니다.
　한 언론에 실린 기사부터 먼저 살펴보겠습니다.

국내 정유업계는 유가 상승에 따라 단기적으로 실적 개선이 이뤄질 것으로
내다보고 있다. 통상 국제 유가가 오르면 저유가 때 사들였던 원유 비축분의
가치가 상승하면서 재고 평가이익이 높아진다.

풍산은 제품 가공을 위해 1년 이상의 재고를 쌓아두는데, 전기동 가격이 오
르면 재고자산 평가차익이 고스란히 영업이익으로 더해지는 효과도 누린다.

재고자산의 가치 평가는 '저가법(低價法)'으로 합니다. 쉽게 설명해 보겠습니다. 배럴당 50달러에 원유를 도입하면 원유 재고자산 장부가격으로 50달러를 기록해 놓겠죠. 이 원유를 탱크에 보관 중인 상태에서 국제 시세가 배럴당 70달러로 상승했습니다. 장부가격 50달러와 국제 시세 70달러 중 어느 것이 더 저가입니까? 당연히 50달러죠. 재고자산의 가치는 저가법에 따라 50달러로 인식하기 때문에 20달러의 차액을 평가이익으로 반영할 수 없습니다. 즉, 원유 재고의 장부가격은 50달러 그대로 유지한다는 거죠.

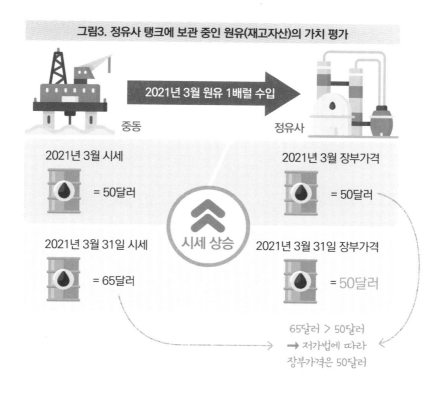

그림3. 정유사 탱크에 보관 중인 원유(재고자산)의 가치 평가

2021년 3월 원유 1배럴 수입

중동   정유사

2021년 3월 시세
= 50달러

2021년 3월 장부가격
= 50달러

시세 상승

2021년 3월 31일 시세
= 65달러

2021년 3월 31일 장부가격
= 50달러

65달러 > 50달러
➡ 저가법에 따라
장부가격은 50달러

풍산의 경우도 마찬가지입니다. 2분기 중에 전기동을 8000달러에 매입했다고 했죠. 2분기 말 결산 시점에 전기동 국제 시세가 9000달러로 올랐습니다. 장부가격 8000달러와 시세 9000달러 가운데 8000달러가 저가죠? 그러니 전기동 장부가격은 8000달러 그대로 유지되는 겁니다.

저가법으로 하면 재고자산의 가치 상승을 평가이익으로 반영할 수 없습니다. 반영하면 회계 기준 위반입니다. 분식회계를 저지르는 셈이 되는 것이죠. 언론 기사대로 회계 처리했다가는 형사 처벌을 받을 수 있습니다.

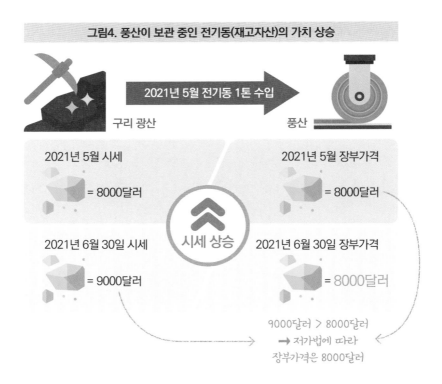

그림4. 풍산이 보관 중인 전기동(재고자산)의 가치 상승

2021년 5월 전기동 1톤 수입

구리 광산　　　　　　　풍산

2021년 5월 시세
= 8000달러

2021년 5월 장부가격
= 8000달러

시세 상승

2021년 6월 30일 시세
= 9000달러

2021년 6월 30일 장부가격
= 8000달러

9000달러 > 8000달러
➡ 저가법에 따라
장부가격은 8000달러

☑ 재고자산의 가치가 떨어졌을 때의 회계 처리

그렇다면 재고자산의 시세가 하락하면 어떻게 될까요? 2021년 10월 초 50달러에 도입한 원유의 국제 시세가 12월 31일 결산 시점에 40달러가 되었습니다. 50달러보다 40달러가 더 저가죠. 그래서 원유 재고자산의 장부가격을 50달러에서 40달러로 수정해야 합니다. 그리고 하락한 10달러만큼을 재고자산 평가손실로 손익계

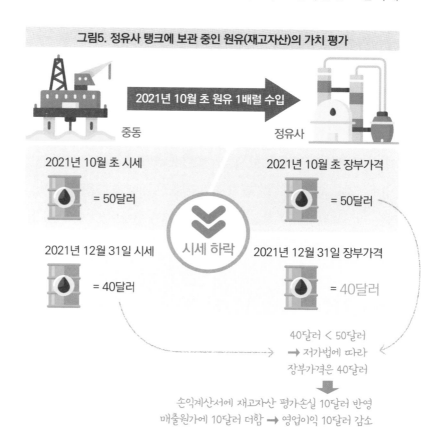

그림5. 정유사 탱크에 보관 중인 원유(재고자산)의 가치 평가

2021년 10월 초 원유 1배럴 수입

중동   정유사

2021년 10월 초 시세   2021년 10월 초 장부가격

= 50달러   = 50달러

시세 하락

2021년 12월 31일 시세   2021년 12월 31일 장부가격

= 40달러   = 40달러

40달러 < 50달러
→ 저가법에 따라
장부가격은 40달러

손익계산서에 재고자산 평가손실 10달러 반영
매출원가에 10달러 더함 → 영업이익 10달러 감소

산서에 반영해야 합니다. 10달러를 매출원가에 가산해주면 됩니다. 10달러만큼 영업이익이 감소하겠죠?

저가법에서는 재고자산의 가치 상승은 무시합니다. 하지만 가치 하락은 매출원가에 더해주는 식으로 반영하는 겁니다.

☑ 재고자산의 가치가 하락했다가 상승했을 때의 회계 처리

그럼 이런 경우를 한번 봅시다. 재고자산의 시세가 떨어졌다가 다시 상승하면 어떻게 될까요? 저가법은 재고 가치가 오를 때는 평가이익으로 반영 못 하게 하면서, 가치가 떨어지면 평가손실로 반영하라고 합니다. 기업 입장에서는 회계 기준이 좀 야속하겠죠?

오를 때 "언제 다시 떨어질지 모르는 평가이익이니 인식하지 마"라고 한다면, 떨어질 때도 "언제 다시 오를지 모르는 평가손실이니 이것도 인식하지 마"라고 해야 공평한 거겠죠. 그런데 평가이익은 막아놓고 평가손실은 반영하라니, 뭔가 형평이 안 맞는 것 같기도 합니다.

회계 기준은 그래서 합리적인 방법을 제안합니다. 평가손실을 반영해 영업이익 감소를 불러왔던 재고자산의 가격이 나중에 다시 오른다면, 오른 가치만큼 영업이익을 증가시킬 기회를 줍니다. 아무리 저가법이라 해도 이렇게 해야 좀 공평해지겠죠?

예를 들어 보겠습니다(그림6). 2022년 2월에 원유 1배럴을 80달러에 매입했습니다. 1분기 결산 시점에 원유 시세가 70달러로 떨어졌습니다. 원유 장부가격은 80달러에서 70달러로 수정됩니다. 재고자산 평가손실 10달러를 매출원가에 가산해야 합니다.

이 원유가 여전히 창고에 보관 중인 상태에서 2분기 결산 시점 (6월 30일)이 되었습니다. 원유의 국제 시세는 90달러로 상승했습니다. 저가법에 따르면, 1분기 평가손실이 났던 바로 그 재고자산의 가격이 2분기에 회복했기 때문에, 회복한 금액만큼을 2분기 결산에서는 매출원가에서 차감합니다.

그렇다면 장부가격 70달러를 90달러로 고치고 20달러 만큼을 매출원가에서 빼면 될까요? 그건 아닙니다. 이 재고자산을 최초 매입했을 때 가격이 80달러였죠. 그래서 80달러를 상한선으로 정

합니다. 장부가격을 70달러에서 80달러로 수정하고, 10달러만 매출원가에서 차감한다는 겁니다. 영업이익이 10달러만큼 증가하겠네요.

이것을 '재고자산 평가손실의 환입'이라고 합니다. 1분기에는 재고자산의 가치 하락 때문에 10달러만큼 이익이 줄었지만, 2분기에는 재고자산의 가치 회복 덕분에 10달러만큼 이익이 증가합니다.

가치가 하락해 평가손실을 인식했던 바로 그 재고의 가치 회복을 반영해주는 것은, 재고자산 평가이익을 반영하는 것과는 다릅니다. 과거에 인식했던 평가손실을 원상 복구(환입)하는 것입니다.

재고가치가 90달러까지 올랐지만, 최초의 장부가격(80달러)을 상한선으로해 가치 상승을 인정해주기 때문에 저가법 취지에도 맞습니다(〈그림 6〉).

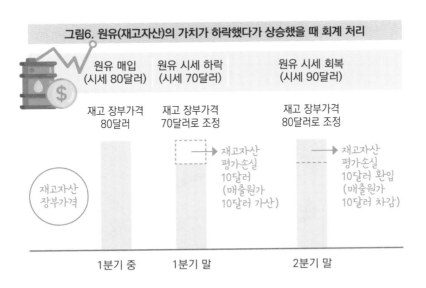

그림6. 원유(재고자산)의 가치가 하락했다가 상승했을 때 회계 처리

원유 매입
(시세 80달러)

원유 시세 하락
(시세 70달러)

원유 시세 회복
(시세 90달러)

재고 장부가격
80달러

재고 장부가격
70달러로 조정

재고 장부가격
80달러로 조정

→ 재고자산
평가손실
10달러
(매출원가
10달러 가산)

→ 재고자산
평가손실
10달러 환입
(매출원가
10달러 차감)

재고자산
장부가격

1분기 중

1분기 말

2분기 말

〈그림 7〉을 봅시다. 1분기 중에 전기동을 8000달러에 매입했습니다. 1분기 말 결산에서 전기동 시세가 9000달러로 상승했지만, 저가법에 따라 장부가격은 8000달러로 유지됩니다. 2분기 말에 시세가 5000달러로 떨어졌기 때문에 장부가격을 5000달러로 수정하고, 재고자산 평가손실로 3000달러를 반영합니다(매출원가에 가산).

이 재고자산이 3분기 말에 가서는 7000달러로 회복되었습니다. 평가손실을 인식했던 재고자산의 가치가 회복된 것이죠. 그렇다면 이 재고의 장부가격은 5000달러에서 7000달러로 상향 조정이 가능합니다. 조정의 상한선은 8000달러(재고자산 최초 장부가격)까지겠죠. 그리고 상향한 2000달러만큼을 3분기의 매출원가에서 차감합니다. 영업이익이 그만큼 증가하겠죠.

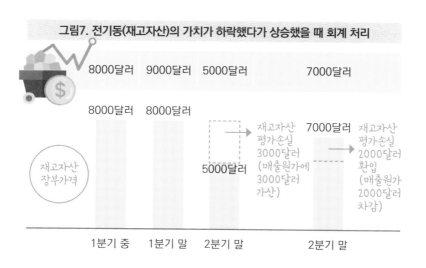

그림7. 전기동(재고자산)의 가치가 하락했다가 상승했을 때 회계 처리

✅ 애널리스트 리포트에도 등장하는 재고평가이익,
믿었던 그들마저?

가끔 증권사 애널리스트들이 쓴 정유업종이나 비철금속업종 분석 보고서를 보면 '재고평가이익'이라는 단어가 등장합니다. 저가법을 적용하면 재고자산 평가이익을 반영하지 못한다고 했는데, 애널리스트들이 이걸 몰라서 그러는 걸까요?

그렇지 않습니다. 애널리스트들이 재고평가이익이라고 표현하는 것은 재고자산 그 자체의 시세가 올라서 생기는 이익을 의미하는 게 아닙니다.

예를 들어보겠습니다. 정유사는 원유를 정제해 석유제품(휘발유, 경유, 등유 등)을 제조합니다. 상식적으로 생각할 때 원재료(원유)의 가격이 오르면 이익은 감소하겠죠? 그런데 정유사는 대개 원유 가격이 오르면 이익도 증가합니다. 늘 그런 것은 아니지만 대체로 그렇습니다. 원유 가격과 석유제품 가격이 같은 방향으로 움직이는 경향이 있기 때문입니다.

원유 가격이 오름세에 있으면 제품 가격도 오름세를 타죠. 원유를 중동에서 한국으로 수입해 정제 시설에 투입하고 석유제품으로 만들어 판매하는 데까지는 대개 3개월 이상 걸립니다.

2022년 상반기에 원유 가격이 지속해서 올랐습니다. 유가가 오르는 만큼 석유제품 가격도 오릅니다. 그런데 이 석유제품 제조에 투입되는 원유는 약 3개월 전에 싸게 도입한 것이죠. 제품 판매가격은 현시점의 원유 가격에 연동해 높아졌는데, 실제 이 제품을 제조하는 데 투입되는 원재료는 수개월 전 쌀 때 구매한 것입니다. 그래서 그만큼 마진이 커지는 겁니다.

제품 가격이 오른 상태에서 과거 구매해 놓은 재고가 원재료로 투입되어 이익이 증가하는 효과를 '재고 효과'라고 하죠. 이 재고 효과를 애널리스트들이 통상 '재고평가이익'이라고 표현합니다.

즉 애널리스트들이 말하는 재고평가이익은 탱크에 보관 중인 원유의 가치가 오르면서 생긴 차익을 말하는 것이 아닙니다. 이것을 잘못 이해한 언론들이 무작정 재고의 가치 상승분에서 평가이익이 발생하고, 이 평가이익이 영업이익을 증가시킨다고 말하는 것이죠.

다음 기사를 한번 볼까요.

(중략) LG에너지솔루션, SK온, 삼성SDI 등 자동차용 배터리 제조업체의 재고자산이 2022년 상반기에 증가한 이유로는 원재료 가격 상승이 꼽힌다. 배터리 원재룟값이 상승하다 보니 상반기에 미리 구매에 나섰고, 실제로 원재룟값이 상승해 금액으로 환산한 재고자산 규모가 커졌다는 것이다.

기사가 주장하는 내용은 예를 들어 이런 겁니다. 삼성SDI가 배터리 원재료인 리튬을 100만 원에 매입했습니다. 창고에 보관 중인 이 리튬의 국제 시세가 150만 원이 되었습니다. 그래서 리튬 장

부가격은 150만 원이되었고, 재고자산 규모가 50만 원만큼 증가했다는 이야기죠.

물론, 틀린 이야기입니다. 여러분도 저와 함께 재고자산의 시세가 올랐을 때 어떻게 회계 처리하는지 공부하셨으니, 재고자산을 이런 식으로 회계 처리하지 않는다는 걸 아셨을 겁니다. 재고자산의 가치를 평가하는 저가법 회계 기준을 무시하고 회사가 분식회계를 저질렀다고 주장하는 꼴입니다. 100만 원에 매입한 리튬 재고자산의 시세가 150만 원이 되어도 재고자산 평가이익으로 손익에 반영하지 않습니다!

전기차 배터리 업체의 재고자산이 증가한 이유는 다른 데 있습니다. 배터리 원재료 가격이 지속해서 상승하고 있고, 원재료를 확보하는 과정에서 상승한 가격으로 매입해 보관 중이기 때문입니다.

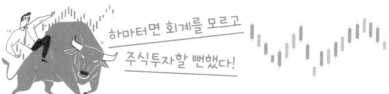

하마터면 회계를 모르고
주식투자할 뻔했다!

감사보고서를 통해
기업의 위기 시그널 포착하기

✅ 감사보고서, 봐도 그만 안 봐도 그만?

　제주도 여행을 계획한 김 과장은 부장님의 눈을 피해 온종일 숙소를 검색하고 있습니다. 검색 창에 '제주도 호텔'이라고 검색어를 넣고 일정을 입력하니, 숙소도 많고 후기도 많아서 어떤 숙소를 예약해야 할지 좀처럼 결정하기 어려웠습니다. 같은 숙소인데 어떤 후기는 청결해서 좋았다고 하고, 어떤 후기는 청소 상태가 불량했다고 하니 어떤 후기를 믿어야 하나 혼란스럽기만 했습니다.

　같은 숙소임에도 불구하고 후기가 극단적으로 갈리는 이유는 사람마다 '청결하다'는 기준이 다르고, 기대와 실제의 간극을 받아들이는 데 차이가 있기 때문입니다. 청결도에 대한 공신력 있는 기준이 있고, 공인된 기관이나 사람이 청결도를 평가해서 공시한다면 그 숙소 평가에 대한 신뢰도를 높일 수 있을 것입니다. 그렇다면 김 과장도 숙소를 선택하기가 한결 수월했을 것입니다.

어떤 대상을 평가할 때 주관적인 기준을 따르면, 그 평가는 공신력을 얻기 힘들다. 기업의 재무제표를 '회계감사기준'이라는 객관적인 기준에 따라 공신력 있는 기업 외부의 회계 전문가(회계법인)이 감사한 다음, 그 결과를 알리는 것이 감사보고서다.

회계 감사는 회사가 작성한 재무제표가 일반적으로 인정된 회계기준에 맞춰 작성되었는지 회계감사기준에 따라 감사하여 결과를 알리는(공시하는) 것입니다. 이때 '감사인'이라고 불리는 회계법인에서 회계 감사를 하고 그에 따른 결과를 내놓은 것이 감사보고서입니다. 투자자들은 감사보고서를 통해 회사가 공시한 재무제표를 신뢰할 수 있고, 이를 바탕으로 투자 의견을 결정할 수 있습니다.

감사보고서는 단순히 재무제표에 대한 신뢰성을 부여하는 역할만을 하는 것은 아닙니다. 재무제표에 포함된 주석에는 투자자가 참고할만한 내용이 많이 있으므로, 감사보고서를 읽어보는 것만으로도 투자에 큰 도움이 됩니다. 언론이나 주식 전문가들이 하나같

감사보고서는 대개 어려운 용어와 엄청난 양으로 투자자를 압도한다. 하지만 지레 겁먹지 말고 감사의견, 감사의견 근거, 강조사항과 기타사항, 핵심감사사항 이 네 가지 내용을 중심으로 감사보고서를 살펴보면 된다.

이 입을 모아 감사보고서를 잘 확인해야 한다고 강조하는 이유가 여기에 있습니다.

✅ 투자를 결정하기 전 꼭 봐야 할 감사보고서 4대 포인트 1 : 감사의견

김 과장은 주식에 투자하기 전에 반드시 감사보고서를 확인해 봐야 한다는 주변의 말을 듣고 평소 관심이 있었던 한 회사의 감사보고서를 찾아보았습니다. 감사보고서를 읽어보니 용어도 생소하고 내용이 방대해 이해하기 어려웠습니다. 김 과장이 경험한 것처럼 감사보고서는 어려운 용어와 엄청난 양으로 투자자를 압도합니다. 하지만 겁먹을 필요 없습니다. 감사보고서를 확인할 때는 크게 네 가지를 주의해서 살펴보면 됩니다.

그 첫 번째가 '감사의견'입니다. 감사의견은 크게는 '적정'과 '비적정' 두 가지로 구분하기도 하는데, '비적정' 의견에 세 가지가 있기 때문에 결론적으로는 네 가지로 구분됩니다. 네 가지 감사의견은 '적정', '한정', '부적정', '의견거절'입니다. 여기에서 적정을 제외한 비적정의견은 모두 문제가 있다고 보면 됩니다.

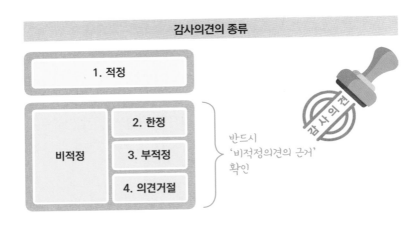

▶ **적정의견**

① 적정의견

적정의견은 회사의 재무제표가 일반적으로 인정된 회계 기준(한국채택국제회계기준 또는 일반기업회계기준)에 따라 충실하게 작성되었다는 것을 의미합니다. 회계 감사 과정에서 회계사가 요구한 증빙을 모두 제시했고, 현금과 재고 실사 등의 감사 절차를 수행한 결과 재무제표에 표시된 금액과 차이 항목이 없을 때 받을 수 있는 의견이지요. 또한 회사의 내부통제가 적절하게 작동하고 있다는 의미이기도 합니다.

다만, 감사보고서에서 적정의견은 '적정'이라고 표시하지 않습니다. "재무상태와 재무성과 및 현금흐름을 한국채택국제회계기준에 따라 중요성의 관점에서 공정하게 표시하고 있습니다."라고 적혀있다면 적정의견을 의미합니다.

감사보고서 상 적정의견(삼성전자 2021년 감사보고서 중)

감사의견

우리는 삼성전자주식회사와 그 종속기업들(이하 "연결회사")의 연결재무제표를 감사하였습니다. 동 연결재무제표는 2021년 12월 31일과 2020년 12월 31일 현재의 연결재무상태표, 동일로 종료되는 양 보고기간의 연결손익계산서, 연결포괄손익계산서, 연결자본변동표 및 연결현금흐름표 그리고 유의적 회계 정책의 요약을 포함한 연결재무제표의 주석으로 구성되어 있습니다.

우리의 의견으로는 별첨된 연결회사의 연결재무제표는 연결회사의 2021년 12월 31일과 2020년 12월 31일 현재의 재무상태, 동일로 종료되는 양 보고기간의 재무성과 및 현금흐름을 한국채택국제회계기준에 따라 중요성의 관점에서 공정하게 표시하고 있습니다.

그런데 한가지 주의할 점이 있습니다. 많은 사람이 오해하고 있는 것인데요. 적정의견을 받았다고 해서 회사의 경영 상태가 좋다

거나 재무상태가 양호
하다는 것을 보장하는
게 아니라는 점입니다.
적정의견을 받았다는
것은 재무제표 금액이
회계 기준에 따라 충실
히 작성되었다는 정도
의 의미입니다.

학교를 졸업했다는 것은 정해진 교육 과정을 잘 끝냈다는 것이지, '졸업 = 성적 우수'를 의미하지 않는다. 마찬가지로 적정의견은 해당 기업의 경영 상태나 재무 상태가 양호하다는 것을 의미하는 게 아니라, 재무제표가 회계 기준에 따라 충실히 작성되었음을 뜻한다.

▶ **비적정의견**

적정의견 이외의 의견에는 감사보서 제목에 '의견명'이 들어가 있습니다. 한정, 부적정, 의견거절로 명확하게 기재되어 있지요. 또 회계법인에서 비적정의견을 표명한 경우에는 왜 그런 의견을 주었는지에 대한 근거를 감사보고서에 적게 되어 있습니다. 그 근거를 참조하면 회사 재무제표 어디에 문제가 있었는지를 파악할 수 있습니다.

② 한정의견

한정의견은 회계법인에서 재무제표가 전체적으로는 회계 기준에 맞게 잘 처리되었고 감사 절차도 잘 수행이 되었지만, 일부 항목에서 차이가 날 경우에 표명하는 의견입니다.

예를 들어 총자산 1000억 원의 회사가 있는데, 대여금 30억 원에 대한 증빙을 회계사에게 제시하지 못했다고 해볼까요. 그럼 회계사가 30억 원의 금액을 확인하지 못했으니 대여금은 감사를 통과할 수 없습니다. 하지만 30억 원은 이 회사 총자산의 3% 정도로, 회사 전체 자산 규모 대비 적은 금액이기 때문에 대여금에 대해서만 한정의견을 주는 것입니다.

한정의견 감사보고서(포인트모바일 2021년 감사보고서 중에서)

한정의견

우리는 주식회사 포인트모바일(이하 "회사")의 재무제표를 감사하였습니다. 해당 재무제표는 2021년 12월 31일 현재의 재무상태표, 동일로 종료되는 보고 기간의 포괄손익계산서, 자본변동표 및 현금흐름표 그리고 유의적 회계 정책의 요약을 포함한 재무제표의 주석으로 구성되어 있습니다.

우리의 의견으로는 별첨된 회사의 재무제표는 이 감사보고서의 한정의견 근거 단락에 기술된 사항이 미칠 수 있는 영향을 제외하고는, 회사의 2021년 12월 31일 현재의 재무상태와 동일로 종료되는 보고 기간의 재무성과 및 현금흐름을 한국채택국제회계기준에 따라 중요성의 관점에서 공정하게 표시하고 있습니다.

③ 부적정의견

부적정의견은 감사 절차는 정상적으로 수행되었지만, 재무제표에 기재된 금액이 회계 기준을 위배한 정도가 클 경우에 제시하는 의견입니다. 좀 전에 살펴본 총자산이 1000억 원인 회사로 예를 들어보지요. 회사에서 구매한 200억 원 규모의 한 재고자산이 12월 말 결산 시점에 배에 실려 운송되는 중입니다. 회사는 재고자산이 아직 국내에 도착하지 않았기 때문에 회계 처리를 하지 않았습니다. 그런데 회계 기준을 살펴보았더니 회사는 운송 중인 재고자산에 대해 미착품(재고자산)으로 처리하고, 물품 대금을 외상매입금으로 처리해야 합니다. 결국 미착품(재고자산) 200억 원과 부채인 외상매입금 200억 원을 재무제표에서 누락한 셈이 됩니다. 이때 오류금액 200억 원은 총자산의 20%에 이르는 큰 금액입니다. 이럴 때는 부적정의견을 받게 됩니다.

부적정의견 감사보고서(에스티씨라이프 2021년 감사보고서 중에서)

부적정의견

우리는 주식회사 에스티씨라이프(이하 "회사")의 재무제표를 감사하였습니다. 해당 재무제표는 2021년 12월 31일과 2020년 12월 31일 현재의 재무상태표, 동일로 종료되는 양 보고 기간의 손익계산서, 자본변동표, 현금흐름표 그리고 유의적인 회계 정책의 요약을 포함한 재무제표의 주석으로 구성되어 있습니다.

우리의 의견으로는 별첨된 회사의 재무제표는 이 감사보고서의 부적정의견 근거 단락에 언급된 정보의 누락 때문에 회사의 2021년 12월 31일과 2020년 12월 31일 현재의 재무상태와 동일로 종료되는 양 보고 기간의 재무성과 및 현금흐름을 일반기업회계기준에 따라 중요성의 관점에서 공정하게 표시하고 있지 아니합니다.

④ 의견거절

비적정의견 중에서 기사에서 제일 많이 볼 수 있는 것이 '의견거절'입니다. 의견거절은 주로 '감사 범위 제한으로 인한 의견거절'과 '계속 기업 가정의 불확실성으로 인한 의견거절'로 구분됩니다. 이것만 봐서는 뜻을 쉽게 이해할 수 없지요.

쉽게 설명해보겠습니다. 감사 범위 제한으로 인한 의견거절은 회사에서 감사에 필요한 자료를 회계사에게 제공하지 못했다는 이야기입니다. 재무제표를 아예 제시하지 못하는 경우도 있고, 재무제표는 제시는 했지만 증빙을 제시하지 못한 경우가 있겠지요. 이런 회사가 있을까 싶지만, 회사가 망하기 직전에는 직원도 대부분 퇴사한 상태이고 여러 측면에서 회계 감사를 준비할 여건이 되지 않는 경우가 있습니다. 이때는 회계사가 감사 업무 자체를 수행할 수 없으므로 의견거절을 표명합니다.

'계속 기업의 불확실성으로 인한 의견거절'은 또 무슨 의미일까요? 회사의 재무제표에 기재된 금액의 가장 기본적인 가정은 '회사는 망하지 않고 계속해서 영업할 것이다(계속 기업의 가정)'입니다. 그런데 회사의 재무 구조가 매우 열악해서 회사가 곧 파산할 가능성이 있다고 해볼까요? 그런데 회사는 파산을 막기 위한 여러 가지 계획을 제시하지도 못하는 상태입니다. 이럴 때에는 재무제표를 작성하는 기본적인 가정 자체가 성립하지 않기 때문에, 감사인은 의견을 제시하지 않는 것입니다. 그래서 '계속 기업의 불확실성으로 인한 의견거절'을 표명하는 것이죠.

지금까지 감사보고서에 등장하는 감사의견의 종류에 관해 알아봤습니다. 상장회사가 '한정', '부적정', '의견거절'의 비적정의견을 받게 되면, 관리종목이 되거나 거래정지 심지어 상장폐지가 될 수 있으니 주의 깊게 살펴봐야 합니다.

회계 감사를 받을 준비가 전혀 안 되어있군. 그렇다면 내가 표명할 수 있는 감사의견은 '감사 범위 제한으로 인한 의견거절' 뿐이지.

증빙 자료

의견거절

우리는 현진소재 주식회사(이하 "회사")의 재무제표에 대한 감사 계약을 체결하였습니다. 해당 재무제표는 2021년 12월 31일 현재의 재무상태표, 동일로 종료되는 보고 기간의 포괄손익계산서, 자본변동표, 현금흐름표 그리고 유의적인 회계 정책의 요약을 포함한 재무제표의 주석으로 구성되어 있습니다.

우리는 별첨된 회사의 재무제표에 대하여 의견을 표명하지 않습니다. 우리는 이 감사보고서의 의견거절 근거 단락에서 기술된 사항의 유의성 때문에 재무제표에 대한 감사의견의 근거를 제공하는 충분하고 적합한 감사 증거를 입수할 수 없었습니다.

투자를 결정하기 전 꼭 봐야 할 감사보고서 4대 포인트 2
: 적정이 아닌 이유 파악하기

두 번째로 파악해야 할 것이 적정이 아닌 이유입니다. 폴루스바이오팜의 감사보고서를 예로 살펴볼까요. 이 회사의 2020년도 감사의견은 '의견거절'이었습니다. 의견거절 근거는 세 가지였습니다.

폴루스바이오팜의 2020년도 감사보고서 중	
	1. 기초 연결재무제표에 대한 감사 범위의 제한
의견거절 근거	2. 주요 감사 절차의 제약
	3. 계속 기업의 불확실성

▶ 기초(12월 결산 법인의 경우라면 연초) 연결재무제표에 대한 감사 범위의 제한

감사 범위의 제한은 일반적으로 회계사가 요청한 증빙 자료 등을 제시하지 않은 경우, 감사 범위에 제한이 있다고 표현합니다. 감사보고서상의 재무제표에는 2개년도의 금액을 공시하게 되어 있습니다. 그래서 전년도 말의 재무상태표 금액은 그대로 기초(연초)로 이월되기 때문에 기초잔액이라고 부릅니다. 즉 기초 연결재무제표에 대한 감사 범위 제한은 전년도 말의 재무상태표 금액에 대해 감사를 수행하지 못했다는 의미입니다.

예를 들어 회계사가 기초의 예금 금액, 즉 전년도 말의 예금 금액을 확인해야 하는데, 회사에서 예치하고 있는 은행의 명세서와 금액을 제시하지 않는 경우죠. 이 경우 회계사가 은행에 잔액 조회서를 발송할 수도 없고, 다른 방법으로도 예금 잔액에 관해 확인할 수 없으니 재무제표에 표시된 예금 잔액을 믿을 수가 없습니다. 이럴 경우 감사 범위가 제한되었다고 표현합니다. 즉 감사 범위 제한은 회계사가 필수적으로 해야 하는 감사 절차를 수행하지 못했다고 이해하면 됩니다.

▶ 주요 감사 절차의 제약

회계사가 수행해야 하는 감사에는 절차가 있습니다. 그런데 회사 측에서 자료를 제공하지 않거나, 미흡한 자료를 제시해서 감사 절차를 수행할 수 없었던 것이지요. 예를 들어 비상장주식이나 전환사채 등은 시장가격이 없으니까 공정가치 평가를 외부 전문 평가기관에 의뢰해서 받은 결과를 감사인에게 제공해야 합니다. 그런데 그런 과정이 없는 경우 재무제표에 적혀 있는 금융 상품의 공정가치를 산출한 방법이나 근거를 회계사가 확인할 수 없게 되지요. 이럴 때 주요 감사 절차에 제약이 있었다고 표현합니다.

▶ **계속 기업의 불확실성**

의견 거절의 사유 중 계속 기업의 불확실성이 있으면 특히 주의해야 합니다. 기업의 재무제표는 일반적으로 폐업하지 않고 사업을 계속할 것이라는 가정하에 작성된다고 했습니다. 그러니 '계속

상장회사가 감사의견으로 '한정', '부적정', '의견거절'의 비적정의견을 받게 되면, 관리종목 편입, 거래정지, 상장폐지 등의 가능성이 높아지니 주의 깊게 살펴야 한다. 이 경우 어떤 이유로 부적정 의견을 받았는지 감사의견의 근거를 살펴서 파악해야 한다.

기업의 불확실성'이라는 말은 간단히 곧 회사가 문을 닫을 수 있다는 경고입니다.

당기순손실이 많이 발생했다고 해서 회사가 망하는 것은 아닙니다(434쪽 참조). 쿠팡처럼 막대한 당기순손실을 기록해도 회사는 망하지 않습니다. 하지만 회사에 현금이 부족하면 당기순이익을 아무리 많이 내도 망할 수 있습니다. 폴루스바이오팜 감사보고서를 보면 유동부채가 유동자산을 714억 원 초과하고 있다고 되어 있습니다. 1년 내 갚아야 할 부채가 1년 내 현금화할 수 있는 자산보다 714억 원이나 많으니, 현금이 부족해 채무 불이행이 발생할 수 있습니다. 감사인은 폴루스바이오팜이 채무를 갚지 못하면 회사를 계속 운영해나가지 못할 수도 있다고 판단한 것이지요.

✔ 투자를 결정하기 전 꼭 봐야 할 감사보고서 4대 포인트 3
: 강조사항과 기타사항

그리고 지금까지 얘기한 것에 더해서 감사보고서를 확인할 때 주의 깊게 봐야 할 사항이 있습니다. 바로 '강조사항'과 '기타사항'에 기재된 내용입니다.

강조사항과 기타사항	
기타사항	1. 주권의 거래 정지
	2. 전기 감사인 및 감사의견

기타사항은 감사보고서를 활용하는 사람들에게 말 그대로 감사보고서와 관련한 기타정보를 제공하는 것입니다. 상장회사의 경우 주식이 거래 정지되었으면 그 내용, 전기의 감사인이 다른 회계법인이었으면 전기 감사와 관련된 사항 등을 기재합니다.

그런데 우리가 좀더 관심을 가져야 할 사항은 강조사항입니다. 강조사항은 항상 이렇게 시작합니다. "감사의견에는 영향을 미치지 않는 사항으로서 이 감사보고서 이용자는 다음의 사항에 주의를 기울여야 합니다."

위의 문구처럼 강조사항은 회계법인에서 감사의견에는 영향을 미치지 않지만 재무제표에 표시된 숫자나 주석을 확인할 때 관심을 기울여야 하는 사항들입니다. 예를 들면 합병처럼 회사 영업 환경의 중요한 변화가 있었거나, 회사에 거액의 소송이 걸려있거나, 코로나 19의 영향으로 영업에 타격을 입을 수도 있는 사항 같은 것들입니다. 주로 강조사항에는 주석을 참조하라는 설명이 붙어 있습니다. 그럼 그 번호의 주석을 꼼꼼하게 살펴야 합니다.

다음 표는 2019년도와 2020년도 감사보고서에 기재된 강조사항들을 금융감독원이 분류해 발표한 것입니다.

감사보고서의 강조사항 문단에 기재된 주요 내용

(단위 : 건, 사)

항목별 구분	2019년 회계연도	2020년 회계연도	증감
소송 등 영업 환경의 중대한 불확실성	42	402	360

항목별 구분	2019년 회계연도	2020년 회계연도	증감
코로나 19 영향	19	369	350
회계 변경	50	132	82
전기 재무제표 수정	24	107	83
특수관계자 등 중요한 거래	121	121	–
합병 등 영업 환경·지배구조 변화	66	81	15
기타(신규 상장, 관리종목 관련, 내부 회계 관리 제도 등)	77	72	△5
강조사항 합계	356	808	452
기재기업 수	250	630	380

　가장 주의 깊게 봐야 할 사항은 강조사항에 '계속 기업의 불확실성'이 있는 경우입니다. 회사의 자구 계획에 대해 실현 가능성이 없거나 근거가 빈약할 때는 감사의견을 '의견거절'이라고 표시합니다. 하지만 계속 기업의 불확실성은 있으나 자구 계획이 구체적이고 실현 가능할 것으로 예상할 경우에는, 감사의견은 적정이지만 계속 기업의 불확실성을 강조사항에 넣을 때가 있습니다. 그래서 적정의견을 받은 감사보고서라도 강조사항을 확인해 봐야 한다는 것입니다.

　금감원에서 발표한 자료를 보면, 2018년도 기준으로 감사의견이 적정이면서 강조사항에 계속기업 불확실성이 기재된 회사는 1년 이내에 상장폐지되거나 비적정의견을 받은 비율이 23.5%에 이릅니다. 강조사항에 계속 기업 불확실성이 기재되지 않은 회사(2.2%)보다 약 11배 높은 수준입니다.

ⓒ 투자를 결정하기 전 꼭 봐야 할 감사보고서 4대 포인트 4
: 핵심감사사항

마지막으로 중요한 것이 핵심감사사항입니다. 2020년도부터 모든 상장사는 핵심감사사항을 감사보고서에 기재해야 합니다. 이것이 중요한 이유는 재무제표 숫자 중에서 가장 왜곡되기 쉬운 부분을 선정해서 집중적으로 감사하겠다는 의미이기 때문입니다. 따라서 핵심감사사항을 통해 회사에서 가장 이슈가 되는 계정 과목과 금액을 파악할 수 있습니다.

핵심감사사항

핵심감사사항은 우리의 전문가적 판단에 따라 당기 연결재무제표 감사에서 가장 유의적인 사항들입니다. 해당 사항들은 연결재무제표 전체에 대한 감사의 관점에서 우리의 의견 형성 시 다루어졌으며, 우리는 이런 사항에 대하여 별도의 의견을 제공하지는 않습니다.

주로 대여금이나 재고자산처럼 횡령, 배임이 일어나기 쉬운 계정 과목, 대손충당금과 같이 회사의 판단에 의한 추정치가 들어가는 금액, 비정상적인 거래가 발생하기 쉬운 특수관계자와의 거래 내역 등을 핵심감사사항으로 지정합니다.

2019년도 상장법인(자산이 1천 억 원 이상인 기업)의 핵심감사 사항으로 가장 많이 선택된 것이 매출을 언제 얼마만큼 인식할 것인지(수익의 인식 기준), 자산의 손상평가, 재고자산의 가치평가입니다. 따라서 핵심감사사항은 투자자가 회사의 재무상태 및 경영성과를 분석할 때 주의해서 살펴볼 분야가 무엇인지 콕 짚어주는 역할을 합니다.

상장회사의 감사보고서를 찾는 방법

1.
금융감독원 전자공시시스템(http://dart.fss.or.kr)에 접속해 '정기공시' 항목에 체크

2.
'사업보고서'에 체크한 후 검색하고자 하는 회사명과 대상 기간 입력하고 검색

3.
상단 첨부 서류에서 찾고자 하는 감사보고서 종류에 따라 '연결감사보고서' 혹은 '감사보고서'를 선택

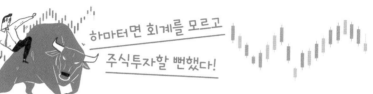

하마터면 회계를 모르고
주식투자할 뻔했다!

회계로 저평가된 주식 찾는 법
: 상대가치평가

☑ 가치투자의 정수, 회계에 있다!

모든 주식투자자의 한가지 목표는 주식을 통해 수익을 내는 것입니다. 주변을 보면 여윳돈으로 투자했다고 허세를 부리면서도, 투자한 주식의 가격이 하락하면 표정이 어두워지고 "원금만 회복하면 다시는 투자를 하지 않겠다"고 말하는 사람을 보면서 '없어도 되는 돈'은 없다는 것을 느끼게 됩니다.

주식투자의 방법으로는 크게 가치투자와 기술적 투자로 나뉩니다. 가치투자는 회사의 재무 구조, 성장성, 안정성, 회사의 비전과 전망 등을 고려해 현재 저평가된 기업의 주식에 투자하는 것을 말합니다. 반면 기술적 투자는 '주가는 추세에 따라 움직이고, 차트의 움직임은 반복된다'는 가정 아래 상승 추세로 전환될 시점에 주식에 투자하는 방법을 말합니다.

두 가지 투자 방식 중 어떤 것이 더 높은 수익률로 이어지는지 아직 논쟁이 있으나, 이 책의 독자라면 가치투자의 기본기를 익히신 분이라고 할 수 있겠습니다. 다음은 가치투자의 대명사라고 불리는 워런 버핏의 투자 철학입니다. 버핏의 투자 철학을 확인하면 제가 왜 이 책의 독자라면 가치투자의 기본기를 익혔다고 말했는지 이해할 수 있으실 것입니다.

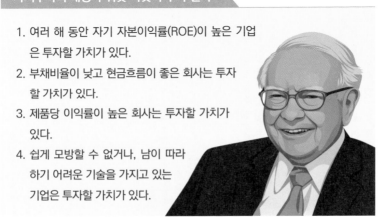

가치투자의 대명사 워렛 버핏의 투자 철학

1. 여러 해 동안 자기 자본이익률(ROE)이 높은 기업은 투자할 가치가 있다.
2. 부채비율이 낮고 현금흐름이 좋은 회사는 투자할 가치가 있다.
3. 제품당 이익률이 높은 회사는 투자할 가치가 있다.
4. 쉽게 모방할 수 없거나, 남이 따라 하기 어려운 기술을 가지고 있는 기업은 투자할 가치가 있다.

☑ 가치투자에 필요한 주식의 가치는 어떻게 평가할까?

가치투자는 회사의 재무 구조, 성장성, 안정성, 회사의 비전과 전망 등을 고려해 현재 저평가된 기업의 주식에 투자하는 것이라고 말씀드렸습니다. 그렇다면 가치투자에서 저평가된 주식을 어떻게 찾아낼 수 있을지가 문제가 됩니다. 주식의 가치를 평가하는 방법은 연구도 많이 이루어지고, 다양한 방식이 고안되었습니다. 주식의 가치를 평가하는 가장 대표적인 방식은 내재가치법과 상대가 치법이라고 할 수 있습니다.

▶ 내재가치법

내재가치법은 기업이 존속하는 동안 벌어들일 수 있을 것으로 예상되는 순현금의 합계액을 현재의 가치로 환산한 값입니다. 정 의는 간단하지만 실제로 개인 투자자들이 기업이 창출하는 현금흐 름을 계산해서 현재의 화폐 가치로 환산하는 작업을 하기에는 많 은 어려움이 따릅니다. 따라서 내재가치법으로 기업의 가치를 산 정하는 것은 M&A나 비상장주식을 대규모로 거래할 때 회계법인 에서 수행하는 경우가 많습니다.

내재가치법에는 한계도 있는데요. 미래에 벌어들이는 현금흐름 을 추정하는 데 있어 많은 '가정'을 바탕으로 추정하기 때문에 평 가자에 따라 주식가치가 다를 수 있습니다. 그래서 가정의 합리성 여부에 대해 공격을 많이 받습니다.

일례로 2022년 4월 동원그룹의 상장사인 동원산업과 비상장사 인 동원엔터프라이즈가 합병했습니다. 이때 오너 일가가 많은 지 분을 보유한 비상장사인 동원엔터프라이즈의 주식가치를 내재가 치법을 사용해 시장에서 예상했던 것보다 높은 가격으로 평가해 공정성 문제가 불거진 적이 있습니다. 합병에서는 주식가치가 높 게 평가된 쪽이 그만큼 이익을 많이 취할 수 있기 때문에 오너 일 가에게 너무 유리한 거래가 아니었느냐는 비판을 받기도 했습니다.

▶ 상대가치법

앞에서 살펴본 내재가치법에 비해 상대가치법(시장가치법)은 주식가치의 계산이 비교적으로 수월합니다. 상대가치법은 '유사한 기업은 기업가치도 비슷할 것이다'라는 생각에서 출발합니다.

휘발유를 예로 들어보면 이해가 쉽습니다. 오일뱅크 주유소에서 파는 휘발유와 에쓰오일 주유소에서 파는 휘발유의 가격은 비슷합니다. 주유소 이름은 달라도 휘발유라는 제품은 속성이 비슷하므로 가격이 비슷한 것입니다.

오일뱅크에서 파는 휘발유 가격이 리터당 1700원이라면, 에쓰오일에서 파는 휘발유의 리터당 가격도 1700원 근처라는 것을 예상할 수 있습니다. 이처럼 비교 대상의 가격을 알면 내가 사려고 했던 상품의 가격을 추정해 볼 수 있습니다.

상대가치법은 유사한 기업은 기업가치도 비슷할 것이라는 생각에서 출발한다.

이것을 기업으로 확장해보면 동일한 산업군에 속하는 기업이라면 각 기업의 개별적인 특성을 제외한다면 주식가치가 거의 비슷하게 형성될 것이라고 가정하는 것입니다.

시장가격을 확인하기 어려운 비상장 기업의 적정 주가를 동일한 산업군에 속하는 상장 기업의 주가와 비교해 본다면 이 비상장 기업의 적정 주가를 산출해 볼 수 있고, 동일한 산업군에 속해 있는 상장 기업 간의 주가를 비교해 볼 수도 있습니다.

일반 투자자들이 적정 주가를 산출해 볼 방법이 바로 상대가치법에 의한 주식가치 평가입니다. 상대가치법을 활용해 주가를 산출해보기 위해서는 우선 비교 대상 회사를 선정해야 합니다. 비교 대상 회사는 속해 있는 산업군이 동일하고, 비슷한 제품군을 생산하고 있으며, 회사의 규모와 재무 구조의 유사성을 고려해 선정할 수 있습니다. 그 후 선정된 회사의 주요 재무 정보를 비교하면서 여러 가지 상대가치 방법을 통해 쉽게 투자 대상 회사의 기업가치 또는 주식가치를 산정할 수 있을 것입니다.

✅ 주가수익비율로 투자 판단하기

상대가치법은 주로 재무제표에 있는 정보를 이용해 주가를 산출해 볼 수 있습니다. 가장 많이 사용되는 상대가치법은 주가수익비율(PER : Price to Earnings Ratio)과 주가자산비율(PBR : Price to Book-value Ratio)을 이용한 방법입니다. PER과 PBR은 직접 계산하

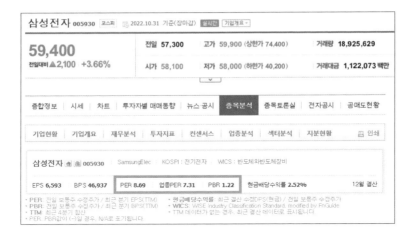

네이버 종목분석 화면과(위) KRX 개별종목 종합정보 화면(아래)

지 않아도 여러 곳에서 자료를 얻을 수 있습니다. 한국거래소(KRX) 정보데이터 시스템, 네이버증권, 증권사 MTS 등에서 쉽게 기업의 PER과 PBR 값을 알 수 있습니다.

　주가수익비율(PER : Price Earning ratio)은 당기순이익을 이용하

여 주식의 가치를 평가해 보는 방식입니다. PER을 구하는 공식은
다음과 같습니다.

$$PER = \frac{주가}{주당순이익(EPS^*)}$$

$$^*EPS = \frac{당기순이익}{유통주식수}$$

PER은 현재 주가에 1주당 벌어들이는 순이익(주당순이익)을 나
누어서 계산합니다. 직접 계산하지 않더라도 PER은 앞서 소개한
네이버증권 등에서 쉽게 찾아볼 수 있습니다.

그렇다면 PER이 의미하는 것은 무엇일까요? PER이 높다는 것
은 주당순이익에 비해 주가가 높게 형성되어 있다는(고평가) 의미
입니다. 반면에 PER이 낮다는 것은 주당순이익에 비해 주가가 낮
게 평가(저평가)되어 있다는 의미입니다.

그렇다면 PER이 높은지 낮은지는 어떻게 판단할 수 있을까요?
비교할 대상이 있어야 한다는 말인데, 주로 업종 평균 PER이나 경
쟁 기업의 PER과 비교하는 것이 일반적입니다. PER이 업종 평균
이나 경쟁 기업에 비해 낮은 주식은 주가가 상승할 확률이 높은 것
으로 평가받고, PER이 업종 평균이나 경쟁 기업에 비해 높을 경우
주가가 하락할 확률이 높다고 평가받는 것이 일반적입니다.

그럼 삼성전자 주식으로 확인해 볼까요?

그림에서 보는 삼성전자의 주당순이익(EPS)은 5777원입니다. 2022년 4월 29일의 주가가 6만 7400원이므로, PER을 구해 보면 11.67(=67400/5777)입니다. 네이버증권 화면에 나오는 PER 11.67과 동일한 결과를 확인할 수 있습니다. 그렇다면 PER을 이용해 삼성전자의 주식가치가 저평가되었는지 고평가되었는지 확인해 보겠습니다.

▶ [PER로 주식가치 평가 : 1단계] 업종 평균 주가와의 비교

앞서 보여드린 'PER = 주가 / 주당순이익' 공식을 변형하면 '주가 = PER × 주당순이익'이라는 공식을 얻을 수 있습니다.

$$주가 = PER \times 주당순이익(EPS)$$

이 공식을 이용하면 경쟁 기업의 주가와 쉽게 비교해 볼 수 있습니다. 삼성전자 주식 가격이 높은지 낮은지를 비교해보기 위해서는 '주가＝PER×EPS' 공식에서 PER 자리에 업종 평균 PER을 넣어보면 됩니다. 삼성전자의 업종 평균 PER은 왼쪽 그림에서 10.39로 확인됩니다. 업종 평균 PER을 넣어서 주가를 계산해 보면 6만 23원(=10.39(업종 평균 PER)×5777(삼성전자 EPS))이 산출됩니다. 2022년 4월 29일 삼성전자의 주가가 6만 7400원이므로, 업종 평균 PER으로 계산한 6만 23원에 비해 고평가되어 있다고 판단할 수 있습니다.

▶ [PER로 주식가치 평가 : 2단계] 경쟁 기업 주가와의 비교

이번에는 경쟁 기업과 비교해 볼까요? 국내에서 삼성전자의 경쟁 기업으로 SK하이닉스를 꼽을 수 있습니다. SK하이닉스와 비교해 삼성전자의 주가를 확인해 보면 4만 9277원(=8.53(SK하이닉 PER) × 5777(삼성전자 주당순이익))으로 평가됩니다. 2022년 4월 29일의 주가 6만 7400원과 비교하면 삼성전자의 주가는 경쟁 기업인 SK하이닉스에 비해 고평가되어 있다고 판단할 수 있습니다.

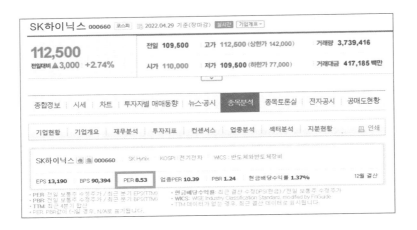

이 글을 읽는 독자분 중에는 '너무 근본 없는 계산법 아닌가?' 의문을 갖는 분도 계실 텐데요. 상대가치법은 상장 예정인 기업의 주식 공모가를 산정하는 방식으로도 널리 이용되는 방법입니다. 실제 2021년 상장한 크래프톤의 공모가 산정과 관련해 보도된 자료를 보면, PER을 이용한 상대가치법으로 공모가를 산정했다는 것을 확인할 수 있습니다.

2021년 상장한 게임개발사 크래프톤은 PER을 이용한 상대가치법으로 공모가를 산정했다.

크래프톤은 비교 기업들의 PER을 활용해 공모가를 산정했다. PER은 주로 꾸준한 매출을 내는 이익 기업들이 활용하는 방식이다. 크래프톤은 무리한 기업가치 책정으로 눈총을 받았다. 콘텐츠 사업 모델을 근거로 월트디즈니 등을 비교 기업군에 포함하면서 평균 PER을 45.2배로 적용했다.

비교 기업 부적절 논란에 크래프톤은 한 차례 증권신고서를 수정해야 했다. 이후 수정한 비교 기업은 엔씨소프트와 넷마블, 카카오게임즈, 펄어비스 등 4개사다. 다만 이 역시 코로나19 여파로 게임주의 가치가 급등했을 당시(4개사 평균 PER 47.2배)여서 고평가 논란은 상장 이후에도 지속됐다.

기업의 PER이 낮다고 해서 무조건 주가 상승을 기대해서는 안 됩니다. 주가는 과거의 실적보다는 미래의 예상실적에 영향을 더 많이 받기 때문입니다. 기업의 순이익이 낮아질 것으로 예측된다면 PER의 분모인 주당순이익보다 분자인 예상주가가 더욱 하락할 수 있습니다. 그렇다면 PER이 오히려 더 낮아질 수 있습니다. 반면 미래 예상되는 순이익이 더 상승할 것으로 예측된다면 주가가 더 상승하여 PER은 높아질 수도 있을 것입니다. 따라서 PER 분석과 함께 업황 등을 고려해야 합니다. 또한 단일 연도가 아닌 3개년 평균 PER 등을 이용해 분석하면 더 의미 있는 정보를 얻을 수 있습니다.

94쪽의 업종별 평균 PER을 살펴보면 헬스케어업은 60.39이고 증권업은 3.38로, 두 업종 간에 차이가 매우 큽니다. 업종 평균 PER이 높다는 것은 앞으로 해당 업종의 이익성장률이 높아지리라는 기대가 반영되었다고 이해하면 됩니다.

업종별 평균 PER과 PBR (기준 : 2022년 4월 29일)

지수명	PER	PBR	배당수익률
KRX 자동차	9.88	0.73	1.49
KRX 반도체	17.16	2.44	0.61
KRX 헬스케어	60.39	4.43	0.17
KRX 은행	5.32	0.47	3.03
KRX 에너지화학	10.28	1.13	0.93
KRX 철강	6.76	0.64	1.65
KRX 방송통신	11.77	0.76	2.64
KRX 건설	11.58	0.97	1.24
KRX 증권	3.38	0.57	4.29
KRX 기계장비	–	1.74	0.46
KRX 보험	7.50	0.50	2.89
KRX 운송	23.14	1.58	0.42
KRX 경기소비재	20.46	1.31	0.78
KRX 필수소비재	11.17	1.19	1.93
KRX 미디어 & 엔터테인먼트	11.00	2.67	0.47
KRX 정보기술	16.15	1.94	1.21
KRX 유틸리티	23.15	0.59	1.82

☑ 주당순자산비율로 투자 판단하기

앞서 살펴본 주가수익비율(PER)이 손익계산서의 당기순이익을 이용한다면, 주당순자산비율(PBR : Price to Book-value Ratio)은 재무상태표의 자본을 이용하는 방법입니다. 순자산은 자산에서 부채를 차감한 것으로, 재무상태표에서 '자본'이라고 이해하면 됩니다.

PBR을 구하는 공식은 다음과 같습니다. PBR은 기업의 1주당 순자산 가치가 주가에 얼마만큼 반영되어 있는지를 확인해 볼 수 있는 지표입니다.

$$PBR = \frac{주가}{주당순자산(BPS^*)}$$

$$^*BPS = \frac{순자산}{발행주식\ 수}$$

PBR도 PER과 동일한 방법으로 주가를 비교해볼 수 있습니다. PBR 계산식을 변형하면 '주가 = 주당순자산비율(PBR) × 주당순자산'이 됩니다. PBR에 업종 평균이나 경쟁 업체를 대입해 보면 업종 평균보다 현재 주가가 높은 수준인지 낮은 수준인지 비교해 볼 수 있습니다.

$$주가 = PBR × 주당순자산(BPS)$$

PBR을 이용해 현대자동차의 주가를 평가해보겠습니다. 네이버에서 2022년 4월 29일 현대자동차를 분석한 내용을 보면 BPS가 28만 9609입니다. 자동차 업종 평균 PBR은 한국거래소에서 공시한 자료에 따르면 0.73입니다. 이를 통해 현대자동차의 주가를 업종 평균 PBR을 이용해 계산하면 21만 1415원(= 0.73(업종 평균 PBR) × 28만 9609원(주당순자산))입니다. 따라서 현대자동차 주가 18만 6000원(2022년 4월 29일)은 업종 평균과 비교하면 저평가된 것이라고 볼 수 있습니다.

이제 경쟁 기업과 비교해 볼까요? 글로벌 자동차기업인 도요타와 비교해보겠습니다. 야후 파이낸스에서 도요타 자료를 확보할 수 있습니다.

2022년 4월 29일 도요타의 PBR(Price/Book)은 1.2입니다. 도요타의 PBR을 이용해 계산하면, 현대자동차의 주가는 34만 7531원(=1.2(토요타의 PBR)×28만 9609원(현대자동차 주당순자산))입니다. 2022년 4월 29일 현대자동차의 주가는 18만 6000원이므로 이번에도 저평가되어 있다는 결론에 이릅니다.

A사 주가가 저평가되어 있다.   A사 주가가 저평가되어 있다.

✅ 바이오·스타트업·초기 투자비용이 큰 업종을 평가하는 잣대, 주가매출액비율과 EV/EBITDA 비율

PER이나 PBR과 더불어 많이 사용되는 상대가치평가 방법은 주가매출액비율(PSR), EV/EBITDA 비율이 있습니다.

▶ **주가매출액비율(PSR : Price to Sales Ratio)**

PER은 순이익이 발생하는 기업에서만 사용할 수 있다는 단점이 있습니다. 그래서 아직 순이익이 발생하지 않는 바이오기업 또는 스타트업 등의 주식가치를 평가할 때 주가매출액비율(PSR)을 많이 사용합니다. PSR은 기업의 성장성에 주안점을 두고 상대적으로 저평가된 주식을 발굴하는 데 사용되는 방법이기도 합니다.

$$PSR = \frac{주가}{주당매출액}$$

$$* \; 주당매출액 = \frac{매출액}{발행주식 \; 수}$$

2022년 4월 상장한 코스닥 기업 포바이포는 PER과 PSR 방식으로 공모가를 산정했으며, 2021년 뉴욕증권거래소(NYSE) 상장으로 눈길을 끈 쿠팡도 PSR 방식으로 공모가를 산정했습니다.

▶ EV/EBITDA

EV/EBITDA 비율은 앞서 살펴본 방법에 비해 이해하기 조금 어려운 개념일지 모르겠습니다. 그러나 상대가치법의 장점은 쉽게 결과를 산출할 수 있다는 것입니다. EV/EBITDA 비율 역시 용어를 이해하고 나면, 결과를 직접 산출하는 것은 그리 어렵지 않습니다.

먼저 EBITDA는 '이자, 법인세, 감가상각비, 무형자산상각비 차감 전 순이익(Earnings Before Interest, Tax, Depreciation, and Amortization)'의 약자입니다. 한 호흡으로 읽기에도 깁니다! EBITDA는 간단히 영업활동현금흐름, 즉 제조·판매·서비스 등 기업이 본연의 영업활동을 통해 현금을 얼마나 창출할 수 있는지를 대략적으로 보여주는 숫자입니다. 투자자가 영업활동현금흐름을 따로 계산할 필요는 없습니다. 재무제표 중 현금흐름표를 보면 손쉽게 찾을 수 있으니까요. 기업의 현금흐름표에서 확인한 영업활동현금흐름을 분모의 EBITDA에 대입하면, EV/EBITDA 비율을 계산할 수 있습니다.

삼성전자 2022년 반기 연결현금흐름표

제54기 반기 : 2022년 1월 1일~6월 30일까지
제53기 반기 : 2021년 1월 1일~6월 30일까지

삼성전자주식회사와 그 종속기업 (단위 : 백만 원)

과목	주석	제54(당)반기		제53(전)반기	
Ⅰ. 영업활동현금흐름			24,589,135		25,889,535
1. 영업에서 창출된 현금흐름		31,054,031		30,801,574	
가. 반기순이익		22,423,433		16,776,171	
나. 조정	24	28,057,798		21,932,516	
다. 영업활동으로 인한 자산 부채의 변동	24	(19,427,200)		(7,907,113)	
2. 이자의 수취		706,755		686,093	
3. 이자의 지급		(264,834)		(155,459)	

분자의 EV는 'Enterprise Value'의 약자로 단순 번역하면 '기업가치'를 의미합니다. 여기서 기업가치는 시가총액에 순부채를 더한 금액입니다. 시가총액은 '주가 × 발행주식 수'으로 계산하는데, 네이버나 증권사이트를 통해 쉽게 찾을 수 있습니다. 순부채는 차입금에서 현금 및 현금성 자산을 차감한 금액입니다. 차입금과 현

금 및 현금성 자산은 재무상태표에서 찾을 수 있습니다.

그렇다면 EV/EBITDA가 의미하는 건 무엇일까요? EV/EBITDA가 5배라면, 그 기업을 시장가격(EV)으로 매수했을 때 그 기업이 벌어들인 영업현금흐름(EBITDA)을 5년간 합하면 투자 원금을 회수할 수 있다는 의미입니다. 따라서 EV/EBITDA 비율이 낮다면 회사의 주가가 기업가치보다 저평가되어있다고 판단할 수 있습니다.

2022년 상장을 준비 중이던 보안 전문 기업 SK쉴더스는 공모가를 산정할 때 EV/EBITDA를 활용해 기업가치를 책정했습니다. 보통 초기에 투자비용이 많이 들어 감가상각 규모가 큰 업종의 기업

상대가치법은 비교 대상을 정확하게 선정하는 것이 무엇보다 중요하다.

가치를 계산할 때 EV/EBITDA를 활용합니다.

상대가치법은 말 그대로 상대적인 가치이기 때문에 항상 비교 대상을 정확하게 선정하는 것이 중요합니다. 크래프톤은 공모가를 산정할 때 월트디즈니, 워너뮤직 등을 비교 기업으로 선정했다가, 금융감독원으로부터 증권신고서 내용을 정정하라는 요구를 받았습니다. SK쉴더스도 미국의 알람닷컴, 퀄리스, ADT를 비교 기업으로 선정하며 공모가 고평가 논란에 시달렸는데요. 결국 안랩, 에스원, 싸이버원과 대만 보안기업 세콤으로 비교 기업을 정정했습니다. 이 회사는 2022년 5월 시장 침체를 이유로 상장 의사를 철회했습니다.

투자자로서 상대가치법을 이용할 때 주의할 점은 주가에 영향을 미치는 변수는 개별 기업의 문제에서부터 국내외 경제 환경에 따른 변수까지 상당히 다양하다는 점입니다. 또한 그러한 변수들이 주가에 어느 정도 영향을 미치는지 정확히 계산해 내기란 불가능에 가깝습니다. 하지만 투자자로서 자신만의 투자 기준을 세우는 것은 무엇보다 중요합니다. 주가수익비율(PER), 주가순자산비율(PBR), 주당매출액비율(PSR), EV/EBITDA 비율 등의 상대가치평가 지표들은 급변하는 시장에서 투자의 방향타를 설정하는 데 좋은 기준점이 될 것입니다.

Lesson 1

자본과 부채가 결혼해 자산을 낳았다!

 KEY POINT 1
- 재무상태표 : 재산의 변화를 기록한 재무제표
- 손익계산서 : 손실과 이익을 정리하고 기록한 재무제표

 KEY POINT 2
- 자산 : 기업이 보유한 재산(부채＋자본)
- 부채 : 미래에 갚아야 할 돈이나 기업이 소유하고 있는 자원을 사용해 이행해야 할 의무
- 자본 : 자산에서 부채를 뺀, 순수한 재산

 KEY POINT 3
- '자본'은 회사 주인인 주주의 몫 ➜ 회사가 창출한 이익은 '자본'으로 편입

☑ 배추 농사를 지어도 회계는 필요하다

갑수는 이제 막 배추 농사를 시작한 초보 농부입니다. 갑수는 가지고 있던 돈에 은행에서 대출받은 돈을 더해 배추 종자, 비료, 밭, 농기구 등을 샀습니다. 그리고 일꾼 두 명을 고용하고 배추 종자와 비료, 농기구를 투입해 열심히 농사를 짓습니다. 배추는 무럭무럭 자라 곧 수확할 수 있는 단계에 이를 테지요. 배추를 재배하는 데 들어간 원가보다 높은 가격으로 시장에 내다 팔면 이익이 나고, 그보다 싸게 팔면 손실입니다.

이익 중 일부는 내년 농사를 대비해 다시 종자와 필요한 농기구를 사는 데 사용할 겁니다. 또 일부는 현금으로 은행에 예치할 수도 있을 겁니다. 갑수가 배추 재배로 돈을 버는 과정에서 손실과 이익이 생기고, 갑수의 재산에도 변화가 발생합니다. 이런 손익(손실과 이익)을 정리하고 기록한 재무제표를 우리는 '손익계산서'라고 합니다. 재산의 변화를 기록한 재무제표를 '재무상태표'라고 합니다.

손익계산서와 재무상태표는 따로 노는 것이 아니라 유기적으로 관계를 주고받습니다. 예를 들어 갑수의 재산은 이익이 나면 늘어

- 손익계산서 : 손실과 이익을 정리하고 기록한 재무제표
- 재무상태표 : 재산의 변화를 기록한 재무제표

날 것이고, 손실이 나면 줄어들겠지요. 또 농기구라고 하는 재산은 사용하면 사용할수록 가치가 감소합니다. 닳기도 하고 구부러지기도 하고 녹슬기도 해 성능이 처음 샀을 때만 못해집니다. 시간이 흐르면서 떨어지는 농기구의 가치 감소분을 손익계산서에 비용으로 반영해주는 회계 처리도 해야 합니다.

우리는 이 책에서 회계 처리의 개념과 원리를 차근차근 배울 것입니다. 첫 단계는 재무상태표를 구성하는 항목인 자산, 부채, 자본의 변화와 거래에서 발생하는 손실과 이익의 관계를 알아보는 것입니다.

✅ 재무제표의 첫 변화, 비영업 자산(현금)이 영업 자산(기계설비)으로

정우성과 송강호 두 사람이 2015년 1월 1일 전기밥솥 제조판매 회사 (주)솥단지를 설립했습니다. 두 사람은 각각 2500만 원씩 총 5000만 원의 자기 돈을 (주)솥단지에 납입합니다. 그리고 회사는 이들이 납

액면가 주식을 최초로 발행할 때 정한 1주당 가격. 주당 500원, 5000원의 액면가가 일반적이다.

입한 돈만큼 주식을 발행해 줍니다. 액면가˚ 5000원짜리 주식을 발행했다면 총 1만 주를 발행해 정우성과 송강호 두 사람에게 각각 5000주씩 배정했겠지요.

이렇게 정우성과 송강호가 납입한 돈은 (주)솥단지의 '자본금'이 됩니다. 자본금을 납입하는 것을 '출자'라고 합니다. 이러한 출자를 통해서 정우성과 송강호는 회사의 주주가 됩니다. 두 사람의 지분율은 각각 50%입니다. 주주는 그냥 회사의 주인이라고 생각하면 됩니다. 주식은 주주임을 나타내는 증서이고요.

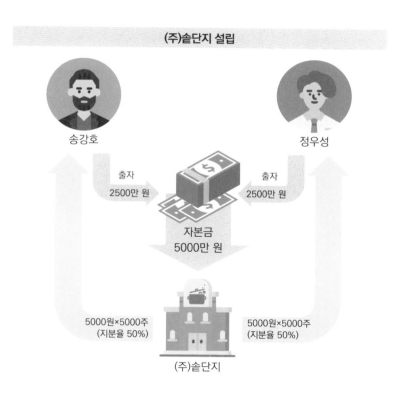

(주)솥단지 설립

송강호

정우성

출자
2500만 원

출자
2500만 원

자본금
5000만 원

5000원×5000주
(지분율 50%)

5000원×5000주
(지분율 50%)

(주)솥단지

정우성과 송강호 두 사람의 출자금만으로는 자금이 부족해 (주)솔단지는 은행으로부터 5000만 원의 대출을 받습니다. 회사가 지는 빚을 '부채'라고 합니다. 그러니까, (주)솔단지는 출범할 때 자본금 5000만 원과 부채 5000만 원을 합해 총 1억 원의 현금을 가지고 시작합니다.

자본금은 '자본'이라고 불러도 됩니다. 원래 자본을 구성하는 항목에는 자본금 외에도 여러 가지 것들이 있습니다. 뒤에서 살펴보겠지만, 회사가 영업활동으로 창출한 이익도 자본에 포함됩니다. 그러나 회사가 첫출발할 때는 자본을 구성하는 항목에 주주가 내놓은 돈밖에 없으므로, '자본＝자본금'이 되는 겁니다.

(주)솔단지가 가진 자산(재산)의 가치는 1억 원이고, 이 자산은 처음에는 현금으로만 구성되어 있습니다. 자산은 재산과 거의 같

회사가 첫출발할 때는 자본을 구성하는 항목에 주주가 내놓은 돈(출자금)밖에 없으므로, 자본이 곧 자본금이다.

은 말이라고 생각하면 됩니다. 같으면 같은 거고 다르면 다른 거지 '거의 같은 말'은 뭘까요? 우리가 일상생활에서 말하는 '재산'과 회계에서 말하는 '자산'에는 조금 차이가 있습니다. 하지만 이제 막 회계 공부를 시작한 단계에서는 자산을 재산이라고 생각해도 무방합니다.

▶ **(주)솥단지의 자산 구성**

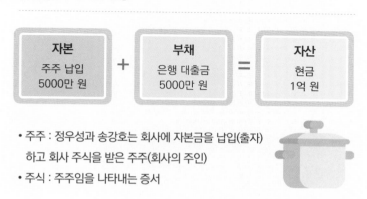

- 주주 : 정우성과 송강호는 회사에 자본금을 납입(출자)하고 회사 주식을 받은 주주(회사의 주인)
- 주식 : 주주임을 나타내는 증서

(주)솥단지는 1억 원의 현금으로 공장 건물, 기계설비, 원재료를 샀습니다. 공장 건물과는 별도로 조그만 사무실도 마련했습니다. 그리고 남은 현금은 은행에 예금으로 넣어놓았습니다.

(주)솥단지 자산 구성 변화

항목	금액
공장 건물	1000만 원
사무실	1000만 원
기계설비	3000만 원
원재료	3000만 원
현금	2000만 원
합계	1억 원

(주)솥단지의 현금자산 1억 원은 이제 공장 건물, 기계설비, 은행 예금 등 여러 종류의 자산으로 바뀌었습니다. 자산이 어떠한 형태로 바뀌었건 자본 5000만 원과 부채 5000만 원으로부터 왔다는 사실에는 변함이 없습니다. 여기서 우리는 자산을 나타내는 숫자는 부채와 자본 숫자의 합과 같다는 식을 하나 얻을 수 있습니다.

'자산 = 부채 + 자본', 이 공식을 '회계항등식'이라고 합니다. 회계를 공부하는 데 있어 별 다섯 개를 쳐도 모자랄 만큼 중요한 공식입니다. 꼭! 꼭! 기억해 둡시다.

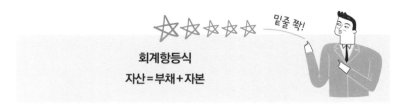

☆☆☆☆☆ — 밑줄 쫙!

회계항등식
자산 = 부채 + 자본

✅ 순자산(자본)은 주주의 몫

'자본'은 다른 말로 '순자산'이라고도 합니다. 자산에서 부채를 빼면 자본이 계산되기 때문에 자본을 순자산이라고 표현합니다. 앞으로 자본과 순자산이라는 용어를 섞어 사용하더라도, 두 용어가 같은 의미라는 걸 기억해 둡시다. 자본은 회사의 주인인 '주주'의 몫이라고 생각하세요. 회사의 재산에서 갚아야 할 빚을 뺀 나머지가 주주의 몫이 되는 건 당연하겠지요.

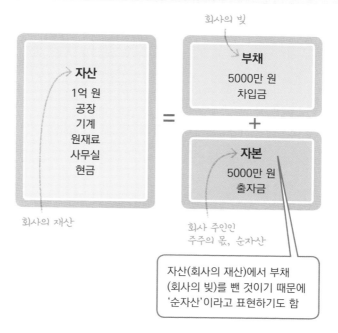

(주)솥단지의 자산, 자본, 부채

회사의 빚

자산
1억 원
공장
기계
원재료
사무실
현금

=

부채
5000만 원
차입금

+

자본
5000만 원
출자금

회사의 재산

회사 주인인
주주의 몫, 순자산

자산(회사의 재산)에서 부채
(회사의 빚)를 뺀 것이기 때문에
'순자산'이라고 표현하기도 함

회사가 굴러가면서 이익이 나면, 이익 역시 주주의 몫입니다. 뒤에서 자세히 살펴보겠습니다만, 회사가 창출한 이익은 '자본'으로 편입되어 '이익잉여금'이라는 이름을 달게 됩니다(레슨3 124쪽 참조). 이익잉여금이 생기면, 자본은 이제 자본금과 이익잉여금이라는 두 가지 항목으로 구성됩니다.

기업의 모든 활동은 기본적으로 주인인 주주의 몫 즉, 자본(순자산)을 증가시키기 위한 것으로 생각하면 됩니다.

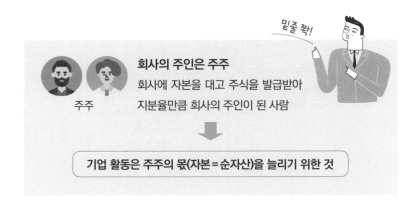

재무제표는 재무상태표, 손익계산서, 자본변동표, 현금흐름표, 주석 이 다섯 가지로 구성됩니다. 지금 우리는 이 가운데 재무상태표를 파헤쳐 보는 중입니다. 다섯 가지 재무제표가 어떤 내용을 담고 있는지는 책을 보다 보면 자연스럽게 알게 됩니다. 지금 시점에선 재무제표가 이렇게 구성된다는 정도만 알아두세요.

모든 회계 처리를 움켜 쥔
단 하나의 공식, 회계항등식

KEY POINT

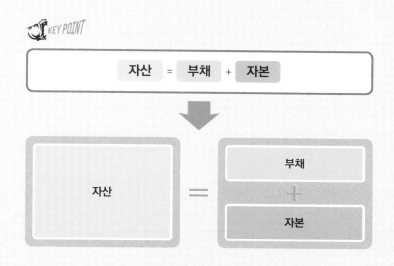

| 자산 | = | 부채 | + | 자본 |

자산	=	부채
		+
		자본

이제부터 (주)솥단지는 밥솥을 만들어 판매할 것입니다. 이 과정에서 회사의 자산이나 부채의 숫자가 변하는 걸 목격하실 겁니다. 자산이나 부채의 숫자가 변하면 그 결과, 자본이 늘어나거나 줄어들 수 있어요. 왜냐고요? 레슨1에서 밑줄 쫙 치며 강조했던 '자산=부채+자본', '자산 - 부채=자본'이라는 항등식 기억하시죠? 예를 들어 자산이 50 증가하고 자본이 50 증가한다면, 이 항등식이 유지됩니다. 자산이 50만큼 늘어나고 부채가 20만큼 늘어나고 자본은 30만큼 늘어난다면 항등식이 성립합니다.

지금부터는 자산 또는 부채의 변화에 따라 자본에 일어나는 변화가 무엇을 뜻하는지 살펴볼 것입니다. 천천히 따라오기만 하면 저절로 이해가 될 겁니다. 자 이제 본격적으로 달려볼까요?

☑ 밥솥을 팔면 자산과 자본이 같이 느는 이유

(주)솥단지는 2015년 중에 밥솥 1개를 만들어 창고에 보관 중입니다. 판매하기 위해 회사 창고에 대기 중인 제품을 '재고자산*'이라고 합니다. 재고라고 하면 왠지 오랫동안 안 팔려서 창고에서 먼지

를 뒤집어쓰고 있는 제품이라는 느낌을 주잖아요? 물론 그런 것도 회계에서 말하는 재고자산이지만, 이제 막 생산라인에서 완성된 제품도 재고자산입니다. 생산한 지 얼마가

되었든 간에 판매용으로 대기하고 있는 제품은 모두 재고입니다.

(주)솥단지가 보유한 밥솥 재고자산 1개의 장부가격은 1만 원입니다. 밥솥 1개를 만드는 데 들어간 원가가 1만 원이라는 뜻입니다. 이 밥솥을 현금 1만 5000원을 받고 팔았습니다.

다음은 회계항등식을 표현한 그림입니다. 각각의 칸은 자산, 부채, 자본을 나타냅니다. 왼쪽 칸은 자산을, 오른쪽 칸은 부채와 자본

밥솥 1개의
장부가격
: 1만 원 ▶ 밥솥 1개에
투입된 원가
: 1만 원

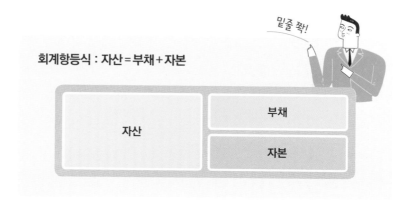

밑줄 쫙!

회계항등식 : 자산＝부채＋자본

| 자산 | 부채 |
| | 자본 |

을 나타냅니다. 자산 숫자는 부채와 자본 숫자의 합과 같아져야겠지요.

밥솥을 현금 판매했으니, (주)솥단지에 현금이라는 자산 1만 5000원이 들어옵니다. 그리고 회사가 가지고 있던 밥솥이라는 재고자산이 나갔습니다.

생각해 봅시다. 자산에서 1만 5000원이 증가(현금 유입)하고 1만 원이 감소(재고 유출)했습니다. 결국은 자산 항목에서 플러스와 마이너스를 합산하면 5000원 늘어난 셈입니다. 부채에는 변화가 없습니다. 부채를 기록할만한 거래가 없었으니까요. 그럼 자본은 어

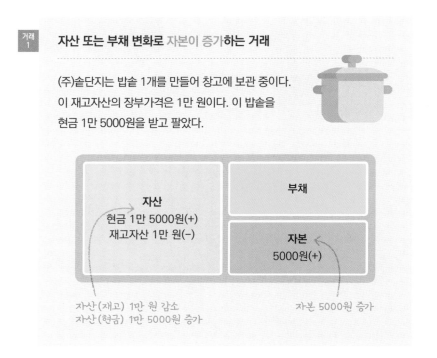

거래 1

자산 또는 부채 변화로 자본이 증가하는 거래

(주)솥단지는 밥솥 1개를 만들어 창고에 보관 중이다.
이 재고자산의 장부가격은 1만 원이다. 이 밥솥을
현금 1만 5000원을 받고 팔았다.

| 자산
현금 1만 5000원(+)
재고자산 1만 원(-) | 부채 |
| | 자본
5000원(+) |

자산(재고) 1만 원 감소
자산(현금) 1만 5000원 증가

자본 5000원 증가

떻게 될까요? '자산＝부채＋자본'이라는 항등식이 성립하려면 자본은 5000원 증가해야 하겠죠(자본에서 어떻게 5000원이 증가할 수 있는지는 뒤에서 설명합니다).

☑ 비용 집행, 현금이건 외상이건 자본 감소는 똑같다

이번에는 자산 또는 부채의 변화로 자본이 줄어드는 거래를 한번 볼까요.

(주)솥단지는 신문광고비로 1000원, 영업 직원 급여로 2000원을 지출했습니다. 다음 그림을 보세요. 총 3000원을 지출했으니 자

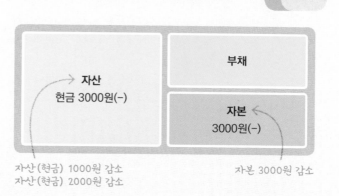

거래 2-1 **자산 또는 부채 변화로** 자본이 감소**하는 거래**

(주)솥단지는 신문광고비로 1000원을 지출했다.
(주)솥단지는 영업 직원 급여로 2000원을 지출했다.

자산
현금 3000원(−)

부채

자본
3000원(−)

자산(현금) 1000원 감소
자산(현금) 2000원 감소

자본 3000원 감소

산 항목에서 현금 3000원이 줄어들었습니다. 부채에는 변화가 나타날 것이 없죠. '자산＝부채＋자본'이라는 항등식이 성립하려면, 자본이 3000원 감소해야 합니다(자본에서 어떻게 3000원이 감소하는지는 뒤에서 설명합니다).

이런 경우를 한번 생각해 볼까요? 만약에 앞의 거래(2-1)에서 영업 직원 급여(2000원)는 현금으로 지출하고, 신문광고비(1000원)는 외상으로 달아놓고 광고를 집행했다고 합시다. 그럼 어떻게 될까요?

자산에서 현금 2000원이 줄어듭니다. 그리고 부채에 미지급 신문광고비 1000원이 생깁니다. 부채가 1000원 증가(+)하는 것이죠. 그럼 자본은 어떻게 돼야 맞을까요? 자본이 3000원 감소해야 '자산＝

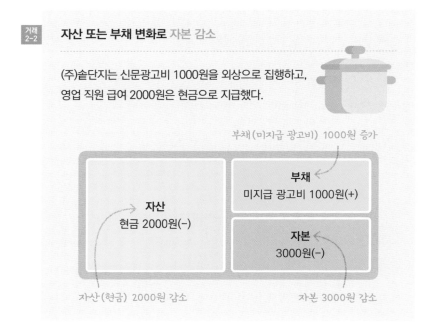

거래 2-2

자산 또는 부채 변화로 자본 감소

(주)솥단지는 신문광고비 1000원을 외상으로 집행하고, 영업 직원 급여 2000원은 현금으로 지급했다.

부채(미지급 광고비) 1000원 증가

부채
미지급 광고비 1000원(+)

자산
현금 2000원(-)

자본
3000원(-)

자산(현금) 2000원 감소   자본 3000원 감소

부채+자본'이라는 등식이 성립하겠지요.

거래 [2-1]과 [2-2]에서 자본 감소는 3000원으로 같습니다. 현금이건, 외상이건 비용 발생은 모두 자본 감소 효과를 불러옵니다.

✅ 은행 돈 빌려 기계 사면 자산, 부채, 자본은 어떻게 될까?

자산 또는 부채는 변했는데 자본에 아무런 변화가 없는 거래가 있습니다.

(주)솥단지가 은행에서 10만 원을 빌려오는 거래를 했다고 해봅시다. 돈이 회사로 들어왔으니 자산에서 현금 10만 원이 증가합

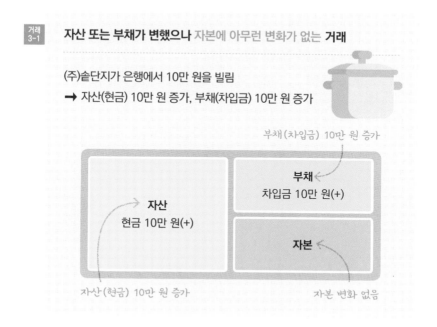

거래 3-1

자산 또는 부채가 변했으나 자본에 아무런 변화가 없는 **거래**

(주)솥단지가 은행에서 10만 원을 빌림
➜ 자산(현금) 10만 원 증가, 부채(차입금) 10만 원 증가

부채(차입금) 10만 원 증가

자산
현금 10만 원(+)

부채
차입금 10만 원(+)

자본

자산(현금) 10만 원 증가

자본 변화 없음

니다. 이 돈은 은행에서 빌린 것이므로, 부채에서 은행차입금 10만 원이 증가합니다. 거래 기록은 이걸로 끝입니다. 자본에는 아무 변화가 없습니다. 자산이 증가했고, 그만큼의 부채가 증가했으니 회계항등식이 성립되었습니다.

다른 거래를 생각해 볼까요. 회사가 보유하고 있는 현금 10만 원으로 10만 원짜리 기계설비를 샀다고 가정해 보겠습니다. 기계설비는 형태가 있는 자산이라고 해 '유형자산'으로 분류됩니다. 자산 항목에 기계설비(유형자산) 10만 원짜리가 생깁니다. 기계설비 구매비만큼 자산에서 현금 10만 원이 감소합니다. 자산 안에서만

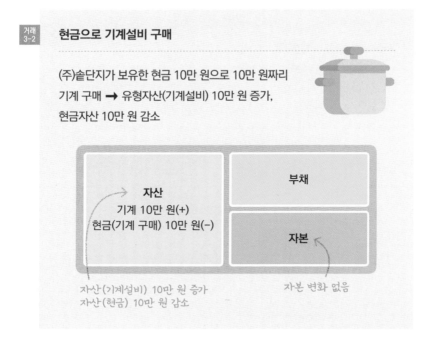

거래 3-2 **현금으로 기계설비 구매**

(주)솥단지가 보유한 현금 10만 원으로 10만 원짜리 기계 구매 ➡ 유형자산(기계설비) 10만 원 증가, 현금자산 10만 원 감소

자산
기계 10만 원(+)
현금(기계 구매) 10만 원(−)

부채

자본

자산(기계설비) 10만 원 증가
자산(현금) 10만 원 감소

자본 변화 없음

10만 원 플러스와 10만 원 마이너스 변화가 일어납니다. 그러니 자본에는 변화가 없겠지요?

　앞의 두 가지 거래(거래 3-1, 3-2)를 결합해 봅시다. 즉 은행에서 10만 원을 빌려와 그 돈으로 기계설비를 구매할 경우를 그림으로 나타내면 다음과 같습니다. 자산 항목에서 현금(차입금)이 들어왔다(+) 나가고(-) 결국 남은 것은 기계설비 10만 원입니다. 부채에는 차입금 10만 원이 기록됩니다. 결국 자산이 10만 원 증가하고 부채가 10만 원 증가했으니, 자본 수치에는 아무 변화가 없어야 맞겠지요?

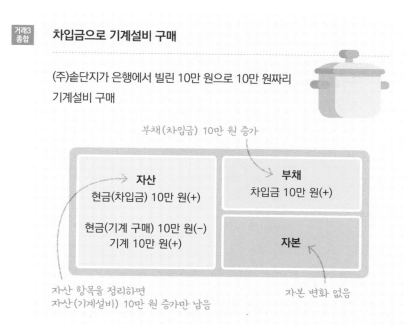

거래3 종합

차입금으로 기계설비 구매

(주)솥단지가 은행에서 빌린 10만 원으로 10만 원짜리 기계설비 구매

부채(차입금) 10만 원 증가

자산
현금(차입금) 10만 원(+)

현금(기계 구매) 10만 원(-)
기계 10만 원(+)

부채
차입금 10만 원(+)

자본

자산 항목을 정리하면
자산(기계설비) 10만 원 증가만 남음

자본 변화 없음

Lesson 3

재무상태표와 손익계산서는 한 몸

 KEY POINT 1 자산 또는 부채의 변화로 자본이 줄거나 증가하는 변화가 생기는 거래
➡ 손익거래

 KEY POINT 2 자산 또는 부채에 변화가 생겼지만, 자본에는 아무 변화가 없는 거래
➡ 비손익거래

 KEY POINT 3 자산과 부채의 변화는 '재무상태표', 손익은 '손익계산서'에 정리

 KEY POINT 4

재무상태표와 손익계산서의 순환도

갑수는 서울 동대문 스포츠도매상에서 농구공 1개를 1만 원에 사서 친구에게 1만 3000원에 팔았습니다. 3000원 이익을 본 것이지요. 이 과정에서 갑수의 재산에 어떤 변화가 생겼는지 한번 생각해 봅시다.

현금 1만 원이 감소했지만 1만 원짜리 농구공이 생겼습니다. 재산 구성에만 변화가 생겼습니다. 그리고 이 농구공을 친구에게 팔아 현금 1만 3000원을 대가로 받았습니다. 그 결과 갑수 재산은 3000원 증가했습니다. 농구공(1만 원)이 나가는 대신 현금(1만 3000원)이 들어왔으니까요. 늘어난 재산 3000원은 갑수가 얻은 이익 3000원과 똑같습니다.

갑수가 농구공을 구매한 행위는 재산 구성에만 변화(현금이 나가고 농구공이 생김)를 가져왔을 뿐 손익이 발생하지 않았습니다. 즉 재산의 증감은 없었습니다.

그런데 농구공을 친구에게 판매한 행위는, 갑수의 재산에 변화를 가져오는 거래(농구공이 없어지고, 현금이 생김)인 동시에 손익을 발생시키는 거래입니다. 농구공을 친구에게 팔아 생긴 거래 이익 3000원만큼 갑수의 재산이 증가했기 때문이지요.

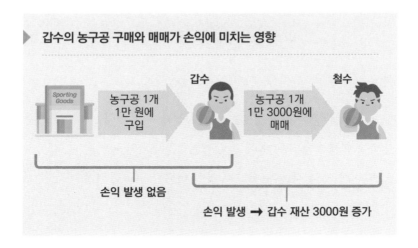

▶ **갑수의 농구공 구매와 매매가 손익에 미치는 영향**

농구공 1개
1만 원에
구입

갑수

농구공 1개
1만 3000원에
매매

철수

손익 발생 없음

손익 발생 ➡ 갑수 재산 3000원 증가

이 단순한 거래에 회계의 기본 원리가 담겨 있습니다. 지금부터
는 재무상태표의 변화와 손익이 어떻게 맞물려 돌아가는지 조금
더 구체적으로 알아볼 것입니다. 절대 어렵지 않으니 차근차근 따
라오시기 바랍니다.

☑ 손익거래와 비손익거래 구별하기

앞서 레슨2에서 살펴본 (주)솥단지의
거래를 다시 한 번 생각해 봅시다.

▶ **[거래1]**　　（주）솥단지는 밥솥 1개를 만들어 창고에 보관 중이다. 이 재고
자산의 장부가격은 1만 원이다. 이 밥솥을 현금 1만 5000원을
받고 팔았다.

　　[거래2-1]　（주）솥단지는 신문광고비로 1000원, 영업 직원 급여로 2000원
을 지출했다.

　　[거래3-1]　（주）솥단지가 은행에서 10만 원을 빌렸다.

[거래1]과 [거래2-1]은 자산 또는 부채의 변화로 자본이 감소
하거나 증가하는 변화가 생기는 거래였습니다. 이러한 거래를 '손
익거래'라고 합니다. 손실 또는 이익이 생기는 거래라는 뜻입니다.
[거래3-1]은 자산 또는 부채에 변화가 생겼지만, 자본에는 아무 변
화가 없는 거래입니다. 이를 '비손익거래'라고 합니다.

왜 [거래1]과 [거래2-1]을 손익거래라고 하는지 살펴볼까요.
（주）솥단지는 밥솥을 만들어서 팔고, 광고도 하고, 직원들에게 급여
를 줘야 하니까 [거래1]과 [거래2-1]을 한꺼번에 묶어서 생각해
봅시다.

[거래1]에서 자본이 5000원 증가했고 [거래2-1]에서 자본이
3000원 감소했으니, 두 거래를 묶어 보면 자본은 2000원 증가했
습니다. [거래1]과 [거래2-1]이 회사에 이익이 됐는지, 손실이 됐
는지 손익계산을 한번 해 볼까요?

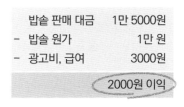

밥솥 판매 대금　1만 5000원
- 밥솥 원가　　　　1만 원
- 광고비, 급여　　　3000원
　　　　　　　　2000원 이익

　어떻습니까? 증가하는 자본 2000원과 손익을 계산해서 산출된 이익 2000원이 똑같죠? 네. 맞습니다. 손익계산에서 산출된 2000원을 자본 항목에다 끼워 넣으면 딱 맞아떨어집니다. 뒤에서 배우겠지만, 이 2000원은 자본 항목으로 이동해 '이익잉여금'이라는 이름을 가지고 자본 안에 눌러앉게 됩니다.

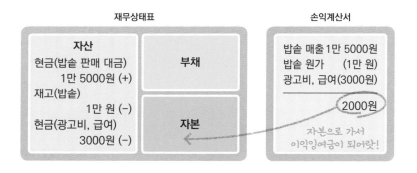

　다시 한 번 정리해볼게요.

　밥솥을 만들고 판매하는 과정에서 자산과 부채에 변화가 발생합니다. 그리고 손익(손실 또는 이익)이 생깁니다. 1만 원에 만든 밥솥을 1만 5000원에 팔았다면 이익이 생기고, 8000원에 팔았다면 손실이 생깁니다. 자산과 부채의 변화는 '재무상태표', 손익은 '손익계산서'라고 하는 재무제표를 만들어 정리합니다.

손익을 계산해 산출한 이익은 누구의 것일까요? 주주의 것입니다. 주주의 몫이니 자본으로 보내야 합니다. 자본은 회사가 가진 자산에서 회사가 갚아야 할 부채를 뺀 수치로, 회사 주인인 주주의 몫을 나타낸다고 했습니다.

손익계산서에서 산출된 이익은 재무상태표의 자본 항목으로 보내져 '이익잉여금'이 됩니다. 자본은 그만큼 증가합니다. 이익을 내지 못하고 손실을 냈다면 자본 항목으로 가서 마이너스 이익잉여금 즉 '결손금'이라는 이름표를 달고 자리를 잡습니다. 자본은 그만큼 줄어듭니다.

재무상태표와 손익계산서는 이렇게 밀접한 관계를 맺고 움직입니다. 둘이 따로따로 노는 아이들이 아니라는 거지요. [거래1]과 [거래2-1]이 왜 손익거래인지 이제 아시겠지요?

마찬가지로 [거래3-1]을 왜 비손익거래라고 하는지 아시겠지요? 비손익거래도 자산 또는 부채의 변화를 일으키기 때문에 재무상태표에는 자산 또는 부채의 증감 내용이 기록됩니다. 하지만 손익계산서에는 기록할 것이 없습니다. 손익이 발생하지 않기 때문입니다. 따라서 자본에도 아무런 변화를 가져오지 않습니다.

손익이 발생하지 않는 거래 가운데 '자본거래'라고 해서 자본에 변화를 가져오는 경우도 있기는 합니다. 유상증자가 자본거래의 대표적인 예입니다. 회사가 주식을 발행하고 투자자(기존 주주 포함)가 주식을 매입하면 회사로 신주 대금이 들어옵니다. 주식을

100만 원어치 발행했다고 가정해보겠습니다. 자본이 100만 원 증가하고, 신주 대금이 유입되므로 자산도 100만 원 증가합니다. 그러나 회사에 손익이 발생하지는 않습니다. 그림으로 나타내면 다음과 같습니다.

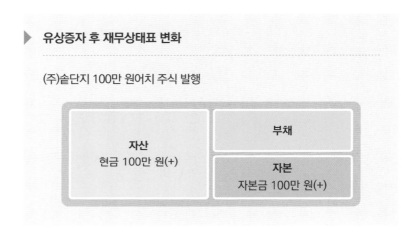

▶ 유상증자 후 재무상태표 변화

(주)솔단지 100만 원어치 주식 발행

| 자산
현금 100만 원(+) | 부채 |
| | 자본
자본금 100만 원(+) |

✓ 결산한 손익이 향하는 그곳, '자본 내 이익잉여금' 지갑

우산 장사를 한번 예로 들어볼까요? 민정이는 아르바이트생을 고용해 우산 장사를 하기로 했습니다. 동대문에 있는 우산 공장에 가서 우산 10개를 현금을 주고 샀고, 소나기 오는 날 현금을 받고 우산 10개를 모두 판매했습니다. 우산 매입 가격은 총 10만 원(개당 1만 원), 우산 판매 가격은 총 13만 원(개당 1만 3000원)입니다. 아르바이트생에게는 일당 1만 원을 지급했습니다.

▶ **우산 장사 손익계산**

- 우산 10개를 공장에서 현금을 주고 구입하고, 아르바이트생을 고용해 소나기 오는 날 현금을 받고 모두 판매.
- 우산 매입 가격은 총 10만 원(개당 1만 원), 우산 판매 가격은 총 13만 원 (개당 1만 3000원)
- 우산 판매 아르바이트생에게 일당 1만 원 지출

우산 매입 단계

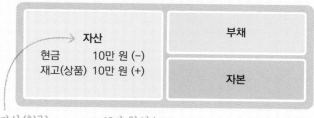

자산	부채
현금　　　10만 원 (−) 재고(상품) 10만 원 (+)	자본

자산(현금)　　　　　　　10만 원 감소
자산(우산, 재고자산) 10만 원 증가

우산 판매 단계

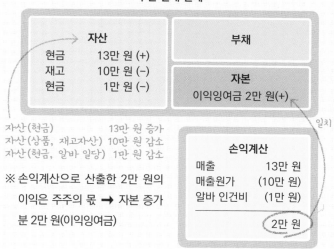

자산	부채
현금　　　13만 원 (+) 재고　　　10만 원 (−) 현금　　　 1만 원 (−)	자본 이익잉여금 2만 원(+)

자산(현금)　　　　　　　13만 원 증가
자산(상품, 재고자산) 10만 원 감소
자산(현금, 알바 일당) 1만 원 감소

※ 손익계산으로 산출한 2만 원의 이익은 주주의 몫 ➡ 자본 증가분 2만 원(이익잉여금)

일치

손익계산

매출	13만 원
매출원가	(10만 원)
알바 인건비	(1만 원)
	2만 원

127

그림으로 이해해 봅시다(127쪽). 우리는 이런 그림에 익숙해져야 합니다.

우산을 매입하는 단계에서 자산 또는 부채에 변화가 생겼지만, 손익거래가 아닙니다. 현금자산 10만 원이 줄었지만, 재고자산(우산) 10만 원이 생겼으니까요. 판매하기 위해 우산을 현금을 주고 매입한 거래는 그냥 자산 항목 내에서만 변화가 생긴 겁니다.

다음으로 판매 단계를 살펴볼까요? 현금(판매 대금) 13만 원이 들어오고, 우산 10만 원어치가 나갔어요. 현금(아르바이트생 일당) 1만 원도 나갔습니다. 자산에서는 2만 원(13만 원-10만 원-1만 원) 증가했고, 부채는 변화가 없었습니다. 그럼 자본이 2만 원 증가해야 회계항등식(자산=부채+자본)이 성립합니다.

검증해 볼까요? 손익계산을 해 봅시다.

우산 판매 대금	13만 원
- 우산 원가	10만 원
- 알바 일당	1만 원
	2만 원 이익

손익계산에서 산출한 이익 2만 원은 주주의 몫입니다. 자본에서 2만 원이 증가해야 하는데, 손익계산에서 산출한 이익 2만 원을 자본에다 이익잉여금으로 꽂아 넣으면 딱 떨어집니다!

114쪽 [거래1] 그림에서 자본이 5000원 증가한 이유는, 이 거래에서 발생한 이익 5000원이 자본 증가에 기여하기 때문입니다.

Lesson 4

손익계산 1~2단계 :
매출총이익과 영업이익

KEY POINT 1   **이익 = 수익 - 비용**

KEY POINT 2   **손익계산 단계**

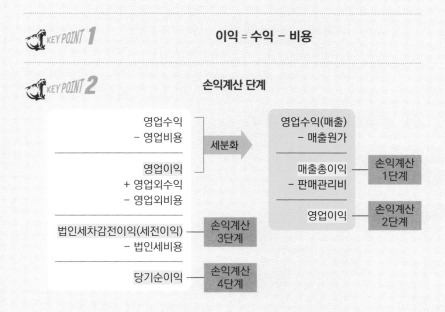

영업수익
- 영업비용

세분화 →

영업수익(매출)
- 매출원가

영업이익
+ 영업외수익
- 영업외비용

매출총이익 ─ 손익계산 1단계
- 판매관리비

법인세차감전이익(세전이익) ─ 손익계산 3단계
- 법인세비용

영업이익 ─ 손익계산 2단계

당기순이익 ─ 손익계산 4단계

129

이 책은 난이도를 점차 높여가는 방식으로 구성되어 있습니다. 재무상태표, 손익계산서와 관련한 내용을 반복해서 다루고 있지만, 뒤로 갈수록 다루는 내용의 수준이 높아집니다. 재무상태표와 손익계산서에 나오는 개별 계정에 관한 개념과 회계 처리의 원리, 현금흐름표와 재무 분석 등은 뒤에서 다룰 예정입니다. 한 발 두 발 서툰 걸음을 막 내딛기 시작한 단계에서는 재무상태표와 손익계산서의 관계를 잘 이해하고, 두 가지 재무제표를 이해하기 위한 기초 지식을 다지는 것만으로도 충분합니다. 이번 수업에서는 손익계산서를 이해하기 위한 첫걸음을 내딛어보겠습니다.

⊘ 수익은 벌어들인 돈, 이익은 남긴 돈

영업활동은 간단히 말해 회사가 보유하고 있는 자산을 소모해(비용화시켜) 매출과 이익을 창출하는 과정입니다.

(주)솥단지는 회사가 보유하고 있는 원재료를 소모해 밥솥을 만들었습니다. 제품을 만들기 위한 원재료는 재고자산으로 분류됩니다. 예를 들어 정유회사에서 수입한 원유는 석유제품(휘발유, 경유 등)

을 만들기 위한 원재료로, 재고자산입니다. 다 만든 완제품과 생산 라인에 투입하기 위해 대기 중인 원재료 등이 모두 재고자산으로 분류됩니다. 원재료는 밥솥 제조에 투입되어 제조원가라는 비용의 일부가 됩니다. 자산이 비용으로 전환된 것입니다.

밥솥이라는 제품은 완성되면 창고에서 재고자산으로 머물다가 판매됩니다. 밥솥 1개를 만드는 데 이런저런 비용이 투입되어 제조원가가 10만 원이 들었다면, 이 밥솥의 재고자산 가치도 10만 원으로 장부에 기록될 것입니다.

그리고 이 밥솥이 팔리면 재무상태표의 재고자산 10만 원은 이제 손익계산서로 가서 매출원가 10만 원이 됩니다. 밥솥을 15만 원에 팔았다면, 매출은 15만 원이고 매출원가는 10만 원이니 5만 원의 이익을 본 것입니다.

판매 과정에서 재고자산은 매출원가로, 즉 비용으로 전환됩니다. (주)솥단지는 영업활동을 하면서 현금이라는 자산을 소모해 광고비와 급여라는 비용으로 지출했습니다. 이렇게 많은 자산을 비용화해 밥솥 매출을 올렸으니, 매출에서 비용을 빼면 이익이 됩니다.

회계에서 이익은 '수익 - 비용'으로 계산합니다. 일상생활에서 우리는 수익과 이익을 거의 같은 뜻으로 사용하는데요. 회계에서는 다릅니다. 쉽게 말하면 수익은 벌어들인 돈, 이익은 남긴 돈이라고 말할 수 있습니다.

'수익 - 비용 = 이익' 등식을 앞서 레슨2에서 살펴본 [거래1]과 [거래2-1]에 대입해볼까요. 영업수익에서 영업비용을 빼면, (주)솥단지는 2000원의 영업이익을 창출했다고 할 수 있습니다.

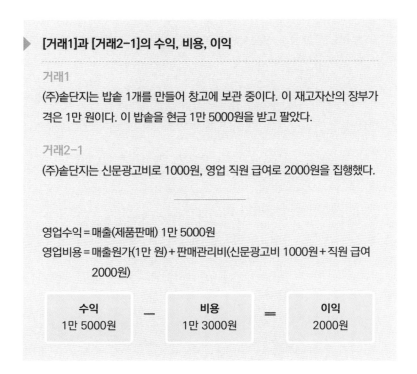

> **[거래1]과 [거래2-1]의 수익, 비용, 이익**

거래1

(주)솥단지는 밥솥 1개를 만들어 창고에 보관 중이다. 이 재고자산의 장부가격은 1만 원이다. 이 밥솥을 현금 1만 5000원을 받고 팔았다.

거래2-1

(주)솥단지는 신문광고비로 1000원, 영업 직원 급여로 2000원을 집행했다.

영업수익 = 매출(제품판매) 1만 5000원
영업비용 = 매출원가(1만 원) + 판매관리비(신문광고비 1000원 + 직원 급여 2000원)

수익 1만 5000원	−	비용 1만 3000원	=	이익 2000원

기업의 대표적인 영업수익은 매출입니다. 밥솥 판매가격이 곧 (주)솥단지의 매출액입니다. 영업비용에는 매출원가(밥솥 원가)와 판매관리비(광고비, 급여 등) 등이 있습니다. 자세한 내용은 뒤에서 하나하나 살펴보기로 합니다.

밑줄 쫙!

이익 = 수익 − 비용
* 수익은 벌어들인 돈, 이익은 남긴 돈

손익과 관련해 회계를 가르칠 때는 다음과 같은 그림을 활용합니다.

손익계산

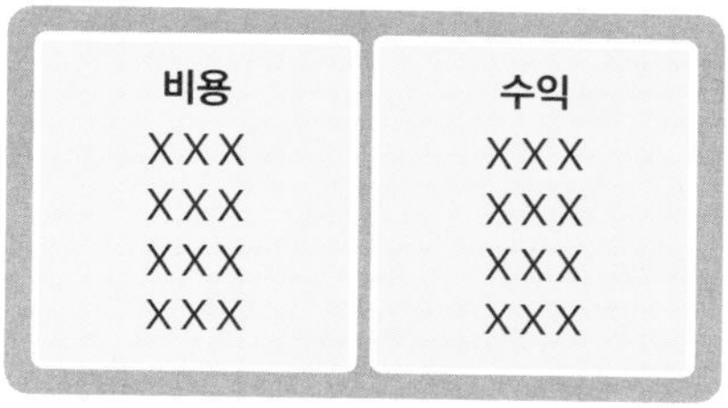

비용	수익
XXX	XXX
XXX	XXX
XXX	XXX
XXX	XXX

수익을 오른쪽에, 비용을 왼쪽에 적습니다. 수익을 왼쪽에, 비용을 오른쪽에 놓으면 안 될까요? 네. 그렇게 하면 안 됩니다. 앞으로 재무상태(자산, 부채, 자본)와 손익계산 그림(수익, 비용)을 함께 놓고 복잡한 회계 처리 원리를 설명할 일이 아주 많을 것입니다. 오른쪽과 왼쪽 칸에 놓는 항목이 그때그때 다르면 헷갈릴 테니, 무조건 비용은 왼쪽에 수익은 오른쪽에 놓기로 합니다. 이렇게 하는 이유가 있긴 하지만, 지금 단계에서 이것까지 설명하면 과부하가 생길 수 있으니 궁금증은 뒤에 가서 해결합시다.

손익계산 그림에서 수익이 비용보다 크면 다음 그림처럼 이익(영업이익)이 납니다. 반대로 수익이 비용보다 작으면 손실(영업손실)이 납니다.

손익을 산출하는 단계를 그림으로 나타내면 다음과 같습니다.

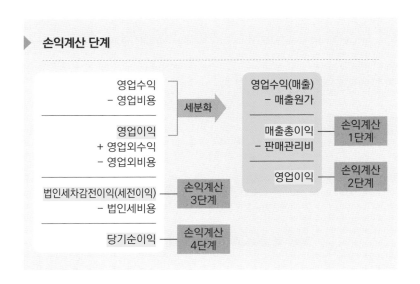

▶ **손익계산 단계**

✅ 제조원가와 매출원가, 무엇이 다른가?

손익계산 단계를 조금 더 구체적으로 살펴봅시다.

　우선 제조원가와 매출원가에 대해 알아보겠습니다. 에어컨 제조 회사에서 원재료를 투입해 에어컨을 만들면 이 에어컨은 '제품'이 됩니다. 직접 제조하지 않고 완성된 에어컨을 외부에서 구매해 이윤을 붙여 판매한다면 이 에어컨은 '상품'이 됩니다. 제품이건 상품이건 판매를 위해 회사 물류창고로 들어가는 순간부터는 '재고자산'이 된다고 생각하면 됩니다.

　상품은 외부에서 사오는 것이니까 "재고자산을 취득한다"고 말합니다. 매입가격이 곧 취득가격입니다. 회사 내 생산라인에서 완성한 제품은 어떨까요? 이것도 마찬가지입니다. 자기 회사 공장에서 제품을 완성해 판매 대기 상태로 만들어 놓았을 때, 이걸 두고도 "회사가 재고자산을 취득했다"고 말합니다. 외부에서 매입했든, 제조했든 모두 '취득'이라고 표현합니다. '제품'인 재고자산의 취득가격, 즉 회사 장부에 기록하는 재고자산의 가치는 얼마일까요? 에어컨을 만드는 데 들어간 제조원가가 곧 재고자산의 장부가격이 됩니다.

㈜아이추워가 2018년에 에어컨을 10대 생산했습니다. 재료비로 총 1000만 원, 인건비로 500만 원을 투입했습니다. 기계설비의 감가상각비(설비를 가동하면서 발생하는 설비 가치의 감소를 반영한 비용. 감가상각비는 레슨8 205쪽 참조)로 500만 원이 계산됐습니다.

에어컨 10대를 만들면서 공장에서 직접 투입한 비용, 즉 총제조원가는 2000만 원(재료비 1000만 원+인건비 500만 원+감가상각비 500만 원)입니다. 대당 제조원가는 얼마일까요? 2000만 원/10대 =200만 원입니다. 에어컨의 대당 제조원가에는 재료비 100만 원,

① 제조원가 계산
에어컨 연 10대 생산
• 재료비 : 1000만 원
• 인건비 : 500만 원
• 감가상각비 : 500만 원
→ 총제조원가 : 2000만 원
→ 대당 제조원가 : 200만 원
(100만 원+50만 원+50만 원)

인건비 50만 원, 감가상각비 50만 원이 포함돼 있습니다.

매출원가란 무엇일까요? 말 그대로 매출이 발생한 제품(팔린 제품)의 원가입니다. (주)아이추워가 생산한 에어컨 10대 가운데 6대가 팔렸다고 해 봅시다. 그럼 매출원가는 1200만 원(200만 원 × 6대)입니다. 못 팔고 남은 4대는 재고자산 상태(대당 장부가격 200만 원)로 있는 것이지요. 재고자산은 팔려야 매출원가로 전환됩니다.

손익계산서에는 매출에 대응해 매출원가는 기재되지만, 제조원가는 기재하지 않습니다.

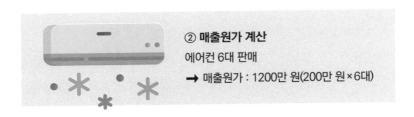

② 매출원가 계산
에어컨 6대 판매
➡ 매출원가 : 1200만 원(200만 원×6대)

☑ 손익계산 1단계 : 매출총이익 계산

손익계산의 1단계인 매출총이익을 계산해 봅시다. 에어컨 1대당 판매가격은 250만 원이라고 가정합니다.

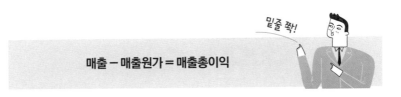

밑줄 쫙!

매출 − 매출원가 = 매출총이익

영업수익(매출)	250만 원×6대 = 1500만 원
− 매출원가	→ − 200만 원×6대 = 1200만 원
매출총이익	300만 원

✅ 손익계산 2단계 : 영업이익 계산

공장에서 생산한 에어컨을 판매하려면 영업·마케팅 등 판매 조직
이 필요합니다. 그리고 경영, 관리, 전략, 재무, 상품기획, 연구개발,
홍보 등의 조직도 필요합니다. 이러한 인력에 대한 급여, 광고홍보
비, 판매수수료, 물류비, 연구개발비, 본사 사옥에서 발생하는 감가
상각비(건물 가치 감소분을 비용으로 반영) 등을 모두 일컬어 '판매비
및 관리비'(줄여서 '판관비')라고 합니다. 매출총이익에서 판관비를
빼면 비로소 영업이익이 산출됩니다.

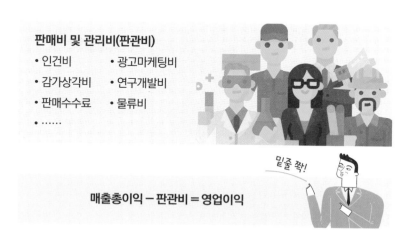

판매비 및 관리비(판관비)
• 인건비   • 광고마케팅비
• 감가상각비   • 연구개발비
• 판매수수료   • 물류비
• ......

밑줄 쫙!

매출총이익 − 판관비 = 영업이익

결정적 회계 지식

내 인건비는 제조원가일까, 판관비일까?

잠깐, 여기서 한가지 짚고 갈까요.

부대찌개에 넣는 라면을 '사리'라고 부릅니다. 그런데 이 라면을 떡볶이에 넣으면 라볶이가 됩니다. 똑같은 라면을 어떤 음식에 넣는지에 따라다른 이름으로 불립니다.

기업에서 발생한 비용도 마찬가지입니다.

인건비를 살펴봅시다. 생산라인에서 작업하는 김 반장 월급, 영업팀 김과장 월급, 회계팀 김 차장 월급 등 여러 부서에서 인건비가 발생합니다.

생산현장에서 발생한 인건비는 제품을 만드는 데 직접 투입된 비용이기 때문에 제조원가에 포함됩니다. 제품의 제조원가가 계산되면 이제조원가는 곧 재고자산 가치로 바뀝니다. 그래서 김 반장이 받은 연봉5000만 원은 재고자산 장부가격에 포함됩니다. 앞에서 설명한 에어컨을생각해 보면 됩니다. 재고자산이 팔리면 제조원가가 매출원가로 전환됩니다. 그래서 인건비 일부는 매출원가가 됩니다. 팔리지 않아 재고자산 상태로 남아있는 제품 속에도 당연히 생산현장의 인건비가 일부 들어있습

인건비의 분류

생산현장에서 발생한 인건비 → **재고자산** (제조원가)
재고자산이 팔리면 매출원가로 전환

관리 부분에서 발생한 인건비 → **판관비**

니다. 그러나 영업팀이나 회계팀 인건비는 제품을 생산하는 데 직접 투입된 비용이 아니기 때문에 판관비로 들어갑니다.

감가상각비도 생각해 볼까요? 공장에서 제품을 생산하는 데 활용하는 기계설비에서 발생하는 감가상각비는 당연히 제조원가에 포함됩니다. 공장 인건비와 마찬가지로 재고자산이었다가 판매되면 매출원가로 이동하는 단계를 밟습니다.

회사에 통근버스가 두 대가 있다고 해 봅시다. '로기'라고 불리는 초록색 버스는 경기도 화성에 소재한 공장 생산직 직원의 출퇴근을 돕습니다. '타요'라고 불리는 파란색 버스는 경기도 판교에 있는 본사 직원의 출퇴근을 돕습니다. 로기와 타요는 차량이기 때문에 감가상각비가 발생합니다.

로기의 감가상각비는 생산직 직원을 태우기 때문에 제조원가로 집계

감가상각비의 분류

재고자산

제조원가

판관비

감가상각비

감가상각비

화성 공장행

판교 본사행

화성

판교

되어 재고자산에 들어갑니다. 그런데 타요의 감가상각비는 판관비로 갑니다.

회계를 처음 공부하는 사람들은 지금까지의 설명을 듣고 고개를 갸우뚱하는 경우가 많습니다. "생산라인 인건비와 공장 출퇴근 버스의 감가상각비가 재고자산에 들어간다는 게 도대체 무슨 말이지?"

LG전자가 1년에 에어컨을 딱 2대만 생산하고, 생산에 들어가는 비용은 재료비(100만 원), 공장 인력 인건비(50만 원), 감가상각비(30만 원)뿐이라고 가정해 봅시다. 에어컨이 완성되면 재고자산으로 장부에 기록해야합니다. 얼마로 기록하면 될까요? 먼저 제조원가를 계산해야 합니다. 총제조원가는 180만 원(대당 제조원가는 90만 원)입니다. 에어컨 2대 재고자산 가격을 180만 원으로 회사 장부에 올려놓습니다. 다시 말해 에어컨을 제조하는 데 들어간 돈은 모두 합쳐서 에어컨이라는 재고자산이 됩니다. 생산에 들어간 재료비, 인건비, 감가상각비는 처음에는 '비용'이 아니고 이렇게 회사의 '자산'으로 기록됩니다. 나중에 에어컨이 판매되면 '매출원가'로 전환되어 손익계산서에 비용으로 기록됩니다.

어떤 회사의 손익계산서를 보면 판관비 항목이 있고, 판관비 내에 인건비나 감가상각비 숫자가 적혀 있습니다. 이 숫자들은 생산과 직접 관련된 인력의 인건비와 생산설비 등에서 발생한 감가상각비는 포함하고 있지 않았다는 점에 주의해야 합니다.

자, 그럼 아주 쉬운 문제를 하나 내 보겠습니다.

> **Q**
>
> 스마트폰 제조업체 A사가 스마트폰 10개를 10만 원의 제조원가(개당 1만 원)를 들여 생산했습니다. 이 가운데 6개를 개당 1만 5000원에 판매해 9만 원을 받았고, 4개는 아직 못 판 상태에서 손익계산서 결산을 했습니다.
> 손익결산 내용으로 맞는 것은 무엇일까요?
>
> ① 9만 원 – 10만 원 = 1만 원 적자
> ② 9만 원 – 6만 원 = 3만 원 이익

답은 2번입니다. 그렇다면 스마트폰 만드는 데 투입한 나머지 4만 원은 어디에 가 있을까요? 바로 재무상태표 자산 항목에 재고자산으로 표시되어 있습니다.

Lesson 5

손익계산 3~4단계 :
세전이익과 당기순이익

 KEY POINT 1
- 영업외수익 : 기업의 주된 경영활동이 아닌 다른 활동으로 벌어들인 수익
- 영업외비용 : 기업의 주된 경영활동이 아닌 다른 활동이 원인이 되어 발생한 비용

 KEY POINT 2
- 영업이익＋영업외수익－영업외비용＝법인세차감전이익(세전이익)

 KEY POINT 3
- 법인세차감전이익(세전이익) － 법인세비용＝당기순이익

 KEY POINT 4
- 당기순이익은 주주의 몫 ➡ 자본 내 이익잉여금으로 이동

142

지금까지 영업이익(손실) 계산에 대해 알아보았습니다. 영업이익은 회사가 물건이나 서비스, 콘텐츠 등을 팔아서 얼마나 남겼는지를 나타냅니다. 다시 말해 영업이익을 보면 에어컨 회사가 에어컨을, 자동차 회사가 자동차를, 상조 회사가 상조 서비스를 팔아서 얼마나 남겼는지 알 수 있습니다. 이번에는 손익계산서의 구조에 대해 좀 더 살펴보겠습니다.

✅ 로또 당첨과 영업 외 수익과 비용의 관계

서울에서 한 달 월급으로 한 달을 사는 자칭 '월용직'인 이 차장이 있습니다. 이 차장은 매주 로또를 사지만, 허구한 날 꽝만 나왔습니다. 한 달에 2만 원, 일 년이면 24만 원이 로또를 사는 데 들어갔습니다.

그러던 어느 토요일 밤 8시 45분. 이 차장은 숨이 멎을 것 같은 흥분에 휩싸입니다. 노랑 공, 빨강 공…… 연속해서 5개 숫자가 이 차장 손에 든 로또와 일치했습니다. 이 차장 머릿속에 그동안의 고생이 주마등같이 스쳐 지나갔습니다.

여섯 번째 숫자를 확인하기엔 이 차장의 심장이 너무 쿵쾅댔습니다. 이 차장은 TV를 끄고, 집 밖으로 나가 담배 한 대를 물었습니다. 어둠 속에서 하얀 담배 연기를 내뿜는 그의 입가에 살짝 미소가 흘렀습니다. '1등 당첨금은 얼마일까?' 이 차장은 내일 당장 멋지게 사표를 내고 일단 여행이나 떠나야겠다고 생각합니다.

다시 월요일. 이 차장은 헐레벌떡 아파트를 뛰쳐나갑니다. 어젯밤 잠을 설치는 바람에 늦잠을 자고 말았습니다. 거기까지였습니다! 당첨 번호 여섯 개 가운데 다섯 개만 이 차장의 로또와 일치했습니다. 이마저 당첨자가 많이 나와 당첨금은 세금 떼고 약 123만 원입니다.

이 차장을 회사에 대입해 보겠습니다. 회사 다니는 데 들어가는 교통비, 점심값 등은 월급을 받기 위해 필수적인 비용이니 영업이익을 산출하는 데 들어가야 할 비용입니다.

이 차장의 숨을 멎게 했던 로또 당첨금 123만 원은 본업 외에서 벌어들인 수익이므로, 회계 용어로 표현하면 '영업외수익'입니다.

밑줄 쫙!

- **영업외수익** : 기업의 주된 경영활동이 아닌 다른 활동으로 벌어들인 수익.
  예) 이자수익, 투자주식처분이익, 유형자산처분이익 등
- **영업외비용** : 기업의 주된 경영활동이 아닌 다른 활동이 원인이 되어 발생한 비용.
  예) 이자비용, 투자주식처분손실, 유형자산처분손실 등

회사의 대표적인 영업외수익
은 주식투자를 해서 이익을
낸 투자주식처분이익, 현금을
예치하고 받은 이자수익, 기
계설비를 장부가격보다 비싼
값에 팔아 차익을 얻었을 때
발생하는 유형자산처분이익 등이 있습니다.

이 차장이 로또를 사는 데 들어간 비용처럼 본업 외에 들어간 비
용(손실)을 '영업외비용'이라고 합니다. 대표적인 영업외비용으로
는 차입금에 대한 이자비용, 투자주식처분손실, 유형자산처분손실
등이 있습니다.

영업이익에 영업외수익을 더하고 영업외비용을 빼면 '법인세차

▶ **손익계산 단계**

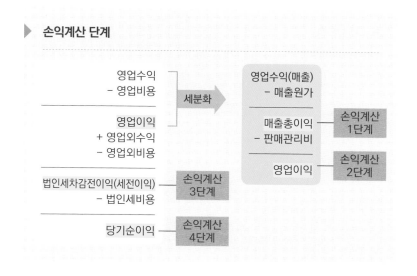

- 영업이익 + 영업외수익 − 영업외비용
  = 법인세차감전이익(세전이익)
- 법인세차감전이익 − 법인세비용 = 당기순이익

감전이익'이 산출됩니다(손익계산 3단계). 다른 말로 '세전이익'이라
고 합니다. 다시 법인세차감전순이익에서 세금 즉 법인세비용을
빼면 당기순이익이 산출됩니다(손익계산 4단계).

✅ 마이클에게 빌린 1달러, 외환손실로 돌아오다

갑수는 미국인 친구 마이클에게 2018년 3월 초에 10달러를 빌렸
습니다. 달러/원 환율이 1000원이었으니까, 원화로 1만 원의 빚을
진 셈입니다. 돈은 4월 초에 갚기로 했습니다.

갑수는 3월 말에 한 달간의 살림살이를 결산해 보기로 했습니
다. 이날 환율은 1300원으로 변해 있었습니다. 갑수가 갚아야 할
달러 빚을 원화로 환산해보니 이제 1만 3000원이 됐습니다. 갑수
는 가만히 앉아서 부채가 3000원 늘어났습니다. 3000원의 손실을
본 것과 마찬가지인 셈입니다.

기업 회계에서 이 같은 상황을 처리한다면, 재무상태에서 부채
가 증가하고, 손익계산에서 외환관련손실(비용)(레슨21 379쪽 참조)
이 발생한 것으로 처리합니다.

우리가 앞에서 배운 재무상태와 손익계산 그림을 활용한다면, 각각의 그림에 이 같은 거래 내용을 적어주면 됩니다. 뒤로 가면 조금 더 복잡한 거래를 그림으로 설명할 것입니다. 이를 이해하기 위한 사전 학습 과정이니, 찬찬히 읽어봅시다.

다음과 같은 거래가 있다고 합시다. 편의상 [거래4]라고 하겠습니다.

장부가격 5000원인 기계설비를 6000원에 매각했습니다. 5000원짜리 기계설비(유형자산)를 팔았으니 자산이 5000원 감소합니다. 대신 현금 6000원이 들어왔으니, 자산이 6000원 만큼 증가합니다. 이것은 재무상태의 변화입니다. 장부에 5000원이라고 적힌 기계를 6000원에 팔았으니 기계설비처분이익(1000원)이라고 하는 영업외수익이 생깁니다. 손익이 발생한 것입니다.

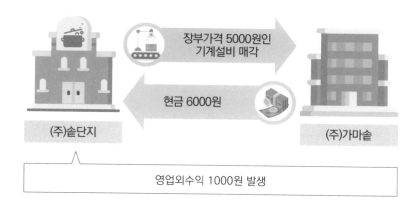

장부가격 5000원인 기계설비 매각

현금 6000원

(주)솥단지

(주)가마솥

영업외수익 1000원 발생

이 1000원의 수익은 결국 자본이 1000원 증가하는 효과를 발생시킵니다.

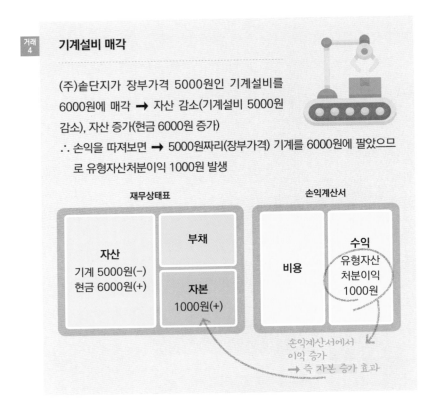

[거래5]는 (주)솥단지가 이자비용으로 2000원을 지급하는 것입니다. 이자비용으로 2000원을 지급했으니, 자산에서 현금 2000원이 감소하고 영업외비용(이자비용)으로 2000원이 발생했습니다. 이 2000원의 비용은 결국 자본이 2000원 감소하는 효과를 발생시킵니다.

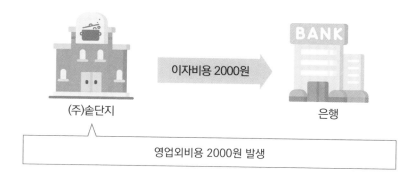

이자비용 2000원

(주)솥단지   은행

영업외비용 2000원 발생

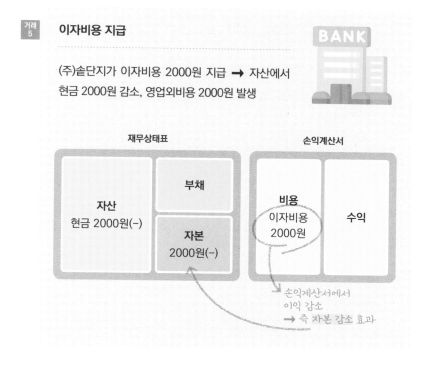

거래 5

이자비용 지급

(주)솥단지가 이자비용 2000원 지급 ➡ 자산에서
현금 2000원 감소, 영업외비용 2000원 발생

재무상태표

자산 현금 2000원(-)	부채
	자본 2000원(-)

손익계산서

비용 이자비용 2000원	수익

손익계산서에서
이익 감소
➡ 즉 자본 감소 효과

[거래6]은 ㈜솥단지가 보유하고 있던 부동산에서 임대료로
3000원을 받는 것입니다. 자산에서 현금 3000원이 증가하고 영

업외수익(임대료 수익)으로 3000원이 발생했습니다. 자본은 어떻게 바뀌었을까요? 3000원 증가하는 효과가 생깁니다.

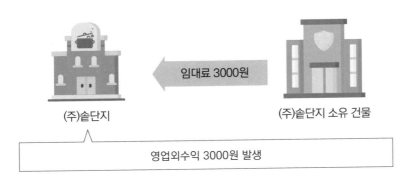

(주)솥단지 ← 임대료 3000원 ← (주)솥단지 소유 건물

영업외수익 3000원 발생

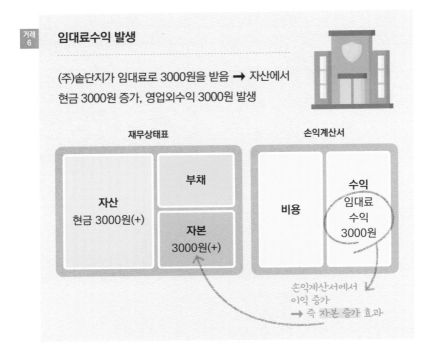

거래 6

임대료수익 발생

(주)솥단지가 임대료로 3000원을 받음 → 자산에서 현금 3000원 증가, 영업외수익 3000원 발생

재무상태표

| 자산 현금 3000원(+) | 부채 |
| | 자본 3000원(+) |

손익계산서

| 비용 | 수익 임대료 수익 3000원 |

손익계산서에서 이익 증가 → 즉 자본 증가 효과

✅ **손익계산 3~4단계 :**

세전이익에서 법인세비용 빼면 당기순이익

기업에서는 영업 외 경영활동에 따라 이러한 거래들이 빈번하게
일어납니다.

이제, [거래4~6]을 묶어서 한꺼번에 생각해 봅시다. 영업외수익
은 모두 4000원 입니다(유형자산처분이익 1000원, 임대료수익 3000원).
영업외비용은 모두 2000원(이자비용)입니다. 따라서 영업 외에서
발생한 이익은 '영업외수익 - 영업외비용'으로 계산해보면 2000원
이 됩니다.

▶ **(주)솥단지의 영업 외 경영활동**
- -

- 거래4. (주)솥단지가 장부가격 5000원인 기계설비를 6000원에 매각 ➡
  유형자산처분이익(영업외수익) 1000원 발생
- 거래5. (주)솥단지가 이자비용 2000원 지급 ➡ 영업외비용 2000원 발생
- 거래6. (주)솥단지가 임대료로 3000원 받음 ➡ 임대료수익(영업외수익)
  3000원 발생
- ∴ 영업외수익(1000원+3000원) − 영업외비용(2000원) = 2000원

[거래4~6]을 종합해 결산할 때 재무상태 그림에서 자본 증가액
으로 기록되어야 할 2000원과 손익계산 그림에서 산출한 2000원
의 이익이 맞아 떨어집니다.

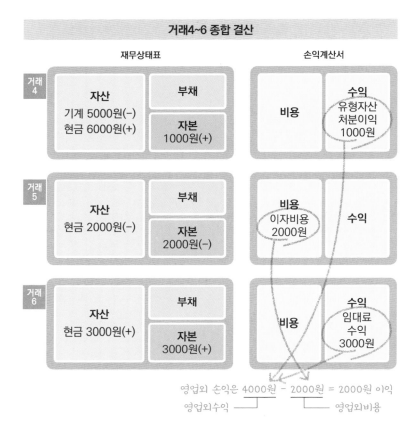

거래4~6 종합 결산

영업외 손익은 4000원 - 2000원 = 2000원 이익
영업외수익 ⎯⎯⎯⎯⎯   ⎯⎯⎯⎯⎯ 영업외비용

손익계산서에서 산출하는 최종 단계의 이익은 '당기순이익'입니다. 모든 영업수익과 영업외수익에서 모든 영업비용과 영업외비용을 다 빼 세전이익(법인세비용차감전이익)을 구합니다. 우리가 앞에서 배운 [거래1~6]을 종합 결산하면 세전이익을 구할 수 있습니다. 여기서 마지막으로 법인세비용을 빼면 당기순이익을 얻을 수 있습니다.

이 당기순이익은 주주의 것입니다. 그래서 당기순이익은 주주의 몫을 나타내는 자본으로 이동해, 자본 내에 이익잉여금이라는 지갑 속으로 쏙! 들어가게 됩니다.

ⓒ 이익잉여금은 회사의 역사를 보여준다

이익잉여금은 회사가 창출한 당기순이익을 해마다 자본 내에다 누적시킨 수치입니다. 무슨 말이냐고요?

(주)솥단지가 2015년 초에 처음으로 영업을 시작했습니다. 2015년 말 손익결산을 해 1000만 원의 당기순이익을 냈습니다. 사업 첫해니까 당기순이익을 처음으로 자본 내 이익잉여금으로 보내게 됩니다. 사업 첫해 말에는 당기순이익과 이익잉여금이 1000만 원으로 같습니다.

2016년 말에 또 손익결산을 했더니 이번에는 2000만 원의 당기순이익이 났습니다. 그럼 이 2000만 원도 자본 내 이익잉여금 지갑으로 들어갑니다. 2015년 이익잉여금 1000만 원에 새로 2000만 원이 더해지면 이제 2016년 말 기준 이익잉여금은 3000만 원 (2015년 분 1000만 원+2016년 분 2000만 원)이 됩니다. 이익잉여금을 누적해 간다는 게 어떤 의미인지 아시겠지요?

회사의 재무상태표 자본 항목에 있는 이익잉여금을 보면 이 회사가 설립 이래 지금까지 어느 정도의 당기순이익을 창출해 누적해 왔는지 대략 알 수 있습니다.

그런데 이익잉여금을 왜 누적할까요? 앞서 설명했듯 이익잉여

당기순이익은 주주의 몫 ➡ 자본 내 이익잉여금으로 이동!

금은 주주의 몫입니다. 배당으로 주주들에게 돌려주지 않고 회사에 남겨놓은 몫이 어느 정도 되는지를 보여줘야 하므로 이익잉여금을 누적합니다.

(주)솥단지가 2015년 초에 시작할 때만 해도 자본은 정우성과 송강호가 출자한 자본금 5000만 원뿐이었습니다. 그러나 2015년 말 (주)솥단지의 자본은 자본금 5000만 원과 이익잉여금 1000만 원(자

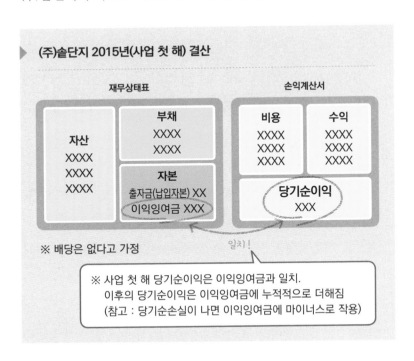

▶ **(주)솥단지 2015년(사업 첫 해) 결산**

재무상태표	손익계산서

재무상태표
- 부채 XXXX XXXX
- 자산 XXXX XXXX XXXX
- 자본 출자금(납입자본) XX 이익잉여금 XXX

손익계산서
- 비용 XXXX XXXX XXXX
- 수익 XXXX XXXX XXXX
- 당기순이익 XXX

※ 배당은 없다고 가정

일치!

※ 사업 첫 해 당기순이익은 이익잉여금과 일치.
이후의 당기순이익은 이익잉여금에 누적적으로 더해짐
(참고 : 당기순손실이 나면 이익잉여금에 마이너스로 작용)

본 합 (6000만 원)으로 구성됩니다.

(주)솥단지의 2016년 말 자본은 얼마가 될까요? 네. 8000만 원 (2015년 자본 6000만 원+2016년 이익잉여금 2000만 원)이 됩니다.

회사가 정상적으로 굴러간다면 자본을 구성하는 항목은 자본금과 이익잉여금 등 두 가지 이상이 됩니다. 그래서 자본을 일반적으로 '자본총계'라고 표현하기도 합니다.

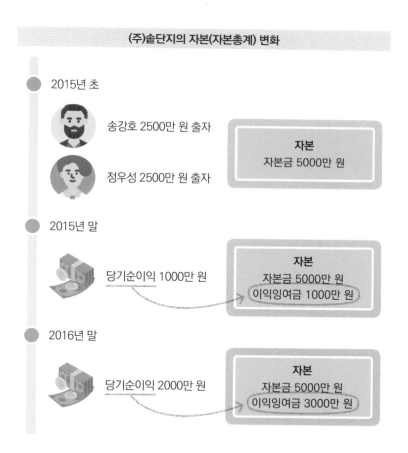

(주)솥단지의 자본(자본총계) 변화

2015년 초

송강호 2500만 원 출자

정우성 2500만 원 출자

자본
자본금 5000만 원

2015년 말

당기순이익 1000만 원

자본
자본금 5000만 원
이익잉여금 1000만 원

2016년 말

당기순이익 2000만 원

자본
자본금 5000만 원
이익잉여금 3000만 원

당기순이익을 모으는 지갑, 이익잉여금

요즘 인터넷 게시판에서 '쓰고 난 나머지'를 뜻하는 '잉여'라는 말을 자주 봅니다. '잉여인간', '잉여물자'처럼 과거에는 어떤 단어에 '잉여'가 붙으면 부정적 의미가 보태졌습니다. 그러나 '잉여롭다'는 말이 '한가하다' '여유롭다'는 의미로 사용되는 등 최근 유행하는 인터넷 용어에서는 그런 부정적 의미가 줄어든 것 같습니다. 자주 들으니 친숙하게 들리기도 합니다. 그렇다 보니 이익잉여금이라는 단어도 입에 착 붙습니다.

이미 아무것도 안 하고 있지만
더 격렬하게 아무것도 안 하고 싶다.

앞에서 손익계산서의 당기순이익이 재무상태표의 이익잉여금이라는 지갑으로 쏙 들어간다고 말씀드렸습니다. 당기순이익이 주주의 몫이기 때문에 이것들을 담는 지갑인 이익잉여금도 자본 항목에 들어간다고 이해하면 됩니다. 응용해보지요. 당기순이익이 늘어나면 이익잉여금도 늘어납니다. 그렇다면 당기순손실은 어떻게 될까요? 손실도 온전히 주주 몫이기 때문에 당기순손실은 이익잉여금을 줄입니다.

아파트를 사면 대지 지분이 생깁니다. 아파트 단지의 땅 중에 대지 지분만큼이 아파트 소유자의 몫입니다. 마찬가지로 주주들도 지분율만큼 이익잉여금을 나눠 가질 수 있습니다. 이것이 '배당'입니다.

상법에서도 이익잉여금을 한도로 배당을 할 수 있다고 규정하고 있습니다. 배당하는 만큼 이익잉여금은 줄어들게 됩니다. 배당은 이익잉여금을 처분하는(주주들에게 분배하는) 것이기 때문이지요. 이론상으로는 이익잉여금을 전부 배당할 수 있지만, 실제로는 기업에서 이익잉여금을 모두 나눠주지는 않습니다. 신규 사업을 위한 재원으로 사용하거나 노후된 기계설비를 교체하는 등 기업을 계속 경영하려면 자금이 지속적으로 필요하기 때문입니다.

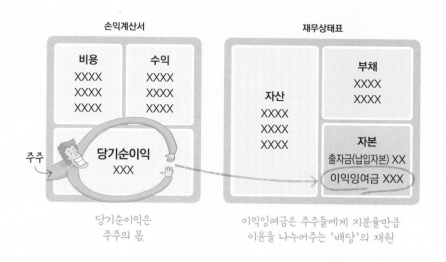

손익계산서

비용	수익
XXXX	XXXX
XXXX	XXXX
XXXX	XXXX

주주 → 당기순이익 XXX

당기순이익은 주주의 몫

재무상태표

자산	부채
XXXX	XXXX
XXXX	XXXX
XXXX	자본
	출자금(납입자본) XX
	이익잉여금 XXX

이익잉여금은 주주들에게 지분율만큼
이윤을 나누어주는 '배당'의 재원

Lesson 6

실전 분석 :
일곱 개 기업의 손익계산서
파헤쳐보기

 KEY POINT 1
- **손익계산서** : 결산하고 나면 다음 해 초부터는 다시 제로(0)에서 출발
- **재무상태표** : 해마다 누적해서 기록

 KEY POINT 2
- 정확한 기업 정보를 알려면 재무제표 본문과 주석을 연계해 분석해 야 한다.

 KEY POINT 3
- 손익계산서를 보면 업종별 특징이 읽힌다.

✅ 결산하면 털어내는 손익계산서, 누적하는 재무상태표

'재무상태표'는 결산일 현재 회사의 자산, 부채, 자본이 각각 얼마나 있고, 무엇으로 구성되어 있는지를 나타내는 재무제표라 할 수 있습니다.

대부분 회사의 결산일은 12월 말입니다. 이 말은 회계 기간이 매년 1월 1일~12월 31일이라는 의미입니다. 그런데 3월 말, 6월 말, 9월 말이 결산일인 회사도 있습니다. 3월 말이 결산일인 회사라면 회계 기간은 매년 4월 1일~다음 해 3월 31일입니다.

12월 말 결산 법인의 경우 매해 12월 31일 현재의 자산, 부채, 자본 상태(자산, 부채, 자본 각각의 총계 수치와 이를 구성하는 주요 항목들의 수치)를 표로 작성해 제공합니다.

손익계산서는 한 해의 '경영 성적표'라고 할 수 있습니다. 1년간 발생한 모든 수익과 비용을 계산해 최종적으로 당기순이익을 산출합니다. 손익계산서는 한번 결산하고 나면 다음 해 초부터는 다시 제로(0)에서 출발합니다.

예를 들어 2022년 매출이 2023년의 매출이 될 순 없습니다.

2022년 비용이 2023년의 비용이 될 수 없고요. 그러니까, 2022년 결산을 마치면, 2023년 초의 손익계산서는 수익과 비용이 모두 '0'인 상태에서 출발해 새로 2023년에 발생하는 수익, 비용을 기록합니다. 손익계산서는 연말에 결산해 당기순이익을 재무상태표의 자본 내 이익잉여금으로 넘겨주고 탈탈 털어버린다고 생각하면 됩니다.

반면에 재무상태표는 해마다 누적합니다. 예를 들어 2022년 말 결산을 해보니 자산 항목에서 현금이 20억 원으로 집계됐다면, 2023년 초 재무상태표의 현금은 20억 원에서 출발합니다. 너무 당연한 이야기입니다. 2022년 말 부채가 30억 원이라면, 해가 바뀌어 2023년 초 부채도 30억 원에서 출발합니다. 그리고 2023년에 이런저런 거래가 발생하면서 자산과 부채는 증가하거나 줄게 되고 다시 2023년 말의 결산을 맞게 됩니다.

밑줄 쫙!

- **재무상태표** : 기말 현재 기업의 자산, 부채, 자본 잔액을
  보여주는 재무제표 ➡ 해마다 누적해서 기록
- **손익계산서** : 1년간의 경영 성과를 나타내는 재무제표
  ➡ 결산하고 나면 다음 해 초부터는 다시 제로(0)에서 출발

☑ 매출원가가 낮으면 영업이익률이 높을까?

제조업체가 매출원가율이 50% 정도밖에 안 된다면 영업이익이 무척 높다고 예상할 수 있습니다. 판관비를 매출액의 30%까지 잡아도 영업이익률이 20%(100% - 50% - 30%)나 된다는 결론이 나오기 때문입니다. 그런데 영업이익률이 10% 수준밖에 안 된다면, 당연히 판관비 비중이 높다는 이야기입니다. 판관비가 매출액의 40%나 된다는 의미지요. 판관비가 높은 이유는 영업이나 관리 분야 직원들에게 급여를 많이 줬기 때문일까요? 아니면 다른 이유가 있는 걸까요?

제약회사가 이에 해당하는 대표적 사례라고 할 수 있습니다. 제약업은 약품을 제조하는 데 들어가는 원가가 얼마 안 돼 매출원가율은 아주 낮습니다. 그러나 광고선전비나 유통 단계에서 발생하는 각종 판매수수료 등의 지출이 많아서 정작 영업이익률은 그리 높지 않습니다.

면세점은 주로 해외 명품을 사 와서 일정한 이윤을 붙여 팝니다.

그렇다면 명품 구매 가격이 면세점 손익에 결정적 영향을 줄까요? 사실상 면세점 이익률에 가장 큰 영향을 미치는 요소는 매장 임차료입니다. 면세점은 공항 같은 곳에 계약기간 동안 일정한 금액의 임차료를 내기로 계약을 합니다. 매출이 좋지 않아도 고정적인 고액 임차료를 물어야 한다면 적자를 낼 수밖에 없겠지요. 이런 내용은 회사의 손익계산서와 재무제표 주석 같은 것을 잘 들여다보면 파악할 수 있습니다.

지금부터는 앞에서 배운 지식을 기초로 실제 기업들의 재무상태표나 손익계산서를 보면서, 매출이나 비용 구조, 자산과 부채의 특징 등을 분석해 보겠습니다. 기초적인 분석을 다뤘기 때문에 술술 읽어나갈 수 있을 것입니다.

✅ '기술 제일' 삼성SDI, 판관비 절반이 연구개발비

다음 표는 2차전지와 전력저장장치 등을 만드는 삼성SDI의 2017년 연결재무제표 손익계산서입니다. 제48기는 2017년 1월 1일~12월 31일의 기간을 의미합니다. 판매비와 관리비(판관비)가 1조 521억 원입니다.

영업이익 아랫단에 보면 기타수익, 기타비용, 금융수익, 금융비용이라는 항목이 있습니다. 영업외수익은 대개 기타수익과 금융수익, 영업외비용은 기타비용과 금융비용 두 가지로 구성됩니다(세부내용은 뒤에서 자세히 설명합니다).

삼성SDI 2017년 연결재무제표 손익계산서

(단위 : 억 원)

구분	제48기
매출액	63,215
매출원가	51,524
매출총이익	11,690
판매비와 관리비	10,521
영업이익(손실)	1,168
기타수익 ←— 영업외수익	2,500
기타비용 ←— 영업외비용	2,514
금융수익 ←— 영업외수익	1,962
금융비용 ←— 영업외비용	1,830
지분법손익	6,954
법인세비용차감전이익(손실)	8,240
법인세비용(수익)	1,808
당기순이익(손실)	6,431
지배기업지분	6,572
비지배지분	(140)

　우선 알아둬야 할 것은, 손익계산서를 구성하는 항목들에 대한 세부 내용을 보려면 재무제표 주석을 찾아보면 된다는 점입니다. '주석'도 엄연히 재무제표의 한 종류에 해당합니다.

　판관비의 주요 항목과 금액을 재무제표 주석에서 찾아보면 다음과 같이 나타납니다(주요 항목만 골라 간략하게 편집했으므로 항목 수치의 합이 아래 판관비 합계와 일치하지는 않습니다).

삼성SDI 제48기 '연결재무제표 주석' 중 판매비 및 관리비		(단위 : 억 원)
구분	당기	전기
급여	1,354	3,225
감가상각비	878	775
연구개발비	5,259	5,525
판매물류비	596	454
합계	10,521	16,769

판관비 중에서는 연구개발비 비중이 가장 높습니다. 당기(2017년)에 전체 판관비의 50% 정도를 연구개발비가 차지할 정도로 회사가 연구개발에 역량을 집중하고 있다는 것을 알 수 있습니다.

영업외비용 가운데 '기타비용'은 어떤 항목으로 구성되어 있는지도 주석에서 한번 살펴볼까요? 다음의 표를 보세요.

삼성SDI 제48기 '연결재무제표 주석' 중 기타비용		(단위 : 억 원)
구분	당기	전기
유형자산손상차손	362	3,666
무형자산손상차손	57	1,134
법률 관련 비용 등	993	1,427
합계	1,830	6,499

전기(2016년)에 기타비용이 6499억 원이나 됩니다. 당기의 1830억 원에 비해 3.5배 수준입니다. 내용을 보니, 유형자산손상차손, 무형자산손상차손이 합쳐서 4800억 원이나 됩니다.

아직 '손상차손'이라는 개념을 배우지 않아서 무슨 이야기인지 감이 잡히지 않을 것입니다. 손상차손에 대해서는 레슨9(215쪽)에서 자세히 다루기 때문에 여기서는 용어만 머릿속에 잠깐 담아두기 바랍니다.

그러고 보니 특이한 게 하나 있네요. 법률 관련 비용이 2016년에 1427억 원이었고, 2017년에도 993억 원이나 됩니다. 재무제표 주석만으로는 법률 관련 비용이 왜 발생했고, 구체적인 내용이 무엇인지는 정확하게 알 수 없습니다. 2016년에 발생했던 삼성전자 스마트폰 불량 배터리 사건과 관련한 소송 비용일 것으로 추정됩니다. 정확한 내용은 회사에 물어보는 수밖에 없습니다.

주석에 보면 '비용의 성격별 분류'라고 하는 내용도 있습니다.

삼성SDI 제48기 '연결재무제표 주석' 중 비용의 성격별 분류 (단위 : 억 원)

구분	당기	전기
급여	7,593	9,702
감가상각비	3,692	3,549
합계	15,397	21,292

여러분들이 투자자라면, 회사를 분석할 때 이 부분이 꽤 중요할 때가 있습니다. 아직은 기초 회계 단계로 여기서는 간략하게 설명하겠습니다.

예를 들면 이런 겁니다. 급여(인건비)는 손익계산서에서 어떻게 반영이 될까요? 앞에서 배운 기억을 더듬어 보기 바랍니다(138쪽 참조). 매출원가에 들어가는 급여가 있고, 판관비에 들어가는 급여가 있었습니다. 아직 팔리지 않아 재고자산 상태로 있는 제품에도 급여가 포함되어 있겠지요.

비용의 성격별 분류에 기재된 당기 급여(7593억 원)는 어떤 항목에 들어있건 간에 급여로 지급된 금액을 다 합쳐놓은 겁니다.

감가상각비도 마찬가지입니다. 비용의 성격별 분류에 나타난 감가상각비는 매출원가에 들어간 감가상각비와 판관비에 들어간 감가상각비를 합쳐놓은 수치라고 생각하면 됩니다.

삼성SDI 제48기 '연결재무제표 주석' 중 비용의 성격별 분류 (단위: 억 원)		
구분	당기	전기
급여	7,593	9,702
감가상각비	3,692	3,549
합계	15,397	21,292

매출원가에 포함된 급여

판관비에 포함된 급여

판관비에 포함된 감가상각비

매출원가에 포함된 감가상각비

메인 요리보다 훌륭한 밑반찬, 재무제표 주석

권 대리는 평소 스마트폰으로 찍은 음식 사진을 인스타그램에 올리는 것을 좋아합니다. 권 대리는 인스타그램을 더 잘하기 위해 디지털카메라를 한 대 샀습니다. 그런데 디지털카메라 다루기가 만만치 않았습니다. 스마트폰이야 어플만 실행해서 촬영하면 그만이었는데, 디지털카메라는 전원을 켜고 나면 어떻게 해야 할지 막막했습니다.

권 대리는 디지털카메라가 들어 있던 상자를 뒤져 설명서를 꺼냈습니다. 설명서에는 구성품부터 디지털카메라의 기능과 작동 방법에 대한 설명들이 자세하게 나와 있습니다. 그렇습니다! 재무제표에도 디지털카메라의 설명서 같은 역할을 하는 것이 있는데, 그게 바로 '주석'입니다.

공시된 재무제표를 보면 계정 과목 옆에 '(주석 ○○ 참조)'라는 문구가 붙어있는 것을 볼 수 있습니다. 만약 재무상태표의 장기차입금 계정에 '(주석 8 참조)'라는 문구가 붙어 있으면 재무제표 주석으로 들어가 8번을 찾으면 됩니다. 주석 8번에는 장기차입금의 만기, 차입한 은행명, 이자율과 담보로 제공된 금액, 매년 상환해야 할 금액 등을 상세히 풀어놓았을 것입니다. 재무제표의 항목들을 이해하려면 필수적으로 주석을 참조해서 잘 읽어보아야 합니다.

한국채택국제회계기준(K-IFRS)을 적용하는 회사들은 재무상태표, 손익계산서에 계정 과목을 세세하게 구분하지 않고 포괄적으로 기재합니다. 예를 들면, 손익계산서에 '판매비와 관리비 15억 원' 이렇게만 표시합니다. 그러나 주석을 보면 판매비와 관리비가 어떻게 구성되어 있는지 알 수 있습니다. 주석에는 인건비 3억 원, 감가상각비 2억 원, 접대비 1억 원 등 판매비와 관리비의 구성 내역을 풀어서 기록하기 때문입니다.

주석은 재무상태표, 손익계산서, 자본변동표, 현금흐름표 등과 동일한 지위를 가집니다. 주석은 봐도 그만, 안 봐도 그만인 내용이 아니라 엄연한 재무제표의 한 종류입니다.

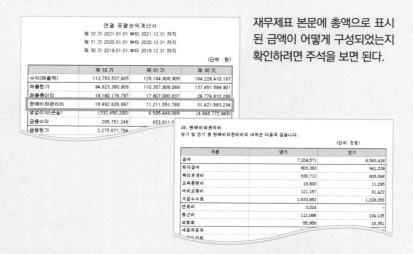

재무제표 본문에 총액으로 표시된 금액이 어떻게 구성되었는지 확인하려면 주석을 보면 된다.

✅ 매출원가보다 판관비에 주목, 대원제약

지금부터는 몇몇 기업들의 손익계산서를 통해 그 업종에서 나타나는 일반적인 특징을 살펴보겠습니다.

제약회사들은 대개 일반 기업에 비해 매출액 대비 매출원가 비중이 아주 낮은 편입니다. 매출원가가 낮으니 영업이익률이 상당히 높을 것으로 생각하는 사람들이 있는데요. 실상은 그렇지 않습니다. 판관비 비중이 다른 업종에 비해 상당히 높기 때문입니다.

심지어 어떤 제약회사들은 매출원가보다 판관비 수치가 더 높은 경우도 있습니다.

대원제약의 2017년 연결재무제표 손익계산서를 한번 볼까요.

대원제약 2017년 연결재무제표 손익계산서		(단위 : 억 원)
구분	제57기(2017년)	제56기(2016년)
매출액	2,654	2,407
매출원가	1,134	1,032
매출총이익	1,520	1,375
판매비와 관리비	1,267	1,083
영업이익(손실)	253	292

당기(2017년)의 매출액이 2654억 원인데 매출원가는 1134억 원밖에 되지 않습니다. 매출액 대비 매출원가 비중이 42.7% 정도입니다. 그러니 매출총이익률*이 무려 57.3%나 됩니다.

169

그런데 판관비가 아주 많습니다. 매출원가보다 더 많은 1267억 원이나 됩니다. 매출액 대비 판관비 비중은 47.7%나 됩니다.

그러니 영업이익률은 9.6%(100% - 42.7% - 47.7%) 정도에 불과합니다. 금액으로는 252억 원이네요. 매출총이익률이 57.3%인데, 그다음 단계 이익인 영업이익률이 9.6%로 뚝 떨어지는 이유는 의약품 제조에 들어가는 원가는 아주 적은 데 비해 약을 판매하기 위해 판관비를 많이 사용했기 때문입니다.

2016년 역시 매출원가보다 판관비가 더 많습니다.

2016년 대원제약 매출원가, 판관비 비중과 영업이익률		(단위 : %)
구분	2017년	2016년
매출원가/매출액	42.7	42.9
판관비/매출액	47.7	45.2
영업이익률	9.6	11.9

제약회사들은 다른 업종에 비해 매출액 대비 매출원가 비중이 낮은 편이지만, 광고선전비, 판매촉진비 등 판관비 비중이 높은 편이다.

그럼 2017년의 판관비 구성 내용을 한번 살펴볼까요. 재무제표 주석에서 찾아 요약한 표가 다음과 같습니다.

구분	2017년	2016년
급여	413	410
광고선전비	116	88
지급수수료	161	91
회의비	71	41
판매촉진비	101	71
합계	1,267	1,083

2017년 대원제약 재무제표 주석 중 판관비 구성 (단위 : 억 원)

광고선전비, 지급수수료, 판매촉진비 규모가 상당히 큽니다. 회의비까지 다 합하면 451억 원으로, 전체 판관비 대비 36%에 이릅니다. 매출은 전년(2016년) 대비 10% 늘었는데, 판관비가 17%나 늘었습니다. 그러다 보니 영업이익률은 전년 11.9% 대비 2.3%포인트나 떨어진 9.6%를 기록했습니다. 전년보다 광고와 판촉 활동에 더 많은 자금을 투입했지만, 그에 상응하게 매출이 증가하지 못한 것으로 보입니다.

ⓒ "최저가 입찰제 좀 바로잡아주오", 현대로템이 호소하는 이유

매출원가율이 90%가 넘는 기업이 이익을 낼 수 있을까요? 쉽지는 않겠지요. 판관비까지 고려해서 영업이익을 내려면 판관비 비중이 매출의 10% 이하가 되어야 한다는 이야기입니다. 영업이익을 낸다고 해도 영업이익률은 아주 낮을 것입니다. 영업 외에서 수익보다 비용이 커지면 당기순손실을 낼 가능성도 클 것입니다. 그렇다면 매출원가율을 어떻게 하든지 낮추는 방법을 찾아야 할 것입니다.

철도 차량과 플랜트, 방산제품을 생산하는 현대로템의 손익계산서가 매출원가율이 높아 영업이익을 내기 힘든 손익 구조의 좋은 사례가 될 것 같습니다.

현대로템 손익계산서 (단위 : 억 원)

구분	제19기(2017년)	제18기(2016년)	제17기(2015년)
매출액	27,256	29,847	33,091
매출원가	25,434	26,970	33,210
매출총이익	1,822	2,876	(119)
판매비와 관리비	1,368	1,814	1,808
영업이익(손실)	454	1,062	(1,927)
당기순이익(손실)	(462)	231	(3,044)

구분	19기	18기	17기
매출원가율(%)	93.3	90.1	100.1

현대로템은 대원제약과 사정이 판이합니다. 현대로템은 매출원가율이 상당히 높습니다. 2017년에는 93.3%, 2016년 90.1%나 됩니다. 2015년에는 심지어 100.1%로, 매출액보다 매출원가가 더 많은 상황이 발생했습니다. 매출총이익에서부터 적자라는 거지요. 흔하지 않은 상황입니다. 매출총이익에서부터 적자가 난 2015년의 경우 영업이익은 당연히 적자입니다. 판관비가 비용으로 더해지기 때문에 매출총손실보다 영업손실 규모가 더 커졌습니다. 당기순이익도 영업 외에서 특별히 대규모 수익이 나지 않는 한 적자가 날 가능성이 큽니다. 실제로도 그렇게 됐습니다.

2017년과 2016년에는 매출원가율이 90%를 넘었지만 영업이익은 냈습니다. 그러나 영업이익률이 아주 낮습니다. 각각 1.7%(454억 원÷2조 7256억 원×100%), 3.6%(1062억 원÷2조 9847억 원×100%) 수준입니다.

영업이익을 내기 힘든 현대로템의 손익 구조가 어디서 비롯된 것인지 알 수 있는 기사를 하나 소개해 드립니다.

현대로템은
매출원가율이 90%가 넘어
영업이익을 내기 힘든
손익 구조다.

PROFITS

COSTS

현대로템 "최저가 입찰이 부실공사 부추긴다"

현대로템이 정부의 최저가 입찰제에 따른 '치킨게임' 탓에 우리나라 철도산업이 위기에 놓였다고 목소리를 높였다.

현대로템은 자사 홈페이지에 공개한 '출혈경쟁 속 위기의 한국 철도산업' 자료에서 최저가 입찰제도가 업체들의 출혈경쟁을 강요하고 있다고 설명했다.

국내에서 철도사업에 나선 업체는 현대로템, 우진산전, 다윈시스 등 세 곳이다. 최근 경쟁입찰을 통해 발주된 사업을 세 업체가 하나씩 따냈다. 문제는 낙찰금액이 원가 보전도 어려울 정도로 낮다는 것이다. 통상 발주처는 시장조사에서 예가(미리 정해 놓은 가격)를 정한다. 하지만 예가를 측정할 때 앞선 사업들의 낙찰가를 참고하다 보니 계속 낮은 수준을 유지할 수밖에 없다.

정부가 최저가 경쟁입찰제로 철도 사업을 발주하니 업체들로서는 수주하기 위해 사실상 원가 보전도 어려운 수준의 입찰 가격을 적어내고 있고, 이 때문에 수주해도 남는 게 없는 구조가 점점 고착화하고 있다는 내용입니다.

2018년 1분기의 현대로템 연결손익계산서를 보면, 매출 5245억 원에 영업이익은 51억 원에 불과합니다. 매출원가가

치킨게임(chicken game) 1950년대 미국 젊은이들 사이에서 용기를 과시하는 방법으로 유행한 자동차 게임에서 유래된 용어다. 두 명의 참가자가 차를 타고 좁은 도로 끝에서 서로를 향해 돌진하다가 충돌 직전에 핸들을 꺾는 사람('겁쟁이'를 뜻하는 속어 치킨으로 불린다)이 지는 게임이다. 만일 양쪽 모두 핸들을 꺾지 않을 경우 게임에서는 둘 다 승자가 되지만, 결국 충돌함으로써 모두 자멸한다. 오늘날에는 어느 한쪽도 양보하지 않고 극단적으로 치닫는 경쟁을 지칭하는 말로 쓰이고 있다.

4879억 원으로, 매출원가율이 93%입니다. 그러니 판관비를 빼고 난 영업이익률은 불과 0.97% 수준에 그쳤습니다. 당기순이익은 119억 원 적자입니다. 상황이 개선되지 않은 것 같습니다.

☑ 호텔신라 면세점 수익성, 임차료가 좌우

호텔신라의 매출은 어디서 많이 발생할까요? 면세점 사업이 크다고 는 하지만 그래도 회사 이름이 '호텔신라'인데, 호텔 사업의 매출 비 중도 꽤 높지 않을까요? 실제로는 그렇지 않습니다. 호텔 부문 비중 은 겨우 10% 남짓입니다. 90%의 매출은 면세점 사업에서 발생합 니다. 호텔신라의 2017년 연결재무제표 손익계산서를 한번 볼까요.

호텔신라 2017년 연결재무제표 손익계산서		(단위 : 억 원)
과목	제45(당)기	제44(전)기
I. 매출액	40,114	37,153
II. 재료비	(23,628)	(20,395)
III. 인건비	(2028)	(2141)
IV. 기타 영업비용	(13,727)	(13,826)
V. 영업이익	730	789
VI. 영업외손익	(283)	(265)
VII. 법인세비용차감전순이익	447	524
법인세비용	(194)	(245)
VIII. 당기순이익	252	278

사업별 매출액은 재무제표 주석의 '영업 부문별 재무 현황'에서 찾아볼 수 있습니다. 전체 매출 4조 114억 원 가운데 면세점사업이 90%, 호텔과 레저사업이 10% 정도라는 걸 알 수 있습니다.

호텔신라 2017년 연결재무제표 주석 영업 부문별 재무 현황 (단위 : 억 원)

• 영업부문

구분	주요 재화 및 용역
TR(Travel Retail) 부문	면세점용 상품 판매 등
호텔 & 레저 부문 등	객실 판매, 식·음료 판매, 레저사업(레포츠사업 및 Business Travel Management) 등

• 영업 부문별 재무 현황

구분	TR 부문	호텔 & 레저 부문 등
매출액	35,761	4,682
영업이익	582	146

175쪽 손익계산서를 보면 매출액 아래에 '재료비, 인건비, 기타 영업비용'이라는 항목이 있습니다. 매출액(영업수익)에서 이 세 개 항목(영업비용)을 차감해 영업이익을 계산했습니다. 이 세 개 항목이 일반 기업으로 치자

호텔신라는 매출의 90%가 면세점사업에서 발생한다. 호텔신라 손익계산서에서 '재료비'는 호텔신라가 운영하는 면세점이 구매한 상품 중 판매된 상품에서 발생한 비용이다.

면 '매출원가'와 '판관비'에 해당하는 것이라고 볼 수 있습니다. 그런데 제조업체도 아닌 호텔신라에서 왜 2조 3628억 원이나 되는 재료비를 사용했을까요? 여기서 말하는 재료비는 대부분 호텔신라가 운영하는 국내외 면세점이 구매한 상품 중 판매된 상품에서 발생한 비용 즉 매출원가라고 할 수 있습니다.

다음 표(호텔신라의 '성격별 영업비용')를 보세요. '재고자산의 변동'에서 발생한 영업비용이 2조 2911억 원이라고 되어있습니다. 호텔신라의 재고자산은 대부분 면세점 보유 상품입니다. 재고자산이 변동해(감소해) 영업비용이 발생했다는 이야기는 재고자산이 팔리면서 발생한 매출원가를 의미한다고 보면 됩니다. 이 금액은 손익계산서의 재료비 금액 2조 3628억 원과 거의 비슷합니다(분류상 약간의 금액 차이가 있기는 하지만 중요하지 않습니다).

호텔신라 2017년 연결재무제표 성격별 영업비용 (단위 : 억 원)

구분	당기
재고자산의 변동	22,911
종업원급여	2,028
기타의 경비	13,013
영업비용 합계	39,384

호텔신라의 성격별 영업비용 가운데 재료비(상품 매출원가) 외에 큰 비중을 차지하는 항목이 '기타의 경비'입니다. 금액도 1조 3013억 원으로 만만치가 않습니다. 어떤 영업비용들이 기타 경비

라는 항목에 포함되어 있을까요? 역시 재무제표 주석을 뒤져 보아야겠지요.

구분	당기	전기
외주용역비	1,550	1,450
알선수수료	2,495	2,388
임차료	6,578	6,241
합계	13,727	13,826

호텔신라 2017년 연결재무제표 주석 중에서 기타 경비 (단위 : 억 원)

기타 경비 가운데 임차료 비중이 매우 높습니다. 당기(2017년)와 전기(2016년) 모두 6000억 원대입니다. 면세점들은 대부분 대형 공항에 입주하기 때문에 공항 측과 맺은 임차료 계약 내용에 따라 이익에 큰 영향을 받습니다. 예를 들어 롯데면세점이 인천공항공사와 맺은 계약에 따르면 업황과 관계없이 2015년부터 5년 동안 4조 원 넘는 임차료를 내게 되어있다고 합니다.

호텔신라 면세사업의 경우 매출이 3조 5000억 원이 넘지만 영업이익은 582억 원에 불과합니다. 연간 수천억 원에 이르는 면세점 임차료가 오르느냐 내리느냐에 따라 회사 이익은 큰 영향을 받

면세점은 대부분 대형 공항에 입주하기 때문에 공항 측과 맺은 임차료 계약 내용에 따라 이익이 큰 영향을 받는다.

을 수밖에 없습니다. 임차료 계약 내용에 대한 뉴스가 회사 주가에 도 큰 영향을 미칠 정도입니다.

2017년 9월과 2018년 4월에 언론에 실렸던 다음 기사를 보면 임 차료가 면세점 사업 수익성을 좌우한다는 것을 잘 알 수 있습니다.

2017년 9월 13일

롯데면세점 "공항임차료 낮춰달라"

인천공항공사와 임차료 인하 문제를 놓고 줄다리기를 하는 롯데면세점이 인 천공항 측에 최후통첩을 보냈다. 롯데면세점은 인천공항공사에 임차료의 합 리적 조정을 요청하는 공문을 전달했다고 밝혔다.

롯데면세점이 이처럼 강수를 두는 배경에는 사드 사태 이후 롯데면세점의 절박함이 자리 잡고 있다. 현재 롯데면세점은 2015년 9월부터 2020년 8월 까지 업황에 관계없이 총 약 4조 1000억 원의 임차료를 인천공항공사에 납 부하기로 돼 있다.

이 같은 계약 조건이라면 롯데면세점은 올해 2000억 원 이상, 5년 계약 기간 동안에는 최소 1조 4000억 원에 이르는 적자를 기록할 것으로 예상된다.

2018년 4월 3일

신라면세점, 인천공항 임대료 인하안 전격 수용

신라면세점이 인천국제공항공사가 최초로 제시한 인천국제공항 제1터미널 (T1) 면세점 임대료를 27.9% 인하하는 방안을 전격 수용했다. 인천공항공사 와 T1 입점 면세 사업자들은 제2터미널(T2) 개장, 사드 보복 여파 등에 따른 고객 감소분에 대해 수개월에 걸쳐 임대료 조정작업을 벌여 왔다.

로켓배송에 집중하자
매출 성장 착시 나타난 쿠팡

여러분, 스마트폰에 쿠팡앱은 깔아 놓으셨나요? 앱을 실행하면 쿠팡에서 판매하는 상품들이 나옵니다. 소비자는 필요한 상품을 골라 장바구니에 담아 결제하고 배송을 기다리면 됩니다. '로켓배송' 마크가 붙은 제품이었다면 결제 다음날 받아볼 것입니다. 로켓배송 마크가 없는 상품이라도 물품을 구매하는 과정에는 큰 차이가 없습니다.

쿠팡은 손익계산서에서 매출액을 크게 '상품매출'과 '수수료 매출' 두 가지로 나누어 놓고 있습니다. 둘은 무슨 차이가 있을까요?

쿠팡이 판매하는 상품의 물건 주인이 누구냐에 따라 매출의 종류가 달라집니다. 쿠팡앱을 잘 들여다보면 똑같은 '오뚜기 진라면'인데도 어떤 상품에는 로켓배송 마크가 붙어있고, 어떤 상품에는 로켓배송 마크가 없는 것을 볼 수 있습니다. 로켓배송 마크가 붙어 있는 물건의 주인은 일반적으로 쿠팡입니다. 쿠팡이 오뚜기로부터 진라면을 사온 것입니다 만약 유통기간이 지났는데도 안 팔린 라면이 있다면 전적으로 쿠팡이 손해를 봅니다.

쿠팡에서 판매하는 동일한 상품이라도 물건의 주인은 다를 수 있다. '로켓배송' 마크가 붙어 있는 상품은 쿠팡, 그렇지 않은 상품은 입점업체가 주인이다.

하지만 로켓배송 마크가 붙어있지 않은 라면의 주인은 쿠팡이 아닙니다. 라면의 유통기한이 지나도 쿠팡은 손해 볼 것이 없습니다. 쿠팡은 그냥 상품을 게시할 수 있는 자리를 빌려주고 상품 주인이 판매한 금액의 일정 부분을 수수료로 받습니다. 이때 상품의 주인을 '입점업체'라고 합니다. 쿠팡이 만들어놓은 오픈마켓 플랫폼에 입주해 상품을 파는 상인이라고 생각하면 됩니다.

소비자가 느끼지 못하지만 똑같은 오뚜기 진라면도 쿠팡 앱 안에서는 이렇게 다른 방식으로 판매되고 있습니다.

회계 기준에서는 이렇게 판매 방식이 다를 경우 매출액으로 인식하는 금액을 구분하도록 하고 있습니다. 쿠팡이 진라면 한 개를 900원에 직접 사서 1000원에 팔았다면, 쿠팡은 1000원을 매출로 기록할 수 있습니다. 그러나 입점업체가 상품을 게시하고 자기의 책임으로 판매했다면 쿠팡은 판매 수수료만 매출로 기록할 수 있습니다. 수수료율이 15%고 입점업체가 진라면을 1000원에 팔았을 경우, 쿠팡의 매출액은 150원이 되는 것입니다.

자, 여기에서 쿠팡 매출액의 '성장 착시 현상'이 발생합니다. 극단적인 예를 한번 들어보겠습니다. 쿠팡의 오픈마켓에서 셀러(입점업체)들이 2014년 싹갈아 믹서기를 10대 팔았다고 가정해보겠습니다. 대당 판매가는 10만 원입니다. 셀러 판매분 수수료율은 평균 15%입니다. 그럼 2014년 쿠팡의 매출은 15만 원(10대 × 10만 원 × 15%)입니다.

2015년에 쿠팡은 판매 방식을 바꾸어 싹갈아 믹서기를 제조업체로부터 직접 구매(직매입)해 로켓배송으로 판매하기로 했습니다. 2015년에도 믹서기가 10대 팔렸다면 쿠팡의 매출은 얼마일까요?. 100만 원(10대 × 10만 원)입니다.

전년 대비 실제 판매 수량과 가격이 동일해도 판매 방식을 바꾸었더니 매출이 무려 560%나 성장한 것으로 나타납니다. 일종의 착시지요.

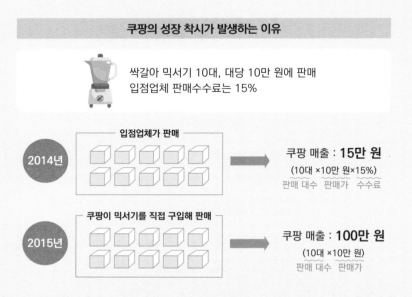

쿠팡의 성장 착시가 발생하는 이유

싹갈아 믹서기 10대, 대당 10만 원에 판매
입점업체 판매수수료는 15%

입점업체가 판매

2014년 → 쿠팡 매출 : **15만 원**
(10대 ×10만 원×15%)
판매 대수 판매가 수수료

쿠팡이 믹서기를 직접 구입해 판매

2015년 → 쿠팡 매출 : **100만 원**
(10대 ×10만 원)
판매 대수 판매가

실제로 쿠팡의 매출 추이를 정리해 놓은 다음 표를 한번 봅시다. 쿠팡의 2014년 매출은 3485억 원이었습니다. 그런데 2015년 매출은 1조 1338억 원으로 무려 225%나 증가했습니다. 당시 쿠팡은 직매입 중심으로 거래 방식을 대거 전환하던 시기였습니다. 표에서 알 수 있듯이 수수료 매출은 2014년 1536억 원에서 2015년 1434원으로 감소했지만, 상품 매출은 2014년 1949억 원에서 9904억 원으로 크게 증가했습니다. 매출액 수치만 보면 성장률이 높지만, 판매 수량이 매출액 성장률만큼 증가한 것은 아니지요. 그래서 이걸 두고 판매 방식 변화에 따른 매출 성장의 착시라고 표현한 것입니다.

쿠팡은 2016년과 2017년에 각각 1조 9159억 원과 2조 6846억 원의 매출을 기록했습니다. 이 매출은 이제 직매입 중심으로 거래 방식을 바꾼 뒤 같은 기준으로 달성한 매출이기 때문에, 2016년과 2017년은 매출이 진짜 성장했다고 할 수 있습니다.

쿠팡 매출 추이 (단위 : 억 원)

구분	2013년	2014년	2015년	2016년	2017년
매출	478	3,485	11,338	19,159	26,846
수수료 및 기타 매출	422	1,536	1,434	2,112	2,255
상품 매출	56	1,949	9,904	17,047	24,512

쿠팡과 경쟁 업체인 위메프는 상품 매출과 수수료 매출이 거의 비슷한 비중으로 구성되어 있습니다. 제품 매출이 일부 있긴 하지만 아주 미미한 수준이라 무시해도 될 정도입니다.

위메프 매출 추이	(단위 : 억 원)
구분	당기
상품 매출	2,538
제품 매출	12
수수료수익 및 기타 매출	2,179
합계	4,730

위메프 손익계산서	(단위 : 억 원)
구분	당기
I. 매출액	4,730
II. 매출원가	2,304
III. 매출총이익	2,426
IV. 판매비와 관리비	2,843
V. 영업손실	417
X. 당기순손실	476

위메프의 손익계산서를 볼까요. 역시 쿠팡처럼 아직은 영업손실 규모가 큰 편입니다. 매출액 대비 매출원가 비중이 아주 낮아서 매출총이익은 상당히 큰 편입니다. 직매입 부문은 직접 상품을 사서 판매하기 때문에 팔린 상품의 구입 가격이 매출원가가 됩니다. 그러나 오픈마켓 사업부문은 거래수수료를 받는 구조이기 때문에 매출원가라는 것이 없습니다.

위메프의 경우 전체 매출(4730억 원) 가운데 상품 매출(2583억 원)과 수수료 매출(2179억 원) 비중이 거의 비슷하기 때문에, 매출액 대비 매출원가 비중이 아주 낮게 나타납니다. 하지만 판관비가 꽤 높습니다. 판관비(2843억 원)가 매출총이익(2426억 원) 규모를 초과하기 때문에 영업손실을 기록했습니다.

쿠팡과 위메프의 매출액을 단순 비교하면, 거래 방식에서 비롯된 두 회사의 매출 인식 차이를 놓칠 수밖에 없다.

ⓒ 게임업체, 급여보다 많은 지급수수료의 정체

게임업체를 크게 둘로 나누면 개발업체와 퍼블리셔(게임 개발 자금
을 지원하고 마케팅·유통을 하는 사업)가 있습니다.

　소규모 회사 가운데 자금이 부족하거나 실패했을 때 리스크에
대한 부담 등으로 게임 개발만 하고, 나머지 개발 관련 자금 조달
이나 마케팅·유통 등은 외부 퍼블리셔에 의존하는 경우가 많습니
다. 엔씨소프트나 넷마블 등 규모가 큰 게임 회사들은 대개 두 가
지 사업을 병행합니다.

　'리니지'로 유명한 엔씨소프트의 2017년 연결손익계산서 구조
를 볼까요.

2017년 엔씨소프트 연결손익계산서		(단위 : 억 원)
구분	제21기(2017년)	제20기(2016년)
매출액	17,587	9,835
게임 매출액	15,055	7,539
로열티 수익	2,027	1,220
매출원가	2,115	1,875
게임 매출원가	1,667	1,361
매출총이익	15,472	7,959
판매비와 관리비	9,622	4,672
영업이익(손실)	5,850	3,287

　매출액은 게임 매출액과 로열티 수익으로 구성되어 있습니다.

로열티 수익이 전체 매출에서 차지하는 비중(11.5%)은 낮습니다만, 절대적인 금액으로는 2000억 원이 넘으니 작지는 않습니다.

매출액 대비 매출원가는 아주아주 낮습니다. 12%에 불과합니다. 그래서 매출총이익이 매출액의 88% 수준에 이릅니다. 반면 판관비가 꽤 많습니다. 매출액 대비 54%(9622억 원)나 됩니다. 재무제표 주석에서 판관비 내역을 들여다보니 '지급수수료'가 압도적으로 많습니다. 급여보다 훨씬 많습니다.

2017년 엔씨소프트 재무제표 주석 중 판매비 및 관리비	(단위 : 억 원) 당기
구분	당기
급여	2,484
경상개발비	1,894
지급수수료	3,425
광고선전비	803
합계	9,622

일반적인 제조업체에서 지급수수료 계정에 포함되는 항목으로는 회계법인에 지급하는 감사 및 용역대금, 법률 자문 등을 받고 지급하는 법률 자문료, 회사 ERP(전사적자원관리) 시스템 구축 및 운영에 들어가는 비용들이 있습니다. 그런데 게임업체의 경우 일반적인 제조업체에 비해서 판매비 및 관리비 내에서 지급수수료가 차지하는 비율이 상당히 높습니다. 게임업체의 경우 지급수수료에 몇 가지 항목들이 더 포함되기 때문입니다.

저는 요즘 '클래시 로얄'이라는 게임을 즐겨 하는데요. 유닛(아이템)을 골라 상대방과 1대 1 또는 2대 2로 벌이는 대전 게임입니다. 한 게임이 3~5분 정도로 짧게 끝나기 때문에 지하철이나 휴식 시간에 잠깐씩 하기에 아주 좋습니다. 두 달 정도 게임을 하니 레벨 9까지 승급이 되었는데, 지금은 게임을 계속 해야 할지 그만해야 할지 선택의 갈림길에 서 있습니다. 게임에 이겨서 받는 게임머니로는 도저히 레벨을 올릴 만큼 유닛을 업그레이드 할 수 없기 때문입니다. 소위 '현질'이라고 불리는, 현금으로 게임머니를 사서 업그레이드하는 것을 망설이고 있습니다. 게임회사의 지급수수료가 높은 이유가 바로 여기에 있습니다.

게임 이용자가 현질을 할 때는 여기저기 떼이는 돈이 많습니다. 먼저 스마트폰에서 게임을 내려받으려면 구글플레이나 애플 앱스토어에 들어가야 합니다. 게임을 다운받고 플레이를 해서 사용자들이 현금으로 결제하면 일정 비율로 구글이나 애플에 수수료를 지급해야 합니다. 현금으로 사이버머니를 구입한다고 표현했지만, 실제로는 신용카드로 결제합니다. 그럼 신용카드사에도 수수료를 지급하고, 신용카드를 이용할 수 있게 프로그램을 깔아놓은 결제대행업체에도 수수료를 지급합니다. 일반적으로 결제대행

게임사의 지급수수료에는 결제대행업체, 신용카드사, 앱마켓에 지급하는 비용이 포함되어 있다.

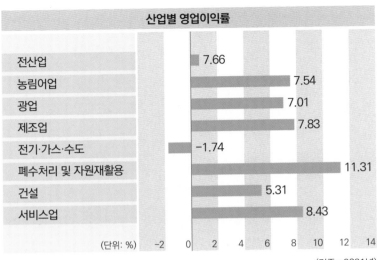

산업별 영업이익률

산업	영업이익률(%)
전산업	7.66
농림어업	7.54
광업	7.01
제조업	7.83
전기·가스·수도	-1.74
폐수처리 및 자원재활용	11.31
건설	5.31
서비스업	8.43

(단위: %)

자료 : KISVALUE

(기준 : 2021년)

업체를 PG사라고 하는데 신용카드 명세서에 '이니시스' 등으로 표시되는 업체들이 대표적입니다.

엔씨소프트의 지급수수료 계정에는 결제대행업체, 신용카드사, 애플이나 구글에 지급하는 비용이 포함되어 있습니다. 이 금액이 매출액에 비례해서 발생하는 비용이다 보니 게임사는 다른 업종에 비해 지급수수료 비중이 높습니다.

이렇게 많은 지급수수료를 물기는 하지만 잘 나가는 게임업체들의 수익성은 좋은 편이지요. 엔씨소프트도 영업이익률이 33%나 되니, 10%만 넘어도 우량한 것으로 간주하는 일반 제조업체와 비교할만한 수준은 아닌 것이지요.

실전 재무상태표
파헤쳐보기

 재무상태표의 기준일을 시점으로 1년 안에 현금화가 가능하거나 만기가 도래하는 자산과 부채는 '유동', 1년 후는 '비유동'으로 분류한다.

 '유동'과 '비유동'으로 분류한 자산과 부채는 만기가 짧은 것에서 긴 것 순으로 재무상태표에 기록한다.

 선수금은 기업의 손익을 좋게 만들어주는 '착한 부채'다.

☑ 전 재산이 집 한 채인 김 차장의 재무상태표

지금부터는 실제 재무상태표를 놓고 업종별로, 기업별로 자산과 부채 구조의 특징들을 간략하게 살펴볼 것입니다. 이에 앞서서 먼저 자산, 부채, 자본이라는 게 무엇인지 그 개념부터 확실히 짚고 넘어가겠습니다.

요즘 김 차장은 부동산 가격을 보고 가슴을 쓸어내리고 있습니다. 3년 전 큰맘 먹고 아파트를 사지 않았더라면 영영 집을 마련할 기회를 잃어버렸을 것이라는 생각 때문입니다. 김 차장은 직장 생활 12년 동안 알뜰하게 모은 3억 원과 주택금융공사의 보금자리론 2억 원을 보태 서울 성동구에 있는 아파트를 5억 원에 구매했습니다.

김 차장이 아파트를 마련하는 데 들어간 자금 안에는 회계에서 말하는 자산, 부채, 자본이 모두 포함되어 있습니다. 일단 아파트가 김 차장의 '자산'이 되려면 김 차장이 아파트에 대해 소유권을 가지고 있어야 합니다. 회계에서는 이를 '배타적인 통제권'이라고 이야기하는데 쉽게 소유권이라고 보면 됩니다. 이에 더해서 앞으로 이 아파트가 김 차장에게 경제적 효과나 이익을 가져다줄 수 있어야 자산이라 할 수 있습니다.

김 차장과 가족들이 이 아파트에 거주한다면 남의 집에 살 경우 부담해야 하는 월세를 내지 않아도 됩니다. 또 이 아파트는 가족들이 편하게 쉬고 사회생활을 할 수 있게 돕기 때문에 경제적 효과나 이익을 제공한다고 볼 수 있습니다. 만약에 직접 거주하지 않고 임대를 한다면 임대수익을, 다시 매각하면 현금이라는 경제적 이익을 얻을 수 있습니다. 그래서 김 차장의 아파트는 자산의 정의를 가장 잘 충족해 주는 물건입니다.

기업이 보유한 기계장치는 제품을 생산해 돈을 벌 수 있게 해주고, 주식은 미래에 팔아서 현금으로 바꿀 수 있으니 각각 유형자산과 금융투자자산으로 기록할 수 있는 것입니다.

현재 시점에서 봤을 때 미래에 돈을 지급해야 하거나, 가지고 있는 자산으로 지급해야 하는 책임을 지고 있을 때 장부에 '부채'로 기록합니다. 김 차장이 아파트를 사면서 주택금융공사로부터 빌린

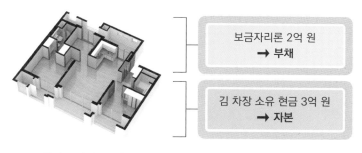

보금자리론 2억 원
→ 부채

김 차장 소유 현금 3억 원
→ 자본

아파트 가격 5억 원 → 자산

돈 2억 원이 부채의 의미를 가장 정확히 표현합니다. 사실 차입금만 부채로 생각하기 쉬운데, 회계에서 말하는 부채는 의미가 더 포괄적입니다. 이에 대해서는 뒤에서(202쪽 참조) 좀 더 자세히 다루겠습니다.

회계에서 말하는 '자본'은 자산에서 부채를 차감한 나머지 금액입니다. 즉, 잔액을 의미합니다. 김 차장이 아파트를 처음 샀을 때 아파트라는 자산의 가치가 5억 원이고 차입금이 2억 원이었으므로, 자본은 3억 원이 됩니다.

그런데 3년이 지난 지금 김 차장이 구매한 아파트 가격이 8억 원이 되었다고 가정해 봅시다. 김 차장의 재무상태는 어떻게 변했을까요? 아파트 자산가치가 8억 원이고, 부채(차입금)는 2억 원 그대로 있다고 한다면, 김 차장의 자본은 이제 6억 원(8억 원-2억 원)이 되었습니다. 만약 아파트를 팔아서 빚 2억 원을 갚으면 잔액

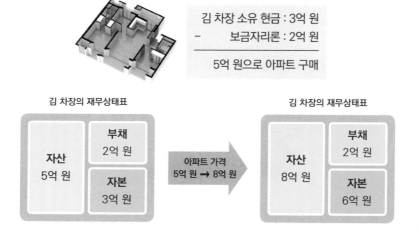

6억 원이 김 차장의 몫이 되니까요. 이처럼 자본은 시간이 지나면서 자산, 부채의 금액 변화에 연동해 '자산에서 부채를 뺀 금액'으로 결정됩니다.

✅ '유동'과 '비유동'을 나누는 결정적 시간, 1년

앞서 재무상태표를 그림으로 표현할 때는 왼쪽에 자산, 오른쪽에 부채와 자본을 놓았습니다. 하지만 이는 회계를 공부하는 사람들이 이해하기 쉽게 도식화한 것일 뿐, 실제 전자공시시스템에 공시되는 기업의 재무상태표는 자산, 부채, 자본 순으로 위에서부터 아래로 쭉 나열되어 있습니다.

농심의 2017년 연결재무상태표를 보겠습니다. 자산을 보면 크게 유동자산, 비유동자산 순으로 나열하고 있습니다. 부채 역시 유동부채, 비유동부채 순입니다. 그리고 자본 항목을 보면 '지배기업 주주몫(지배기업 소유주 지분)'과 '비지배주주 몫(비지배 지분)'으로 나누어 표시하고 있습니다(이 내용은 지금 단계에서 여러분들이 이해하기에는 조금 어려울 수 있으니, 이런 것이 있다는 정도만 알아두세요).

2017년 농심의 연결재무상태표 (단위 : 억 원)

구분	제54기
자산	24,498
유동자산	9,858

현금 및 현금성 자산	1,553
단기금융상품	3,962
매출채권	2,231
재고자산	1,720
비유동자산	14,640
장기금융상품	300
유형자산	11,222
투자부동산	1,713
부채	6,088
유동부채	4,892
매입채무	2,364
단기차입금	117
비유동부채	1,195
장기차입금	564
자본	18,410
지배기업 소유주 지분	18,284
자본금	304
주식발행초과금	1,237
이익잉여금	17,877
비지배 지분	126
자산과 부채의 총계	24,498

'경영학의 구루' 피터 드러커는 생전에 시간 관리의 중요성을 강조했습니다. 그는 자신의 대표작 『자기경영노트』에서 시간 관리의 3단계 원칙을 소개했습니다. 시간 관리 첫 번째 원칙은 시간을 기록하는 것입니다. 과목별 공부 시간, 문서 작업에 사용한 시간, 회

의 진행 및 회의록 작성에 사용한 기간 등을 빠짐없이 기록합니다. 업무를 시간표로 작성해서 매달 정기적으로 체크합니다. 이 과정을 통해 시간 낭비를 최소화합니다.

두 번째 원칙은 일의 우선순위를 정하는 것입니다. 우선순위는 몇 가지 질문을 통해서 정합니다. '이 일을 하지 않으면 어떤 상황이 벌어질까?', '내 일 중에 다른 사람이 할 수 있는 일은 무엇일까?', '일과 중에서 목표 달성과 거리가 먼 일은 무엇인가?'

앞의 두 가지 원칙을 통해 시간의 기록과 관리가 이루어지면, 내가 활용할 수 있는 시간이 파악됩니다. 내가 활용할 수 있는 시간에는 '중요한 일'로 분류된 일을 하기 위해서 집중합니다.

시간과 관련된 이야기를 꺼낸 이유는 재무상태표에 유동자산과

밑줄 쫙!

- 재무상태표의 기준일을 시점으로 1년 안에 현금화가 가능하거나 만기가 도래하는 자산과 부채는 '유동', 1년 후는 '비유동'으로 분류한다.
- '유동'과 '비유동'으로 분류한 자산과 부채는 만기가 짧은 것에서 긴 것 순으로 재무상태표에 기록한다.
- **유동자산** : 1년 이내 현금화가 가능한 자산
  예) 현금 및 현금성 자산, 단기금융상품, 매출채권, 재고자산
  * 유동자산 가운데 재고자산을 뺀 나머지를 당좌자산(quick asset)이라고 함
- **비유동자산** : 장기간 회사가 사용하거나 보유하는 자산
  예) 유형자산, 무형자산, 투자부동산, 투자지분

1 YEARS

비유동자산, 유동부채와 비유동부채를 분류하는 게 '시간'과 관련 있기 때문입니다.

재무상태표의 기준일 시점에서 1년 미만에 현금화가 가능하거나 만기가 도래하는 자산이나 부채는 '유동'으로 분류하고, 1년 후라면 '비유동'으로 분류합니다.

특히 유동자산 안에서도 현금화 가능 기간이 짧은 것부터 기록하는 것이 원칙입니다. 이를 '유동성 배열법'이라고 합니다. 농심의 재무상태표에서도 유동성 배열법을 확인할 수 있습니다. 바로 쓸 수 있는 현금 및 현금성 자산이 제일 먼저 표시되고, 그다음에 단기예금이나 MMF(머니마켓펀드) 같은 단기금융상품, 보통 30~60일 내 회수되는 매출채권 순으로 기록되어 있습니다.

✅ LG화학, 유형자산이 수익의 원천

이번에는 LG화학의 재무상태표 중 자산 부분만 보겠습니다.

2017년 LG화학 연결재무상태표 중 자산 부분 (단위 : 억 원)

과목		제17(당)기 기말
자산		
Ⅰ. 유동자산		112,055
1. 현금 및 현금성 자산	22,493	
2. 매출채권	44,866	
3. 재고자산	33,524	

II. 비유동자산		138,356
1. 관계기업 및 공동기업투자자산	2,640	
2. 유형자산	112,114	
3. 무형자산	18,231	
4. 투자부동산	10	
자산 총계		250,412

숫자가 큰 자산에 어떤 것이 있습니까? 매출채권, 재고자산, 유형자산이 눈에 띕니다. 그 가운데서도 유형자산이 11조 2114억 원으로 가장 큽니다.

LG화학 같은 종합석유화학업체는 대규모 설비 장치를 필요로 합니다. 그래서 각종 기계장치, 플랜트 등의 유형자산이 많을 수밖에 없습니다. 실제로 재무제표 주석에서 유형자산의 구성 항목을 보면 기계장치가 4조 1694억 원으로 가장 많고, 건물과 토지가 각각 2조 7625억 원과 1조 5682억 원으로 그 다음입니다. 건설 중인 자산도 1조 3178억 원이나 됩니다. 건설 중인 자산(227쪽 참조)은 현재 회사가 진행하고 있는 설비 투자 정도로 생각하면 됩니다.

LG화학 유형자산 내역 (단위 : 억 원)

구분	토지	건물	구축물	기계장치	공기구	건설 중인 자산	합계
기말 장부금액	15,682	27,625	6546	41,694	4035	13,178	112,114

✅ 호텔신라 면세점 사업이 커지면 비중 높아지는 자산은?

호텔신라는 유통업과 서비스업을 병행하고 있다고 할 수 있습니다. 이런 회사의 자산은 어떻게 구성되어 있을까요?

2017년 호텔신라 연결재무상태표	(단위 : 억 원)
과목	제45(당) 기말
자산	
Ⅰ. 유동자산	11,984
현금 및 현금성 자산	4,744
매출채권 및 기타채권	1,603
재고자산	4,997
Ⅱ. 비유동자산	10,514
기타금융자산	1,736
유형자산	6,930
자산 총계	22,499

호텔신라 자산 중에서는 현금 및 현금성 자산, 재고자산, 유형자산의 규모가 큰 편입니다. 호텔신라의 사업 구조를 잘 생각해보면 이해가 됩니다. 면세점 사업 규모가 워낙 크다 보니 신용카드 결제가 많겠지요. 신용카드 매출은 회수 속도가 빠르고 안정적입니다. 또 회사는 면세점용 상품을 대량으로 구매하는 일이 잦을 겁니다. 그러니 재고자산 규모가 당연히 클 수밖에 없을 것입니다.

호텔신라가 보유하고 있는 재고자산은 거의 면세점용 상품들이

198

라고 보면 될 것입니다. 재고자산의 구성을 보면 상품 비중이 전체 재고(4997억 원)의 89%에 달하는 4449억 원입니다. 원재료는 미미하고, 미착품(구매했으나 아직 도착하지 않은 상품)이 10% 수준에 이릅니다.

2017년 호텔신라 연결재무제표 주석 중 재고자산 내역	(단위 : 억 원)
구분	장부가격
상품	4,449
원재료	49
미착품	499
합계	4,997

그렇다면 LG화학 같은 대형 제조업체의 재고자산은 어떻게 구성되어 있을까요? LG화학은 제품과 반제품 비중이 전체 재고(3조 3524억 원)의 56%(1조 8610억 원)에 이릅니다. 제품은 완성해서 판매 대기하는 것이고, 반제품은 만들고 있는 것입니다. 제조 중인 것이라고 해서 모두가 반제품인 것은 아닙니다. 최종 완성되지 않았으나 그 상태에서도 팔 수 있는 것을 '반제품'이라고 하고, 최종 완성되지 않았으면서 그 상태에서는 팔 수 없는 것은 '재공품'이라고 합니다.

제품과 반제품 다음으로 원재료가 26%, 미착품이 9.7% 정도 됩니다. 외부에서 구매하는 상품은 4.1%에 불과합니다.

2017년 LG화학 연결재무제표 주석 중 재고자산 내역	(단위 : 억 원)
구분	**장부가격**
상품	1,382
제품/반제품	18,610
원재료	8,827
미착품	3,242
합계	33,524

그런데 호텔신라는 대형 설비가 필요한 제조업체도 아닌데 왜 유형자산 비중이 가장 높을까요? 금액으로는 6930억 원이나 됩니다. 호텔신라 유형자산 구성을 보면 토지와 건물 비중이 아주 높습니다. 호텔과 리조트 사업 때문입니다. 반면 기계장치 같은 것은 아주 미미합니다.

호텔신라는 호텔과 리조트 사업을 하기 때문에 유형 자산 가운데 토지와 건물 비중이 높다.

2017년 호텔신라 연결재무제표 주석 중 유형자산 내역

(단위 : 억 원)

구분	당기말
토지	1,973
건물	2,568
건물부속설비	980
기계장치	30
가구집기비품	877
합계	6,930

✅ '착한 부채'가 많은 LG디스플레이

마지막으로 회사의 부채 구조를 살펴보겠습니다. LG디스플레이입니다.

2017년 LG디스플레이 연결재무상태표 중 부채

(단위 : 억 원)

계정	제33기말
부채	141, 781
유동부채	89,786
매입채무	28,750
금융부채	14,529
미지급금	31,699
선수금	1,941
비유동부채	51,994
비유동금융부채	41,501
장기선수금	8,303

유동부채 가운데 매입채무는 제품 제조에 사용하기 위한 원재료나 부품, 판매하기 위한 상품 등을 외상으로 사면서 진 빚입니다. 금융부채는 은행에서 빌린 금액 또는 회사가 채권을 발행해서 지게 된 빚(회사채) 같은 것들이지요. 미지급금은 아직 지급하지 않은 각종 수수료나 용역 대가, 기계류 구매대금 등을 말합니다.

부채 계정 가운데 한가지 눈에 띄는 것이 있습니다. 유동부채에 '선수금'이라는 이름으로 1941억 원, 비유동부채에 '장기선수금'이라는 이름으로 8303억 원이 기재되어 있습니다.

선수금이라고 하면 제품이나 상품을 납품하거나 서비스를 제공하기로 하고, 거래처로부터 미리 받은 돈을 의미합니다. 아직 상품이나 제품을 넘겨주거나 서비스를 제공하지 않은 단계입니다. 선수금을 받았다는 건 회사로 돈이 들어왔다는 건데요. 자산 항목에 현금 증가로만 기록하면 되지, 왜 부채에도 잡혀 있을까요?

회계에서 말하는 부채의 정의를 잘 생각해 보시기 바랍니다. 일상생활에서 부채는 주로 주택담보대출이나 신용카드대금 등을 말합니다. '빚'이라는 말로 바꾸어 쓸 수 있지요. 은행빚과 카드빚 등. 이것을 영어로 표현하면 'Debt'입니다. 하지만 회계에서 말하는 부채의 개념은 일상에서 말하는 부채의 의미보다 훨씬 넓습니다. 회계에서는 '미래에 갚아야 할 돈이나 회사가 소유하고 있는 자원을 사용해 이행해야 할 의무'를 모두 부채라고 부릅니다. 영어로 표현하면 'Liability'입니다.

선수금은 회사에서 제품이나 용역을 제공하기 전에 미리 받은 금액이라고 했습니다. 일반적으로 기업에서는 선수금을 선호합니다. 현금 유동성이 좋아지기 때문입니다. 그러나 선수금을 받았을 경우 미래에 회사의 재고자산을 납품하거나 인력을 투입해서 용역을 제공해야 합니다. 즉 현재 선수금을 받았을 경우 미래에 회사 자원이 유출되거나 인건비가 지출되어야 합니다. 이는 회계

부채의 개념

회계에서의 부채(Liability)
미래에 갚아야 할 재화나 용역.
그리고 회사가 소유하고 있는
자원을 사용해 이행해야 할 의무.

**일상에서의
부채(Debt)**
남에게 갚아야 할
재화나 용역.

적으로 부채의 정의를 정확히 충족합니다. 따라서 선수금 명목으로 회사가 받은 금액만큼 부채로 기록해야 합니다.

선수금이 유입되면 자산에서 현금이 증가하고 동시에 그 금액만큼 선수금 부채가 잡히는 것입니다. 재고자산을 납품하거나 용역을 제공하면, 의무에서 벗어나게 되므로 선수금 부채를 지울 수 있습니다. 이와 동시에 매출이 발생합니다. 재고자산을 납품했으면 제품매출 또는 상품매출이 생깁니다. 용역을 제공했으면 용역매출이 생기겠지요.

장단기차입금, 외상매입금 같은 부채는 일정 시기에 현금으로 갚아야 하고, 차입금의 경우 이자비용을 내서 이익을 감소시킵니다. 특히 선수금은 부채의 성격을 띠지만 앞으로 매출로 전환될 금

- **자산** : 앞으로 회사에 경제적 효과와 이익을 가져다주는 것
- **부채** : 현재 지고 있는 의무로, 앞으로 회사의 자산으로 갚아야 할 것
- **자본** : 자산 − 부채 = 순자산
- **선수금** : 거래처에 주문받은 제품이나 용역을 제공하기 전에 미리 받은 금액
  → 부채
  ※ 그러나 선수금은 현금 유동성을 좋게 만들고 미래에 매출로 전환될 금액이라는 점에서 '착한 부채'로 불린다.

액이라는 점에서 이런 부채와는 성격이 다릅니다. 선수금은 다른 부채처럼 현금으로 지급해야 하는 것이 아니고, 선수금이 사라지면서 매출로 기록되니 기업의 손익을 좋게 만들어줍니다. 그래서 선수금은 '착한 부채'라고 합니다.

Lesson 8

기계설비를 구매하면

비용 처리는 언제, 어떻게 할까?

감가상각의 원리

 KEY POINT

감가상각	유형자산을 보유하는 동안 유형자산을 사용하면서 발생하는 자산의 가치 감소분을 매년 비용으로 배분하는 것
내용연수	자산이 사용 가능할 것으로 기대되는 기간
정액법	매년 동일한 금액으로 상각하는 방법
정률법	매년 동일한 비율로 상각하는 방법

205

배추 농사를 짓는 갑수는 큰 맘 먹고 트랙터 한 대를 200만 원에 구매했습니다. 갑수의 재산 증감에는 어떤 변화가 일어날까요? 답은 '아무 변화가 없다'입니다. 현금으로 200만 원을 지출했지만, 그만한 가치를 가진 트랙터가 생겼으니까요.

이 트랙터를 천년만년 사용할 수 있다면 얼마나 좋겠습니까마는, 기계는 사용할 수 있는 기간이 정해져 있습니다. 하지만 언제까지 쓸 수 있을지 정확하게는 알 수 없지요. 트랙터를 사용해 본 주위 사람들 말을 들어보니 5년 정도는 사용할 수 있다고 합니다.

그래서 갑수는 1년마다 트랙터 가치가 40만 원(200만 원/5년) 정도씩 떨어지는 것으로 생각하기로 했습니다. 그럼 1년 뒤 트랙터의 가치는 160만 원이 됩니다. 갑수의 재산이 40만 원 감소한 셈입니다. 그만큼 손실(비용)이 발생했다고 할 수 있습니다.

기업 회계에서는 유형자산이 시간이 지나면서 가치가 떨어지는 것을 '감가(減價)'라고 하고, 매년 가치가 감소한 만큼 재무상태표에서 장부 가치를 하향 조정한다.

기업 회계에서는 이렇게 유형자산(트랙터)이 시간이 지나면서 가치가 떨어지는 것을 '감가(減價)'라고 합니다. 말 그대로 가치가 감소했다는 겁니다. 그리고 해마다 가치가 감소한 만큼(연 40만 원씩) 재무상태표에서 트랙터 장부 가치를 하향 조정합니다. 이런 절차를 '감가상각'이라고 합니다. 동시에 손익계산서에는 해마다 40만 원의 가치 감소분을 비용(감가상각비)으로 반영합니다.

갑수는 트랙터를 활용해 해마다 감가상각비를 크게 초과하는 이익을 내야겠지요? 그렇지 않으면 트랙터는 비용만 잡아먹는 애물단지가 될 겁니다.

이제부터 몇 개 레슨에 걸쳐 유형자산과 무형자산에 대해 살펴볼 것입니다. 먼저 유형자산의 가치 감소와 관련한 개념, 회계 반영 원리를 차근차근 알아봅시다.

☑️ 평생 가계부 써 온 엄마는 이해 못 할 기업의 회계 장부

(주)솥단지가 밥솥 제조 설비를 3000만 원에 구매했습니다. 솥단지는 이 설비를 5년 정도는 밥솥 제조에 사용할 수 있을 것으로 생각하고 있습니다. 그럼 이 설비를 언제 비용 처리하는 게 옳을까요? 설비를 사서 설치하는 즉시 기계설비 구매 비용으로 반영하는 게 타당할까요? 아마 엄마한테 물어보면 이렇게 답할 겁니다.

"별걸 다 고민하고 있네. 기계설비 사느라 돈을 지출했으면 그걸 곧바로 비용으로 처리해야지. 그렇게 안 하면 어떡할 거야?"

자산 내에서만 변화가 발생함
(현금이 나가고 기계설비가 생김)

손익거래가 아님

기계설비를 언제 비용 처리 해야 할까?

별걸 다 고민하고 있어.
돈이 나간 순간 바로
비용 처리 해야지.

소모품도 아닌데, 바로
전액 비용으로 처리
하는 건 옳지 않습니다!

현금이 나가면 지출(비용)이고 현금이 들어오면 수입(수익)으로 가계부를 써 온 엄마로서는 기계설비를 샀으면 바로 비용 처리하는 것이 당연하겠지요. 그런데 기업에서 회계 처리하는 방법은 좀 다릅니다.

2015년 초 기계설비 구매에 3000만 원을 지출했을 때, 이 3000만 원을 바로 그 해(당기)의 비용으로 반영하면 손익계산이 어떻게 되는지 확인해봅시다.

매출은 2000만 원으로 가정했습니다. 비용은 기계설비 구매비, 재료비, 인건비, 광고비 정도만 반영해 봅시다.

- (주)솥단지는 2015년 초 기계설비 구매에 3000만 원 지출
- 3000만 원 전액 당기에 비용으로 반영하기로 함

(주)솥단지 2015년 손익계산

매출	2000만 원
− 기계설비 구매비	3000만 원
− 재료비	500만 원
− 인건비	300만 원
− 광고비	200만 원
	− 2000만 원
→ 2000만 원 영업적자 발생	

계산하면 영업이익은 2000만 원 적자가 됩니다. 다음 해인 2016년에는 어떻게 될까요? 매출액과 비용 구성은 똑같다고 해 봅시다. 다만 이제 기계설비 구매 비용은 없겠지요. 바로 1000만 원 흑자로 전환합니다.

(주)솥단지 2016년 손익계산

매출	2000만 원
− 재료비	500만 원
− 인건비	300만 원
− 광고비	200만 원
	1000만 원
→ 1000만 원 영업흑자 발생	

기계설비 구매비 전액 당기비용 반영 시 손익계산		(단위 : 만 원)
구분	2015년	2016년
매출	2,000	2,000
기계설비 구매	3,000	0
재료비	500	500
인건비	300	300
광고비	200	200
영업이익	(2,000)	1,000

똑같은 매출에 똑같은 재료비, 인건비, 광고비가 들어갔는데, 기계설비 투자를 한 2015년은 2000만 원 적자, 그다음 해는 1000만 원 흑자입니다. 이익 규모가 이렇게 급변동하는 것이 합리적인 손익계산일까요?

이 기계는 한번 쓰고 버리는 소모품이 아닙니다. 1년만 쓰고 버릴 것도 아니지요. 5년 이상 밥솥 제조에 사용할 수 있습니다. 즉 적어도 5년 동안 꾸준히 제품을 만들어 수익 창출에 기여할 것으로 예상되는 장치라는 이야기입니다.

그렇다면 회사의 경영 성적을 보여주는 손익계산을 할 때는, 이 기계의 예상 수익 창출 기간 5년에 걸쳐 3000만 원을 비용 처리하는 것이 합리적이고 타당하다고 할 수 있습니다. 5년 동안 균등하게 나누어 비용 처리한다면 1년에 600만 원이 됩니다. 기계의 가치가 5년 동안 해마다 감소한다고 가정해, 비용으로 반영하기 때문에 이것을 '감가상각비'라고 이름 붙입니다.

여기서 한가지 착각해서는 안 됩니다! 기계를 구매할 때 현금 3000만 원이 지출되었습니다. 이 부분은 당연히 재무상태표의 자산 항목에 현금 3000만 원이 감소되었다고 기록해야 합니다. 다만, 손익을 따질 때, 즉 손익계산서를 만들 때는 이 기계를 사는 데 들인 3000만 원을 한번에 당기비용으로 반영하는 게 아니라는 겁니다. 가치 감소분만큼을 해마다 나누어 반영하는 것입니다.

비용 이름이 '감가상각비'이다 보니 가치 감소분을 비용으로 처리한다고 이야기합니다. 회계적 의미로는 이 기계가 창출하는 수익에 대응해 비용 처리하는 개념(수익과 비용의 대응원칙)이라고 이해하면 됩니다.

☑ 감가상각이 끝나면 효자 되는 기계설비

그럼 회계 처리는 어떻게 할까요? 밥솥 기계설비를 몇 년이나 사용할 수 있는지를 우선 정합니다. 이를 '내용연수'라고 합니다. 회계상 기계설비의 내용연수를 일반적으로 짧게는 3년에서 길게는 7년 정도 잡습니다. 하지만 회사마다 정한 규정이 다 다릅니다. ㈜솥단지는 내용연수를 5년으로 하고 있습니다.

다음으로, 5년 뒤의 잔존가치를 정합니다. 회계 처리를 위해 정한 5년의 내용연수가 끝난 뒤 이 밥솥의 가치를 얼마로 볼 것인가 하는 것입니다. 감가상각이 끝난다고 해서 실제 기계 수명도 끝나는 것은 아니기 때문입니다. 여기서는 간편하게 잔존가치를 '0'으로 가정하겠습니다.

이제 감가상각을 하는 방법을 정해야 합니다. 정액법은 해마다 같은 금액을 감가상각하는 것입니다. (주)솥단지의 경우 감가상각비는 연 600만 원(3000만 원/5년)입니다. 기계설비의 장부가격은 해마다 600만 원씩 줄어들 것이고, 그 600만 원만큼이 해마다 손익계산서에서는 감가상각비라는 비용으로 처리됩니다.

그럼 감가상각 처리와 손익계산은 다음 표처럼 될 것입니다.

▶ **(주)솥단지 밥솥 기계설비의 장부가격 변화와 비용 반영**

- 2015년 초 기계설비 구매에 3000만 원 지출
- 밥솥 제조설비 구매 시 5년 사용 예상(내용연수)
- 5년 뒤의 가치(잔존가치) 0으로 가정
- 1년마다 600만 원의 설비 가치 감소를 반영하는 정액법 적용   (단위 : 만 원)

구분	2015년 초 (구매와 가동)	2015년 말	2016년 말	2017년 말	2018년 말	2019년 말
장부가격 (재무상태표)	3,000	2,400	1,800	1,200	600	0
감가상각비 (손익계산서)	0	600	600	600	600	600

2019년 말 결산이 끝나면 이 기계설비의 장부가격은 '0'이 되고, 감가상각비 반영도 끝나게 됩니다. 그렇다고 해서 이 기계의 수명도 여기서 끝나는 건 아닙니다. 회계 처리를 위한 내용연수가

5년이었을 뿐 기계를 그 이후 계속 돌리는 데 문제가 없습니다. 따라서 5년 넘게 기계를 가동하면 수익 창출에 기계를 활용하면서도 감가상각비는 반영 안 해도 되기 때문에 이익이 많이 날 가능성이 높아집니다.

감가상각 방법에는 정률법도 있습니다. 예를 들어보겠습니다. 매년 30%의 비율로 감가상각을 한다면, 첫해(2015년 1년간) 기계설비의 장부가격은 900만 원(3000만 원 × 30%)만큼 감가가 일어납니다. 기계설비의 장부가격은 900만 원의 가치 감소를 반영해 이제 2100만 원이 됩니다. 감가상각비도 900만 원 발생합니다.

1년 뒤인 2016년 말 기계설비의 감가는 630만 원입니다(2100만 원 × 30%). 기계설비의 장부가격은 1470만 원(2100만 원 – 630만 원)이 됩니다. 감가상각비는 630만 원을 반영해야 합니다.

이런 식으로 해마다 감가상각을 진행하면 5년 뒤인 2019년 말에는 기계설비의 장부가격이 '0'이 되고, 마지막으로 감가상각비가 반영됩니다. (30%라는 수치는 편의상 임의로 정한 숫자이기 때문에 정확한 것은 아닙니다. 정확한 감가상각 정률을 구하는 공식이 있지만, 초보자가 계산 방법까지 알 필요는 없어 보입니다.)

그 외 여러 가지 감가상각 방법이 있지만, 일반적으로 정액법이 가장 널리 쓰입니다.

정액법으로 감가상각을 한 다음 (주)솥단지의 손익결산을 하면 다음 표처럼 됩니다.

정액법으로 감가상각한 후 (주)솥단지의 손익결산		
구분	2015년	2016년
매출	2,000	2,000
기계설비 감가상각비	600	600
재료비	500	500
인건비	300	300
광고비	200	200
영업이익	400	400

(주)솥단지의 감가상각에 따른 기계설비 장부가격 변화와 감가상각비의 반영 원리를 그림으로 나타내면 다음과 같습니다. 참 쉽지요? 이런 그림을 잘 떠올려 회계 원리를 깨우쳐야 합니다.

(단위 : 만 원)

2015년 초 설비 매입 시 회계 처리

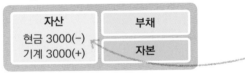

현금 3000만 원을 주고 기계를 매입했음을 기록. (유형자산이 증가하고, 현금자산이 감소함) 손익 없음.

2015년 말 회계 처리

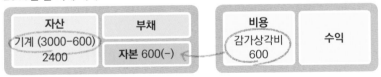

2016년 말 회계 처리

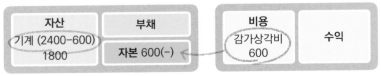

Lesson 9

돈 값어치 못하는 기계에게 가차 없는 유형자산 손상 회계

 손상차손 : 시장가치의 급격한 하락 등으로 유형자산의 미래 경제적 가치가 장부가격보다 현저하게 낮아질 가능성이 있는 경우 이를 재무 제표상 손실로 반영하는 것

 **손상검사 단계**

1단계	사용가치 계산

2단계	공정가치 계산

3단계	사용가치와 공정가치 가운데 높은 가격을 회수 가능한 금액으로 정함

4단계	① 장부가격을 회수 가능 금액으로 수정 ② 장부가격과 회수 가능 금액의 차액을 손상차손으로 처리

앞서 갑수가 트랙터를 200만 원에 산 까닭은 트랙터가 적어도 200만 원 이상의 돈을 벌어다 줄 것으로 기대했기 때문입니다. 앞으로 이 트랙터가 200만 원도 못 벌어줄 거로 생각했다면, 갑수가 이 가격에 트랙터를 살 리 없었겠지요. 그런데 5년은 쓸 수 있다는 트랙터였는데, 어찌 된 일인지 2년도 채 못 돼 성능이 현저하게 떨어졌습니다. 수리를 해봐야 성능이 개선될 것 같지도 않습니다. 200만 원은 고사하고 50만 원도 못 벌어줄 것으로 예상되는 상황이 닥쳤습니다. 그렇다면 트랙터의 재산상 가치가 확 떨어지게 된 것입니다.

이런 경우 기업 회계에서는 트랙터(유형자산)가 '손상'되었다고 표현합니다. 그리고 이 트랙터를 계속 사용했을 때 벌어들일 수 있는 예상 현금과 시장에 바로 내다 팔았을 때 받을 수 있는 금액 등을 따져 트랙터 장부가치를 하향 조정합니다. 그리고 하향 조정한 금액만큼을 손익계산서에 비용(손상차손)으로 처리하게 됩니다.

유형자산 손상이란 무엇이며, 어떤 경우에 측정해야 하는지, 그리고 어떤 방법으로 회계 처리해 재무제표에 반영하는지를 알아보겠습니다.

✅ 본전도 뽑기 어려워진 강 부장의 자동차

유형자산은 일반적으로는 감가상각을 해 나갑니다. 감가상각 외에 '손상'이라고 하는 것도 있습니다. 감가상각 때문에 감가상각비라는 비용이 발생하고, 손상 때문에 손상차손이라는 비용이 발생한다고 이해하면 됩니다. 그런데 손상이라는 게 도대체 뭘까요?

　중견기업 회계팀 강 부장과 이 과장, 김 대리는 각자 자동차에 대한 사연이 있습니다.

김 대리는 한 달 전 본인의 소박한 꿈을 이루었습니다. 바로 꿈에 그리던 BMW 3시리즈를 3000만 원에 중고로 구입한 것이지요. 그러나 그 기쁨도 얼마 가지 못했습니다. 강변북로에서 스피드를 즐기던 중 앞차의 뒤쪽 범퍼를 들이받은 것입니다. 수리비는 보험료로 충당했는데, 아무래도 사고가 난 차라서 계속 타기가 찝찝했습니다. 본인에게 차를 팔았던 딜러에게 전화해 자동차의 재판매 가격을 알아보니 500만 원에 사줄 수 있다는 답을 들었습니다. 김 대리는 갑자기 서글픈 마음이 들었습니다.

강 부장은 캠핑 마니아라서 대형 SUV를 가지고 있습니다. 대형 경유차라서 힘도 좋고 튼튼합니다. 그런데 청천벽력 같은 뉴스를 접했습니다.

경유차가 미세먼지의 주범으로 밝혀지면서 서울 시내에서 경유차를 운행하지 못하도록 한 것입니다. 뉴스 마지막에 경유차 운행 금지가 점차 전국으로 확산될 예정이라는 내용까지 나왔습니다. 그 뉴스가 나가자 경유차의 중고차 가치가 현재의 30%로 곤두박질쳤습니다. 3000만 원이던 중고차 가격이 갑자기 900만 원으로 떨어진 것입니다.

강 부장은 본인 차의 중고 매매 가격이 떨어진 것보다, 자신이 환경 오염의 주범이 된 것 같아 몹시 씁쓸했습니다.

위 사례처럼 우리 주변에도 자산의 가치가 일시에 하락하는 사례가 많이 있습니다. 물리적인 손상이 발생할 수도 있고, 시장 상황이 변해 가치가 떨어질 수도 있습니다. 우리는 자산의 가치가 일시에 하락했다고 해서 가계부에 일일이 기록하지는 않습니다. 하지만 회사는 장부에 반영해야 합니다. 정상적으로 유형자산에 대해 감가상각 처리하는 경우 말고, 다른 여러 가지 이유로 자산의 가치가 하락한 것을 기록하는 계정 과목이 '손상차손'입니다.

〈Scene 1〉처럼 회사에서 사용하는 기계설비가 갑자기 파손되었다거나, 〈Scene 2〉처럼 시장의 규제나 트렌드 변화로 기존에 사용하던 자산을 더이상 사용할 수 없는 경우 등의 사건이 발생하면 손상차손을 반영해야 합니다.

예들 들어 자산의 현재 재무상태표 상 장부액이 10억 원인데, 6억 원만큼 손상된 것으로 평가됐다면 장부가액을 4억 원으로 하향 조정해야 합니다. 그리고 이 6억 원은 손익계산서에서 손상차손이라는 비용(영업외비용)으로 반영해야 합니다.

유형자산의 경우 단지 시장에서 거래되는 가격이 하락했다고 무조건 손상을 인식하는 것은 아닙니다. 다음 사례에서 설명하겠습니다.

Scene 3

이 과장은 검소한 생활을 하기로 유명합니다. 10년 전 구입한 경차를 아직도 출퇴근에 이용하고 있습니다. 혹시나 하는 마음에 중고차 딜러에게 매입가격을 알아보니 200만 원을 주겠다고 합니다. 이 과장은 아직도 5년은 충분히 더 탈 수 있는데, 그 가격이면 팔지 않고 계속 타고 다니겠다고 결심합니다. 기름값과 유지관리 비용을 반영해도 1년에 출퇴근 교통비 150만 원을 절약할 수 있는 것으로 계산되었습니다. 5년이면 750만 원의 값어치를 할 수 있는 셈입니다.

회사도 마찬가지입니다. 예를 들어 유형자산의 장부가격이 300만 원입니다. 이 자산을 중고나 고철로 판매했을 때 받을 수 있는 금액이 200만 원이라고 합시다. 팔지 않고 계속 사용했을 때 앞으로 회사에 500만 원의 돈을 벌어다 주거나, 그만큼의 경비를 절약할 수 있는 것으로 평가됐다면, 손상차손을 인식할 필요가 없습니다.

⏀ 손상차손은 재무제표에 어떻게 반영할까?

손상차손을 어떻게 평가하고 어떻게 계산하는지 기초 회계 단계에서 구체적으로 알 필요는 없습니다. 어떤 상황에서 유형자산의 손상이 생기고, 대략 어떤 방법으로 계산하는지, 그리고 재무제표에는 어떻게 반영되는지만 알아도 충분합니다.

앞에서 (주)솥단지는 2015년 초에 3000만 원을 주고 밥솥 제조설비를 구매했고, 5년 정액 상각을 하기로 했습니다. 즉 1년에 600만 원씩 제조설비 장부가격을 낮추고 동시에 600만 원의 감가상각비를 반영하기로 했습니다. 정상적으로 감가상각만 해 나간다면 2016년 말 제조설비의 장부가격은 1800만 원(3000만 원 – 감가상각 누계액 1200만 원)이 되고, 감가상각비는 2015년에 600만 원, 2016년에 600만 원을 반영하면 됩니다.

그런데 2016년 중에 중국산 전기밥솥 수입이 증가하고 국내 전기밥솥업체 간 경쟁이 과열되면서 전기밥솥 가격이 계속 하락하고 있다고 가정해 봅시다. 전기밥솥 매출은 대폭 감소하고 시장은 회복 가능성이 거의 없는 상황에까지 이르렀습니다.

아니면, 소비자들의 전기밥솥 선호 트렌드가 아주 빠른 속도로 바뀌었다고 가정해 봅시다. 첨단기술을 채용한 고급제품에 소비자가 몰리고 있는데, (주)솥단지가 가진 구형 제조설비로 만든 전기밥솥은 이제 소비자들이 거의 찾지 않는 상황입니다.

이런 상황에 이르면 회사는 2016년 말 결산기에 유형자산(설비)

손상 징후(제조설비에서 앞으로 창출할 수 있는 현금흐름의 악화 징후)가 있다고 판단하고, 손상검사를 진행해야 합니다.

1단계 제조설비를 계속 가동해서 제품을 생산·판매할 경우 예상되는 미래 현금흐름을 산출해 봅니다. 이것을 '사용가치'라고 합니다. 사용가치가 1000만 원으로 계산됐다고 합시다.

2단계 이 설비를 시장에 내다 팔 경우 받을 수 있는 금액을 산출해 봅니다. 이것을 '공정가치(매각가치)'라고 합니다. 공정가치가 900만 원으로 계산됐다고 합시다.

3단계 앞에서 산출한 '사용가치'와 '공정가치' 가운데 높은 가격인 1000만 원을 이 설비에서 '회수 가능한 금액'으로 정합니다.

4단계 2016년 말 밥솥 제조설비의 장부가격은 정상적인 감가상각 절차를 진행하면 1800만 원이 되어야 합니다. 그런데 손상검사를 했더니 회수 가능액이 1000만 원밖에 되지 않습니다. 그래서

손상검사 단계

1단계 사용가치 계산

2단계 공정가치 계산

3단계 사용가치와 공정가치 가운데 높은 가격을 회수 가능한 금액으로 정함

4단계 ① 장부가격을 회수 가능 금액으로 수정
② 장부가격과 회수 가능 금액의 차액을 손상차손으로 처리

회사는 2016년 말에는 설비의 장부가액을 1800만 원에서 1000만 원으로 낮추고, 그 차액 800만 원은 손상차손(영업외비용)으로 처리합니다. 손상차손은 영업이익에는 영향을 주지 않지만, 당기순이익에 영향을 줍니다.

(주)솥단지의 2016년 말 손상차손 처리를 그림으로 나타내면 다음과 같습니다. 그림의 이미지를 머릿속에 잘 담아두시기 바랍니다.

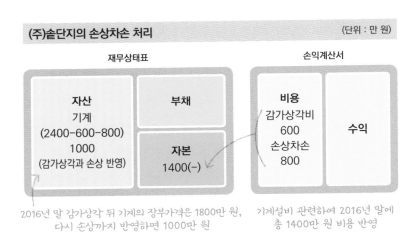

(주)솥단지의 손상차손 처리 (단위 : 만 원)

재무상태표

자산
기계
(2400-600-800)
1000
(감가상각과 손상 반영)

부채

자본
1400(-)

2016년 말 감가상각 뒤 기계의 장부가격은 1800만 원,
다시 손상까지 반영하면 1000만 원

손익계산서

비용
감가상각비
600
손상차손
800

수익

기계설비 관련하여 2016년 말에
총 1400만 원 비용 반영

✔ 감가상각에 눈물 흘린 인터플렉스

이제 두 회사의 실제 사례를 통해 감가상각과 손상에 대해 좀 더 생생하게 살펴보겠습니다.

다음은 (주)인터플렉스의 실적 관련 그래프입니다.

2014~2015년 그래프를 보면 눈에 띄는 것이 있지요? 매출보다

매출원가가 더 큽니다. 매출총이익부터 적자입니다. 그러니 영업
이익은 당연히 적자가 될 수밖에 없습니다.

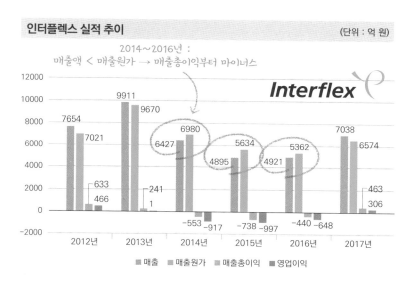

인터플렉스 실적 추이 (단위 : 억 원)

2014~2016년 :
매출액 < 매출원가 → 매출총이익부터 마이너스

Interflex

■ 매출 ■ 매출원가 ■ 매출총이익 ■ 영업이익

매출총이익은 흑자지만 판관비를 반영하면 영업적자가 나는 경
우는 흔합니다. 그러나 매출총이익부터 적자인 경우는 좀 드뭅니
다. 왜 이런 현상이 발생했을까요?

인터플렉스는 연성회로 기판 및 장비를 만드는 회사입니다. 전
자제품을 뜯어보면 크고 작은 부품들이
조립된 초록색 판을 볼 수 있습
니다. 이 초록색 판을 회로
기판이라 부릅니다. 회로
기판은 스마트폰이나 LED

연성회로 기판(FPCB)

223

등의 핵심 부품입니다. 인터플렉스는 회로 기판 분야에 기술력이 높은 회사입니다. 회사는 2010년대 초반 스마트폰과 LED 등의 수요가 폭발적으로 증가하자, 대규모 설비 투자를 진행합니다. 다음 표의 건설 중인 자산(진행 중인 설비 투자) 증가액을 보시죠.

인터플렉스 건설 중인 자산 증가액					(단위 : 억 원)
	2011년	2012년	2013년	2014년	합계
건설 중인 자산 증가액	704	1,750	579	130	3,163

출처 : 감사보고서

4년 동안 약 3163억 원에 이르는 설비 투자를 단행했습니다. 회사로 설비를 들여와 생산라인을 만들어 나갈 때는 회사의 비용으로 처리하지 않습니다. 이러한 생산라인이 완성되어 본격 가동이 시작되면서 설비와 건물 등에 대한 감가상각을 시작하게 되고, 이때부터 감가상각비로 손익계산서에 반영됩니다.

제작이나 건설이 끝나면 '건설 중인 자산' 계정을 없앱니다. 그 대신 완성된 기계는 '기계설비' 계정으로, 완성된 건물은 '건물' 계정으로 들어갑니다.

인터플렉스는 2011년부터 지속적으로 대규모 설비 투자를 단행했고, 생산라인이 하나씩 완성되면서 감가상각비가 매우 증가했습니다.

다음 표를 보면 이 같은 사실을 확인할 수 있습니다.

인터플렉스 2011~2014년 감가상각비				(단위 : 억 원)
	2011년	2012년	2013년	2014년
건물 감가상각비	4.5	17	29	28
기계설비 감각상각비	165	298	694	769
합계	169.5	315	723	797

출처 : 감사보고서

    회사의 감가상각비가 2011년부터 2014년까지 3년간 370% 증가했습니다. 설비 투자를 늘렸던 시기에 불행하게도 업황 침체로 주문 물량까지 감소했습니다. 기계설비나 공장건물에서 발생하는 감가상각비는 제조원가에 포함되고, 제조원가는 제품이 팔리면 매출원가가 된다는 것을 앞에서 배웠습니다(레슨4 136쪽 참조). 제조원

기계설비나 공장 건물에서 발생하는 감가상각비는 제조원가가 되고, 제조원가는 제품이 팔리면 매출원가로 전환된다.

가만 1000원을 들여 만든 제품을 1000원 미만 가격에 파는 일이 생겼습니다. 그러니 결국 회사는 매출총손실(매출액에서 매출원가를 차감했을 때 마이너스)을 기록하게 됩니다.

2016년 이후 회사가 기계설비 일부를 매각하고, 2011년부터 시작된 설비 투자에 대한 감가상각이 끝나가면서 감가상각비는 줄어들고, 2017년에는 522억 원의 흑자를 기록합니다.

인터플렉스 2015~2017년 감가상각비 (단위 : 억 원)

	2015년	2016년	2017년
건물 감가상각비	27	31	35
기계설비 감각상각비	631	234	228
합계	658	265	263

제조회사 유형자산 항목의 단골손님, '건설 중인 자산'

일반적으로 제조회사의 유형자산 항목을 보면 '건설 중인 자산'이라는 것이 나옵니다. 건설 중인 자산은 무엇일까요?

얼마 전 결혼한 새신부 김사랑 씨는 새로 지은 아파트에 입주할 기대에 부풀어 있습니다. 1년 전 입지 좋은 곳에 새로 짓는 아파트의 신혼부부 특별공급 분양에 당첨되었습니다. 지금까지 계약금 3000만 원과 중도금 5000만 원씩 두 번 해서 총 1억 3000만 원을 건설사에 납부했습니다. 김 씨 부부 입장에서는 건설 중인 분양 아파트가 '건설 중인 자산'에 해당합니다.

회사가 사옥을 짓거나 생산라인을 깔 때 시간과 비용이 들어갑니다. 다 지어진 건물을 샀으면 토지와 건물을 구분해서 재무상태표에 기록하면 됩니다. 그러나 사옥을 신축한다면 건설하고 있을 때는 사용할 수 없습니다. 기계설비도 마찬가지입니다. 완성품을 사서 공장에 갖다놓기만 하면 작동할 수 있는 기계가 아니라 오랜 시간에 걸쳐 하나하나 완성해 나가야 하는 생산라인의 대형설비나 플랜트 같은 것이라면 건설 단계에서는 사

227

용할 수 없습니다. 이런 경우 제작 중인 생산라인(대형 기계설비)이나 짓고 있는 건물도 유형자산으로 분류하고 '건설 중인 자산'이라는 이름을 붙입니다. 장부에 기재하는 건설 중인 자산의 가치는 건설에 투입한 자재비와 기계류 구입액, 인건비 등이 다 합산됩니다.

토지를 먼저 사고 사옥을 건설해도 토짓값과 건설 비용이 모두 '건설 중인 자산'으로 묶여서 기록됩니다. 이후 사옥이 완공되어서 사용할 수 있을 때 건설 중인 자산 항목을 없애고 토지와 건물로 나누어 기록합니다.

김사랑 씨가 자신의 개인 재무상태표를 기록한다면, 지금까지 건설사에 납부한 금액 1억 3000만 원을 '건설 중인 자산'으로 기록하면 됩니다.

다음 표는 메모리반도체 기업 SK하이닉스의 2017년 연결재무제표 주석에 나와 있는 유형자산 항목 중에서 '건설 중인 자산'만 따로 떼어내 편집한 것입니다. 2017년 초 이 회사가 건설 중에 있던 반도체설비나 건물 등이 1조 5379억 원이었습니다. 2017년 중에 새로 건설하기 시작한 설비나 건물 등이 2조 9800억 원입니다. 2017년 중에 다 완공되어 유형자산 항목 내에서 '건설 중인 자산'이 아니라 '건물' 또는 '기계장치' 등으로 이름이 바뀐 것이 1조 3233억 원입니다. 그래서 2017년 말에 남은 '건설 중인 자산' 잔액은 3조 1376억 원입니다.

2017년 SK하이닉스 건설 중인 자산	
구분	건설 중인 자산
기초 장부금액	1조 5379억 원
취득	2조 9800억 원
대체	(1조 3233억 원)
기말 장부금액	3조 1376억 원

☑ 매출이 증가하고도 손상차손으로 휘청거린 한국철강

대규모 유형자산 손상차손으로 회사의 당기순이익이 심하게 훼손된 사례를 살펴보겠습니다. 한국철강이라는 회사가 있습니다. 한국철강의 재무제표를 보면 2017년에는 전년도보다 매출액이 755억 원이 증가했습니다. 그런데 당기순이익을 보면 전년 대비 오히려 899억 원 감소해 당기순손실 434억 원을 기록했습니다.

한국철강 재무제표 중 손익계산서 (단위 : 억 원)

과목	2016년	2017년
매출액	6634	7389
영업이익	530	461
기타수익	69	590
기타비용	13	1154
당기순이익(손실)	465	(-)434

'기타비용'이 2016년 13억 원에서 2017년 1154억 원으로, 1141억 원이나 증가했습니다. 바로 이 기타비용이 증가한 원인이 유형자산 손상차손입니다.

2017년도 한국철강의 재무제표 주석을 보면 "회사의 철강사업 중 단조 부문의 경기 침체에 따라 영업손실이 발생해 해당 공장에 속한 자산들의 회수 가능액을 평가했습니다. 그리고 장부금액과의 차이를 손상차손으로 인식했습니다"라는 설명이 있습니다.

회수 가능액의 개념은 앞에서 설명한 (주)솥단지의 상황이나, 검소한 이 과장의 경차 이야기를 다시 한 번 읽어보면 이해가 쉬울 겁니다. 이 과장의 경차에 대입해 보면, 중고시장 금액(공정가치)과 계속 타고 다닐 경우의 가치(사용가치)를 비교해 이 중 높은 금액이 회계에서 말하는 회수 가능액이 됩니다.

한국철강 재무제표 주석은 "2017년 말에 유형자산 손상검사를 진행했더니, 단조 사업에 이용하는 설비의 회수 가능액이 장부금액보다 1142억 원이 낮게 평가되어서 회사는 이를 유형자산 손상차손으로 인식하고 손익계산서에 비용으로 처리했다"는 의미입니다.

밑줄 쫙!

회수가능액 : 사용가치와 공정가치 가운데 높은 가격

Lesson 10

안 보여도 열 일하는
무형자산 회계 처리

 **KEY POINT 1 무형자산**

기업이 보유한 자산 가운데 형태는 없지만,
이 자산을 소유함으로써 미래에 경제적
효익을 얻을 수 있고, 취득을 위해 필요한
원가를 신뢰성 있게 측정할 수 있는 것.
예) 상표권, 특허권, 사용권, 프랜차이즈,
영업권, 개발비 등

 **KEY POINT 2 무형자산의 상각**

무형자산을 획득하는 데 들어간 지출을 일정기간 동안 나누어 비용 처
리한다.

유형자산은 말 그대로 형태가 있는 자산, 즉 눈에 보이는 자산을 말합니다. 기계설비나 토지, 건물 같은 것입니다. 그럼 다른 사람이 소유한 상표를 사용할 수 있는 권리는 눈에 보이는 것일까요? 상표 자체는 형태가 있고 눈에 보이지만, 사용 권리가 형태가 있고 눈에 보인다고 말할 수는 없겠지요. 특허권 같은 것도 마찬가지입니다. 상표권이나 특허권 같은 것을 '무형자산'이라고 합니다.

상표 소유권자로부터 상표 사용권을 매입하는 이유는 해당 상표를 붙인 제품을 만들어 돈을 벌기 위해서입니다. 다시 말해 상표 사용권에 투자한 금액 이상으로 돈을 벌 수 있다고 기대하고 있기 때문입니다.

무형자산도 유형자산과 마찬가지로 '상각'이라는 회계 처리를 합니다. 다만 무형자산은 유형자산처럼 시간이 지날수록 닳아서 가치가 하락한다고 보지는 않기 때문에 '감가상각'이라는 말이 딱 들어맞는 건 아닙니다. 그러나 회계 처리를 위해 장부가격을 낮춰가기

무형자산이 손상됐다고? ㅜ.ㅜ

때문에 '감가상각'이라고 표현하기도 합니다. 무형자산 역시 유형자산처럼 '손상'이 발생하기도 합니다.

☑ 거북표 광동제약, 솔표를 인수하다!

다음의 두 기사를 봅시다. 앞의 기사는 거북표 광동제약이 솔표 조선무약 상표권을 매입했다는 내용입니다. 뒤의 기사는 오리온이 베트남의 한 제과업체를 상대로 제기한 '초코파이(Choco-Pie)' 상표권 소송에서 이겼다는 내용입니다.

2017년 7월 18일

'거북표'가 '솔표'를 삼켰다

조선무약의 파산으로 매각 절차를 밟던 솔표 상표권을 광동제약이 전격 인수했다. 수원지방법원 파산부는 조선무약이 보유한 '솔표 위청수' '솔표 우황청심원' 등 솔표 상표권의 매각 절차를 진행했다. 광동제약은 최저 입찰 가격인 20억 원을 훨씬 웃도는 금액을 제시해 상표권 인수에 성공했다.

2018년 3월 6일

광동제약, 액상 소화제 '솔표 위청수 에프' 재출시

광동제약은 지난해 인수한 솔표 상표권을 활용해 그동안 생산이 중단됐던 조선무약의 소화제 솔표 위청수 에프를 재출시한다고 밝혔다. 이 제품은 광동제약이 지난해 조선무약의 상표권을 인수한 후 처음으로 시장에 선보이는 품목이다.

2018년 4월 2일

오리온, 베트남 '초코파이' 상표권 소송 승소

오리온이 베트남 현지 기업과 벌인 '초코파이'
상표권 침해 소송에서 승소했다.

오리온은 2015년 베트남 현지의 한 제과업체
가 'ChocoPie' 상표를 무단으로 사용한 제품
을 생산, 해외로 수출하는 사실을 확인했다.

베트남 특허청(NOIP)은 '초코파이는 베트남에서 오랫동안 사용되어 잘 알려
진 상표로 오리온이 독점, 배타적으로 사용할 수 있는 상표권임'을 인정했다.

오리온은 베트남에서 1994년부터 초코파이 상표를 출원 등록해 사용해오고
있다.

숙숙버거 상표권 사용료, 재무제표에 반영해보기

패스트푸드 전문회사 A사가 2015년 초 해외 유명 햄버거 브랜드
'숙숙버거'와 3년간 상표권(브랜드) 사용 계약을 체결하고 30억 원
을 지급했다고 합시다.

　A사는 자사 햄버거에 숙숙버거 상표를 붙여서 판매할 것이므로,
이 상표권은 A사의 수익
창출에 기여할 것입니다.
그러니 자산의 정의에
부합합니다.

미래에 회사에 경제적 효과나 이익을 가져다줄 가능성이 높고 신뢰성 있게 측정(계약액 30억 원) 가능하기 때문에 상표 사용 권리는 무형의 자산이 되는 겁니다.

무형자산은 다른 회사로부터 매입할 수도 있고, 스스로 특허나 상표를 출원해 등록한 뒤 회사 수익 활동에 활용할 수도 있습니다. 이러한 무형자산 종류로는 상표권, 특허권, 사용권, 프랜차이즈 등이 있습니다(무형자산 가운데 '개발비'와 '영업권'도 있는데, 개념이 약간 어려워서 뒤에서 따로 설명하기로 합니다).

밑줄 쫙!

무형자산
기업이 보유한 자산 가운데 형태는 없지만, 이 자산을 소유함으로써 미래에 경제적 효익을 얻을 수 있고, 취득을 위해 필요한 원가(비용)를 신뢰성 있게 측정할 수 있는 것.

A사의 경우 상표권 획득에 들어간 지출 즉 상표권 사용료 30억 원을 2015년에 전액 당기비용으로 처리하는 것이 옳을까요? 앞서 유형자산 회계에서 배운 것처럼, 그렇지 않습니다.

1년 이상 사용하며 수익 창출에 활용할 자산이기 때문에, 계약 기간인 3년 동안 나누어서 손익결산 때마다 비용으로 반영하는 것이 옳습니다. 이러한 무형자산은 정액법으로 상각하기 때문에, A사는 연 10억 원을 '무형자산상각비'라는 이름으로 비용 처리하면 됩니다.

상표권을 2015년 초에 매입했다면 연말 결산 때 10억 원을 비용 처리하면 됩니다. 2015년 7월 초에 매입했다면 연말 결산 때는 6개월 치에 해당하는 5억 원만 비용 처리하면 됩니다.

아, 물론 상표권 사용 계약을 하고 현금을 지급한 시점에서 회계 처리를 할 때는 당연히 30억 원의 현금자산이 감소하고 대신 무형자산(상표권) 30억 원이 증가하는 것으로 처리해야 합니다.

이 단계에서는 재무상태표상 자산 가운데 현금이 감소하고 그만큼의 무형자산이 생기는 거니까, 자산 총액에 증감이 생기지 않습니다. 따라서 손익에 미치는 영향도 없습니다.

그 이후 연말 결산 때는 무형자산을 상각해야 하므로 장부가격 하향 조정에 따른 비용 인식을 해야 합니다. 방법은 유형자산 회계 처리와 같습니다.

2015년 초에 상표권을 매입(사용 계약 기간 3년)해 무형자산 장부가격을 30억 원으로 기록했다면, 2015년 말에는 10억 원(30억 원/ 3년)만큼을 상각해 무형자산 장부가격을 20억 원으로 낮춥니다. 그리고 손익계산서에서는 '무형자산상각비'라는 이름의 비용으로 10억 원을 반영합니다.

상표권의 상각과 장부가격 변화(재무상태표), 비용 반영(손익계산서)을 표와 그림으로 나타내면 다음과 같습니다.

A사의 숙숙버거 상표권 상각과 장부가격 변화, 비용 반영 (단위 : 억 원)

구분	2015년 초 (브랜드 이용 계약 & 활용 시작)	2015년 말	2016년 말	2017년 말
무형자산(브랜드 이용권) 장부가격	30	20	10	0
무형자산상각비	0	10	10	10

2015년 초

| 자산
현금 30(-)
브랜드권 30(+) | 부채 |
| | 자본 |

| 비용 | 수익 |
| | |

2015년 말

| 자산
브랜드권(30-10)
20 | 부채 |
| | 자본
10(-) |

| 비용
무형자산
상각비
⟨10⟩ | 수익 |

2016년 말

| 자산
브랜드권(20-10)
10 | 부채 |
| | 자본
10(-) |

| 비용
무형자산
상각비
⟨10⟩ | 수익 |

☑ 솔표 상표권 비용 처리, 위청수 생산 때까지 기다려야 하는 이유

앞서 본 기사 내용 중 광동제약이 솔표 상표권을 2017년 중 30억 원에 인수했다고 했습니다(회사 측이 정확하게 밝히지는 않았지만, 실제로도 그 정도 가격에 인수한 것으로 추정됩니다).

광동제약이 파산한 조선무약의 '솔표' 상표권을 매입한 이유는 솔표 위청수라는 액상 소화제가 과거 큰 인기를 끌었기 때문입니다. 광동제약은 상표권을 인수한 뒤 2018년 7월부터 '솔표 위청수'라는 이름의 제품을 생산·판매하기로 했습니다.

솔표 상표권은 이용 계약 기간이 있는 건 아닙니다. 광동제약이 30억 원을 들여 아예 자기 것으로 매입했습니다. 그렇지만 상표권 매입에 들어간 지출 30억 원을 앞으로 비용 처리 하기 위해서는 일단 추정 내용연수를 정하고 이 기간에 나누어 비용으로 반영해야 합니다. 상표권이 수익 창출에 기여할 수 있는 기간을 무한정으로 보지 않고, 한정한다는 이야기입니다. 무형자산 내용연수를 기업들은 보통 5~20년 정도로 정합니다. 광동제약 재무제표 주석에 보면 솔표 상표권은 추정 내용연수를 5년으로 정해 놓았습니다. 5년간 정액법으로 상각한다는 의미입니다.

외부에서 사들인 상표권(무형자산)의 상각이 시작되는 시점은 이 상표권을 사용해 제품을 생산·판매할 때부터라고 보면 됩니다. 앞서 기계설비 같은 유형자산을 상각하는 것은 기계를 가동해 창출하는 수익(매출)에 대해 비용(감가상각비)을 대응시키고자 하는 개념이라고 설명했습니다. 상표권도 마찬가지입니다. 상표권을 활용해 창출하는 수익에 대한 비용(무형자산상각비)을 대응시켜야 하므로, 솔표 상표를 붙인 제품이 실제 생산·판매되는 시점부터 상각을 적용하는 것입니다.

광동제약은 '솔표 위청수' 제품을 2018년 7월부터 생산·판매한다고 했으니까요, 2018년 말 결산 때부터 비용 처리하면 됩니다. 그렇다면 우선 6개월 치(2018년 7~12월)를 반영해야 하니까, 2018년 말의 무형자산상각비는 3억 원이 됩니다.

그림으로 나타내보면 다음과 같습니다.

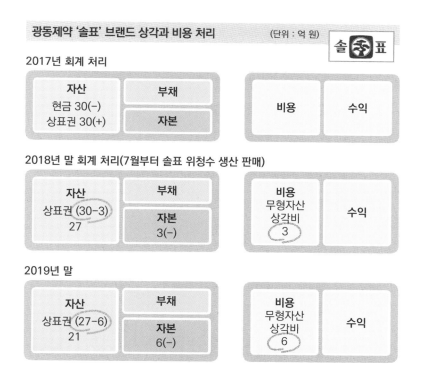

239

Lesson 11

개발비는 비용이 아니라 자산이라고?

연구개발비 회계 처리

연구 단계에서
발생하는 지출

> 미래에 경제적
이익을 창출할 수
있다는 것을
입증하기 어려움

> 발생 시점에
비용으로 처리

개발 단계에서
발생하는 지출

> 개발비를
무형자산으로
인정

> 판매 개시 시점부터 개발비
자산을 일정 기간 상각해
나가면서 비용으로 처리

무형자산 가운데 '개발비'라고 하는 것이 있습니다. "어? 개발비가 비용이 아니라 자산이라고요?" 네. 그렇습니다. 분명히 계정 이름에 '비(費)'가 붙어 비용이라는 냄새가 물씬 나는데도 '자산'으로 처리하는 개발비라는 녀석이 있습니다. 그렇다고 영구히 자산이라는 신분으로 살아갈 수 있는 것도 아닙니다. 천천히 여러 해에 걸쳐 나누어 비용으로 신분이 바뀝니다. 개발비가 연구개발에 사용한 지출인 것은 확실합니다. 그런데 비용이 아니라 자산인 것으로 재무제표에 잡아놓았다가 점차 비용화합니다. 회계 초보자들을 갸우뚱하게 하는 개발비라는 녀석에 대해 자세히 알아봅시다.

✅ 연구개발에 2조 5천억 원 쓴 현대차, 왜 1조 8천억 원만 비용 처리하나?

신차를 개발하는 데 걸리는 연구개발 기간은 보통 2년 정도라고 합니다. 연구개발에 들어가는 자금은 통상 3000억 원 정도입니다. 개발한 신차가 양산에 들어가 단종되기까지는 보통 6년이 걸린다고 합니다. 신차 개발 과정은 다음과 같습니다.

신차 개발 과정	
1단계. 기획	소비자·트렌드 연구, 신차 콘셉트 결정, 기본 제원이나 연비, 성능 등 개발 계획 수립
2단계. 선행 개발	엔진 변속기 중심의 파워트레인 개발, 차체 디자인, 차량 전반 설계
3단계. 개발 차량 테스트	차체와 부품 등 문제점 개선, 진동·소음·충돌·방청·가속·내구성 테스트
4단계. 개발 차량 생산 준비	최종 설계를 확정하고 양산에 필요한 공정을 정비해 시제품 생산
5단계. 양산 돌입	시제품의 문제점을 수정·보완해 양산 1호 차를 생산하고, 완전한 양산 체제 갖춤

1단계를 우리는 대개 연구 단계라고 하고, 2~4단계를 개발 단계라고 합니다. 그렇다면 1~4단계에 투입되는 3000억 원을 모두 그때그때 당기비용으로 처리하는 하는 것이 합리적인 손익계산일까요?

한번 생각해 봅시다. 우리가 앞에서 전기밥솥 제조설비를 바로 전액 당기비용으로 처리하지 않은 이유는 이 설비를 여러 해 동안 사용해 제품을 만들어 낼 수 있기 때문에, 즉 몇 년에 걸쳐 수익 창출에 활용할 수 있기 때문이라고 했습니다(레슨8 205쪽 참조).

차량 개발에 들어간 지출에도 마찬가지 논리가 적용될 수 있습니다. 신차도 일반적으로 출시되면 여러 해 동안 팔리면서 회사 수익에 기여합니다. 그래서 신차 출시와 직접적이고 밀접하게 관련 있는 활동에 들어간 지출은 당기비용으로 반영하지 않습니다. 일단 '개발비'라는 이름의 무형자산으로 처리합니다. 그리고 신차 출시 이후 판매가 개시되면 이 개발비 자산을 회사에서 정한 일정한 기간(예: 5년, 7년) 동안 상각해 나가면서 비용으로 회계 처리를 하게 됩니다.

2015년 중에 현대자동차가 신차 개발 과정에서 연구개발 지출로 1000억 원을 사용했다고 해 봅시다. 이 가운데 신차 출시와 직접 관련 있는 활동(예를 들어 신차 최종 설계, 테스트 차량 제작, 각종 테스트 등)에 쓴 자금이 400억 원이라고 합니다.

회사에서 신제품을 출시하기 위해 연구개발 활동에 들어간 비용은 두 가지 방법으로 회계 처리합니다. 연구 단계에 투입된 비용은 연구개발비(연구비 또는 경상개발비라고도 함)라는 이름의 계정으로 당기에 비용(주로 판관비)으로 처리합니다. 하지만 개발 단계에 투입된 비용은 바로 비용으로 처리하지 않고 일단 개발비라는 계

밑줄 쫙!

국제회계기준(K-IFRS)의 개발비 자산화 요건
① 기술적 실현 가능성
② 무형자산의 사용·판매에 대한 기업의 의도
③ 무형자산의 사용·판매에 대한 기업의 능력
④ 거래 시장과 내부 사용 등 미래에 경제적 효익 창출을 위한 유용성
⑤ 무형자산의 사용·판매에 필요한 기술·재정적 자원의 입수 가능성
⑥ 무형자산 관련 지출을 신뢰성 있게 측정할 수 있는 기업의 능력

정 이름을 붙여 무형자산으로 분류한 다음 상각을 합니다.

그러나 개발 단계에 투입된 비용이라고 모두 개발비로 자산 처리되는 것은 아닙니다. 개발된 제품이 시장성을 가지고 판매되어 회사에 돈을 벌어다 줄 수 있을 때만 개발비로 처리할 수 있습니다.

다시 예시로 돌아가서 2015년 중에 현대자동차가 연구개발 활동에 1000억 원을 투입했는데, 이 가운데 600억 원은 연구 단계에서 발생한 비용이고 400억 원은 개발 단계에 투입된 비용이라고 합니다. 따라서 600억 원은 손익계산서에서 '연구개발비'로 비용으로 처리하게 됩니다. 개발 단계에서 사용한 400억 원은 '개발비'라는 이름으로 재무상태표의 자산 항목에 자리를 잡습니다.

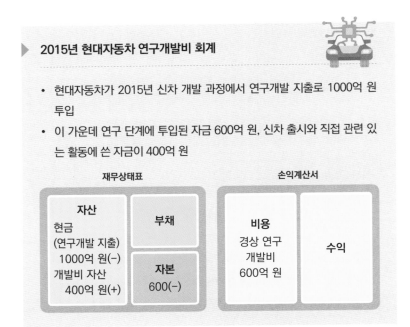

▶ **2015년 현대자동차 연구개발비 회계**

- 현대자동차가 2015년 신차 개발 과정에서 연구개발 지출로 1000억 원 투입
- 이 가운데 연구 단계에 투입된 자금 600억 원, 신차 출시와 직접 관련 있는 활동에 쓴 자금이 400억 원

재무상태표		손익계산서	
자산 현금 (연구개발 지출) 1000억 원(-) 개발비 자산 400억 원(+)	**부채**	**비용** 경상 연구 개발비 600억 원	**수익**
	자본 600(-)		

실제 현대자동차의 재무제표를 살펴볼까요? 2017년 현대자동차 재무제표 주석을 보면 연구개발 활동에 투입한 금액을 구분해 놓았습니다.

2017년 현대자동차 재무제표 주석 중 연구개발 활동과 관련한 지출 내용

구분	2017년	2016년
개발비(무형자산)	1조 3,078억 원	1조 2,247억 원
경상연구개발비	1조 1,799억 원	1조 1,275억 원
합계	2조 4,877억 원	2조 3,522억 원

현대자동차는 2017년에 연구개발 활동에 총 2조 4877억 원을 지출했습니다. 이 중 '개발비'라는 계정으로 자산화한 금액이 1조 3078억 원이고, '경상연구개발비'라는 계정으로 당기에 비용 처리한 금액이 1조 1799억 원입니다.

손익계산서에서 비용 처리한 금액은 결과적으로 당기의 이익잉여금을 줄이는 역할을 하고 생을 마감합니다. 그러나 개발비로 처리한 금액은 상각 기간에 재무상태표 자산에서 점점 쪼그라들며 생을 이어갑니다. 매년 일정 부분을 무형자산상각비로 처리하다가 내용연수가 끝나면 생을 마감할 것입니다.

앞의 사례에서 현대자동차가 투입한 개발비 400억 원을 5년간 상각하기로 했다면, 2016년 재무상태표와 손익계산서는 다음 그림처럼 될 것입니다.

- 현대자동차가 개발비 400억 원을 5년 동안 정액법으로 감가상각하기로
  결정 ➡ 400억 원/5년=80억 원을 매년 감가상각

재무상태표		손익계산서	
자산 개발비 자산 (400억 원 -80억 원) 320억 원	**부채**	**비용** 무형자산 상각비 80억 원	**수익**
	자본 80억 원(-)		

현대자동차의 2017년 연결재무제표 주석 가운데 개발비 자산과 상각에 대한 부분을 보면 다음과 같습니다.

2017년 현대자동차 연결재무제표 주석 중 무형자산 장부금액 변동 내역

구분	2017년 초	취득	상각
개발비	3조 3,310억 원	1조 3,078억 원	1조 965억 원

2017년 초 현대자동차에는 3조 3310억 원의 개발비 자산이 있었습니다. 그리고 2017년에 새로 1조 3078억 원이 개발비 자산에 편입됩니다. 그리고 이들 개발비 자산에서 1조 965억 원이 상각되었으니, 그만큼의 무형자산상각비가 손익계산서에 비용으로 반영됩니다.

그럼 2017년 말의 개발비 자산 잔액은 '3조 3310억 원+1조 3078억 원−1조 965억 원=3조 5423억 원'이 됩니다. 실제 재무제표에 기재된 잔액은 3조 5821억 원인데요. 기타 몇 가지의 조정 항목 때문에 약간의 차이가 발생했습니다.

⊘ 셀트리온과 한미약품 연구개발비 회계 처리의 차이점

이번에는 연구개발에 많은 돈을 쓰는 바이오업체를 살펴볼까요? 신약이나 바이오시밀러(바이오복제약)를 개발하는 바이오업체는 연구개발에 지출되는 자금을 모두 당기의 비용으로 처리하는 경우도 있지만, 일부는 개발비 자산으로 얹어놓고 몇 년에 걸쳐 비용화하는 경우가 있습니다.

우선 바이오업체에서 신약을 개발하는 과정을 간단하게 살펴봅시다.

바이오업체 신약 개발 과정

| 기초 탐색 및 원천 기술 연구 | 개발 후보 물질 선정 | 전임상 (비임상)시험 | 임상시험 (Clinical Trial) | 신약 허가 및 시판 |

- **전임상시험(Pre-Clinical)** : 신약 후보 물질을 동물에게 사용해 부작용, 독성, 효과 파악.
- **임상 1상 시험(Clinical Test – Phase I)** : 안전성 집중 검사. 건강한 사람 20~80명을 대상으로 약물을 안전하게 투여할 수 있는 용량과 인체 내 약물 흡수 정도 등을 평가.
- **임상 2상 시험(Clinical Test – Phase II)** : 적응증의 탐색과 최적 용량 결정. 100~200명의 소규모 환자들을 대상으로 약물의 약효와 부작용을 평가하고, 유효성을 검증.
- **임상 3상 시험(Clinical Test – Phase III)** : 다수 환자를 대상으로 약물 유용성 확인. 신약 유효성이 어느 정도 확립된 후 대규모(수백~수천 명) 환자 대상으로 장기 투여 시 안정성 등을 검토. 임상 3상이 성공적으로 끝나면 판매 가능.
- **임상 4상 시험(Clinical Test – Phase IV)** : 시판 후 안전성 유효성 검사.

먼저 기초 탐색 및 원천 기술 연구와 개발 후보 물질 선정, 전임상(비임상)시험은 '연구 단계'로 구분할 수 있습니다. 이때 지출한 비용은 연구개발비로 당기비용으로 처리해야겠죠. 이후 본격적인 임상시험 단계에 들어가게 됩니다. 임상시험은 일반적으로 4단계로 이루어지는데, 어느 단계부터 개발 단계로 볼 것인가에 대해서 논란이 있습니다.

우리나라 제약 업종이 글로벌 제약사에 비해 지나치게 개발비를 많이 인식하고 있다는 우려도 있습니다. 이게 무슨 말이냐고요? 신약 개발 시 임상 1~3단계를 완료한 후 정부 승인을 거쳐야 제품화할 수 있습니다. 업체별로 차이는 있겠지만, 국내 기업은 신약의 경우 임상시험 3단계에서부터 개발비를 자산화하고, 글로벌 제약사는 신약 개발의 불확실성을 고려해 대부분 정부의 판매 승인 시점 이후의 지출만을 자산으로 인식하고 있습니다. 따라서 우리나라 제약사가 해외 제약사보다 자산화하는 연구개발비가 많습니다.

다음은 유명한 바이오시밀러 개발기업 셀트리온 관련 기사와 금융감독원이 바이오 기업들의 개발비 관련 회계 처리를 점검할 것이라는 내용을 담은 기사입니다.

2018년 1월 19일

외국계 증권사에 난타당한 셀트리온 '급락'

도이치뱅크는 "셀트리온의 영업이익률이 높은 것은 연구개발(R&D) 금액을 회계 처리할 때 비용으로 처리하지 않고, 자산화했기 때문"이라는 보고서를 냈다. 글로벌 경쟁업체들과 같은 기준(정부 허가 단계)으로 R&D 비용을 자산화하면 영업이익률은 30% 중반으로 떨어진다고 설명했다. 도이치뱅크는 "셀트리온의 수익성은 지속될 수 없다"고 지적했다.

2018년 2월 5일

금융감독원, 연구개발비 감리 집중 계획

금융감독원은 최근 일부 제약·바이오업체가 회계 처리 시 개발비를 지나치게 자의적으로 처리해 재무 정보를 왜곡시킨다는 의혹이 제기됨에 따라 테마 감리를 통해 집중 들여다볼 계획이라고 밝혔다.

셀트리온이 연구개발 활동에 지출한 비용을 어떻게 회계 처리했길래 이런 지적을 받았는지 살펴볼까요. 셀트리온이 공시한 2017년 사업보고서 중 '사업의 내용'이라는 항목에 들어가면 관련 내용을 확인할 수 있습니다.

2017년 셀트리온 사업보고서 중 사업의 내용		2015년	2016년	2017년
연구개발비용 계		1,946	2,647	2,270
(정부보조금)		(6)	(7)	(2)
회계 처리	판매비와 관리비	373	653	579
	제조경비	8	–	–
	개발비(무형자산)	1,558	1,986	1,688
연구개발 지출 자산화 비율(%)		80.4	75.2	74.4

(단위 : 억 원)

셀트리온은 연구개발비용 중 개발비로 자산화한 비용이 2015년 1558억 원, 2016년 1986억 원, 2017년 1688억 원으로 총 연구개발 활동에 지출한 비용 중 74.4~80.4%를 차지하고 있습니다. 기사는 외부에서 이 비율이 과도한 것 아니냐고 우려를 표한 상황을 다루고 있습니다. 연구개발비용을 만약 고의로 자산으로 많이 잡아놓고 점차 조금씩 비용화한다면 이익을 부풀리는 효과를 볼 수 있기 때문입니다. 글로벌 제약사의 경우 연구개발 지출 자산화 비율이 약 20% 수준인 것으로 알려져 있습니다.

동종의 한미약품 감사보고서를 확인해 보니, 한미약품은 2016년

1638억 원, 2017년에 1708억 원을 연구개발 활동에 투입했습니다. 이 가운데 불과 113억 원과 94억 원만 개발비로 자산화했습니다. 자산화 비율을 살펴보면 2016년에 6.9%, 2017년에 5.5%입니다. 셀트리온과 비교하면 자산화 비율이 현저히 낮습니다.

한미약품 감사보고서 연구개발비 자산화 (단위 : 억 원)

		2016년	2017년
연구개발비 (당기 비용)	제조원가	96	101
	판관비	1,429	1,513
	소계	1,525	1,614
개발비(자산화)		113	94
총 지출액		1,638	1,708
자산화 비율		6.9%	5.5%

셀트리온은 "신약을 개발하려는 다른 제약업체와 달리 우리 회사는 바이오시밀러 업체이기 때문에, 개발 성공률이 높아 연구개발 비용이 향후 수익 창출에 기여할 확률이 현저히 높다"는 해명을 내놓고 있습니다. 바이오시밀러는 특허가 만료된 오리지널 바이오 의약품을 모방해 만든 의약품입니다. 동물 세포나 대장균 등 살아 있는 세포를 이용해 제조합니다. 오리지널 바이오 의약품과 완전히 동일한 제품을 만들 수는 없어서 비슷하다는 의미에서 '시밀러(similar)'라는 표현을 사용합니다. 신약 개발보다 바이오시밀러 개발이 상대적으로 성공 확률이 높은 것은 사실이지만, 자산화 비율이 70%를 넘는 것은 다소 과도하다는 지적들이 있습니다.

신약 개발은 신약 후보 물질 발굴에서 판매까지 여러 단계를 거쳐야 한다. 미국 바이오 협회 자료를 보면 임상 1상에서 정부 승인까지 성공 확률은 9.6%에 그친다. 국내 제약사들의 후보 물질이 신약으로 탄생할 확률은 이보다 더 낮은 0.2% 수준이다.

금감원 경고에 제 발 저려 재무제표를 수정한 제넥신

다음 기사를 한번 봅시다.

2018년 3월 29일

'악몽'… 韓 바이오벤처 실적 쇼크

'실적 뻥튀기' 논란에 휩싸였던 일부 바이오 벤처들이 최근 무더기로 적자가 대폭 늘어난 실적을 발표했다.

금융감독원이 기업들의 R&D(연구개발) 비용 회계 처리를 문제 삼으며 이달부터 감리에 착수하자 바이오 기업들이 잇따라 실적을 하향 조정했다.

면역 항암제 개발 기업 제넥신은 지난해 영업손실 규모를 64억 원으로 잠정 공시했다가 외부감사 뒤 269억 원 적자로 정정 공시했다. 유전자 치료제 기업 바이로메드도 지난해 연구개발비 38억 원을 모두 비용으로 처리, 영업손실이 전년 대비 200% 이상 늘어난 69억 원을 기록했다. 일양약품은 순이익이 전년의 절반 수준으로 떨어졌다.

국내 최대 줄기세포 치료제 기업 차바이오텍은 최근 지난해 실적을 정정 공시한 결과 4년 연속 영업손실을 기록한 것으로 드러나 코스닥 관리종목으로 지정됐다.

제넥신이라는 바이오 기업의 연구개발비 회계 처리를 한번 볼까요? 2015년과 2016년에 제넥신은 다음과 같이 연구개발비를 회계 처리했습니다.

제넥신 연구개발비 회계 처리

구분	2016년	2015년
연구개발비용 계	155억 원	225억 원
판관비	48억 원	45억 원
개발비(무형자산)	107억 원	180억 원

제넥신은 2016년에 총 155억 원을 연구개발 활동에 지출했습니다. 이 가운데 48억 원은 당기의 비용(판관비)으로, 나머지 107억 원은 무형자산으로 처리했습니다. 107억 원은 신약 개발에 성공해 관련 제품의 생산·판매가 시작되는 시점부터 5~10년(제넥신이 정한 개발비 상각기간) 동안 나누어 비용 처리하겠다는 것입니다.

연구개발비용의 자산화율이 69%(107억 원/155억 원×100%)로 높은 편입니다.

이렇게 연구개발비를 자산으로 처리하는 비중이 높으면 당연히 당기손익이 좋아지는 측면이 있습니다.

그런데 이 회사는 2017년도 결산을 하면서 과거 2015년과 2016년의 회계 처리가 잘못되었다며 다음과 같이 고쳤습니다.

제넥신 연구개발비 회계 처리(정정)

구분	2016년	2015년
연구개발 비용 계	201억 원	172억 원
판관비	201억 원	172억 원
개발비(무형자산)	0	0

개발비야! 자산에서 그만 나가줘야겠어.

나보고 자산이라고 할 때는 언제고 인제 와서 비용이라니…… . 너무해.

연구개발비 숫자도 좀 달라졌고, 무엇보다 연구개발비를 자산으로 인식한 금액이 '0'이라는 점이 눈에 확 띕니다. 이렇게 개발비 자산 처리가 없고 전액 당기비용(판관비)로 다 처리하다 보니 당시의 손익계산서도 다 고쳐야 했습니다.

2016년의 손익결산만 예로 들어보겠습니다.

제넥신 2016년 손익계산서

구분	수정 전 2016년	수정 후 2016년
매출	114억 원	114억 원
영업이익	(233억 원)	(308억 원)
당기순이익	(250억 원)	(309억 원)

* ( )는 적자라는 표시입니다.

2016년 당시 공시했던 적자(-250억 원)보다 2017년 수정한 적자(-309억 원) 규모가 훨씬 더 커졌습니다.

제넥신은 왜 개발비 자산 처리 금액을 '0'으로 수정했을까요? 금융감독원이 "바이오업체들이 회계 기준에 맞지 않게 연구개발 지출을 과도하게 자산 처리하는 경우를 조사하겠다"고 밝힌 이후, 바이오업체들이 '자수'한 것으로 봐야 할 것입니다.

☑ 개발해도 투자비조차 건질 수 없을 때 회계 처리 방법

개발비도 무형자산이기 때문에 손상차손을 인식해야 할 때가 있습니다. 어떤 경우일까요? 연구개발비용 100억 원을 '자산'으로 인식할 때는 개발에 성공해 적어도 이 이상의 수익을 올릴 가능성이 높다고 판단했기 때문입니다. 그러나 신약 개발에 실패할 가능성이 높아졌거나 개발에 성공해도 판매가 저조해서 예상한 만큼 수익을 올릴 수 없을 가능성이 큰 것으로 판명되는 경우 개발비 자산에 대해 손상 처리를 해야 합니다.

연구개발이 성공하지 못할 가능성이 크다고 판단되거나, 출시했지만 투자한 개발비조차 충당하기 어려울 때 개발비 손상차손 처리를 해야 한다.

한미약품이 사업보고서나 감사보고서, 투자설명서를 통해 공시한 내용을 통해 개발비 손상에 대해 알아보겠습니다.

한미약품 2017년 손상을 인식한 개발비(감사보고서 재구성) (단위: 억 원)

구분	개발비 취득금액	손상차손 인식금액	장부금액	회수가능액 평가방법
HCP1604(*1)	11	11	0	사용가치
HCP1202(*2)	4	4	0	사용가치
암로디핀 베실레이트로 사르탄칼륨정제(*3)	53	21	32	사용가치
기타	8	8	0	사용가치
합계	76	44	32	

(*1) 국내 임상 1상 진행 중. 기술적 실현 가능성에 불확실성이 있다고 판단, 전액 손상차손.
(*2) 개발 중인 제품의 시장성이 높지 않을 것으로 예상, 개발 활동 중단. 전액 손상차손.
(*3) 중국 내 임상 3상 시험 진행 중. 기술적 실현 가능성에 불확실성이 있다고 판단. 장부금액 일부 손상차손.

표를 천천히 살펴보면 'HCP1604'는 기술적 한계 때문에 제품화에 성공할 수 없을 것 같아 이미 인식한 개발비를 손상 처리한 경우입니다. 'HCP1202'는 개발에 성공해 제품을 출시할 수는 있으나 향후 충분한 수익을 올릴 수 없을 것으로 판단해 손상 처리한 것으로 공시했습니다. 이처럼 손상차손으로 처리된 금액은 그 해에 전액 비용(영업외비용)으로 처리됩니다.

Lesson 12

미리 준 돈(선급금)은 자산, 미리 받은 돈(선수금)은 부채

 KEY POINT **1**

자산은 미래에 회사에 경제적 효과와 이익을 가져다줄 수 있는 것 ➡ 선급금은 자산

부채는 미래에 갚아야 할 금액이나 회사가 소유하고 있는 자원을 사용해 이행해야 할 의무 ➡ 선수금은 부채

 KEY POINT **2**

선수금은 부채지만 향후 매출로 전환되므로, 다른 부채처럼 위험성은 없다.

 KEY POINT **3** 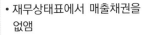 매출채권 회계 처리 방법

매각거래
매출채권을
은행에 매각
➡
- 재무상태표에서 매출채권을 없앰
- 선이자는 손익계산서에 '매출채권매각손실'로 처리

차입거래
매출채권을
담보로 돈을
빌림
➡
- 재무상태표에 매출채권이 그대로 남음
- 선이자는 손익계산서에서 '이자비용'으로 처리
➡
단기
차입금

지금까지 자산에 대해 공부했습니다. 이제 부채를 공부할 차례입니다. 부채에 관해 본격적으로 알아보기 전에, 자산과 부채 개념을 한 번 더 정리해봅시다. 그리고 자산과 부채가 변하면서 수익과 비용이 발생하는 사례를 통해, 재무상태표와 손익계산서의 상관관계를 확실하게 각인하는 시간을 가져보겠습니다.

'자산'의 기본적인 정의는 앞으로 회사에 경제적 효과와 이익을 가져다줄 수 있는 것입니다. 자산으로 인식해 재무제표에 기재하려면 당연히 그 가치를 신뢰성 있게 측정할 수 있어야 합니다.

'부채'는 현재 지고 있는 의무로, 의무를 이행하려면 회사 내의 자원을 유출해야 합니다. 부채 역시 재무제표에 기록하기 위해서는 결제해야 할 금액을 신뢰성 있게 측정할 수 있어야 합니다.

☑ 붕어빵 장수와 밀가루 장수의 거래로 알아보는 선급금 자산과 선수금 부채

이런 경우를 한번 생각해 볼까요. 붕어빵 장수가 밀가루 장수에게 일주일 뒤에 밀가루 한 포대를 갖다 달라며 밀가루값으로 1만 원을 미리 주었습니다.

　밀가루 장수는 1만 원을 미리 받았으니 "얼씨구나! 좋다!"고 했겠지요. 장부에 현금 1만 원이 들어왔다고 기록을 할 겁니다. 그걸로 끝일까요? 아닙니다. 부채도 1만 원 기록해야 합니다. 재화(제품이나 상품 등)를 납품하거나 서비스를 제공하기 전에 미리 받은 돈, 즉 선수금은 부채입니다. 왜일까요? 앞에서 우리는 부채의 정의에 대해 배웠습니다(레슨7 202쪽 참조). 밀가루 장수는 현금 1만 원을 받았지만, 일주일 뒤 밀가루를 제공해야 할 '의무'를 지게 됐으므로 부채입니다.

　밀가루 장수는 다음 그림처럼 회계 처리를 해야 합니다.

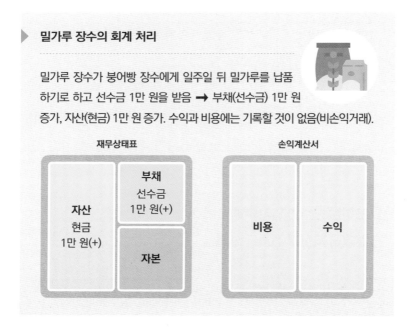

▶ **밀가루 장수의 회계 처리**

밀가루 장수가 붕어빵 장수에게 일주일 뒤 밀가루를 납품하기로 하고 선수금 1만 원을 받음 ➡ 부채(선수금) 1만 원 증가, 자산(현금) 1만 원 증가. 수익과 비용에는 기록할 것이 없음(비손익거래).

재무상태표	손익계산서

재무상태표

부채
선수금
1만 원(+)

자산
현금
1만 원(+)

자본

손익계산서

비용

수익

그럼 반대편에 있는 붕어빵 장수 입장에서는 어떤 회계 처리를 해야 할까요? 붕어빵 장수는 현금 1만 원을 미리 줬습니다. 미리 준 돈을 선급금이라고 합니다. 이 선급금 때문에 붕어빵 장수는 나중에 밀가루 장수에게 밀가루를 납품받을 '권리'가 생겼습니다. 그래서 선급금은 자산입니다.

▶ **붕어빵 장수의 회계 처리**

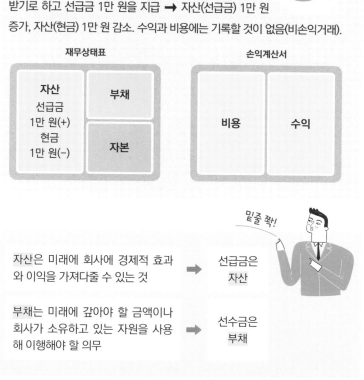

붕어빵 장수가 밀가루 장수에게 일주일 뒤 밀가루를 납품받기로 하고 선급금 1만 원을 지급 ➡ 자산(선급금) 1만 원 증가, 자산(현금) 1만 원 감소. 수익과 비용에는 기록할 것이 없음(비손익거래).

재무상태표	
자산 선급금 1만 원(+) 현금 1만 원(−)	**부채**
	자본

손익계산서	
비용	**수익**

밑줄 쫙!

자산은 미래에 회사에 경제적 효과와 이익을 가져다줄 수 있는 것	➡	선급금은 자산
부채는 미래에 갚아야 할 금액이나 회사가 소유하고 있는 자원을 사용해 이행해야 할 의무	➡	선수금은 부채

일주일 후 두 사람이 밀가루를 주고받은 다음에는 어떻게 될까
요? 우선 밀가루 장수 입장에서 밀가루 판매는 이렇게 처리하면 됩
니다. 밀가루를 붕어빵 장수에게 가져다줬기 때문에 '의무'를 이행
한 게 됩니다. 이제 부채에 있던 선수금 1만 원을 지우고, 매출(밀가
루 판매) 1만 원을 기록하면 됩니다. 이처럼 선수금이라는 것은 납
품을 하거나 서비스를 제공하고 나면 매출 전환이 예정된 부채이
기 때문에 '좋은 부채'라고 할 수 있습니다.

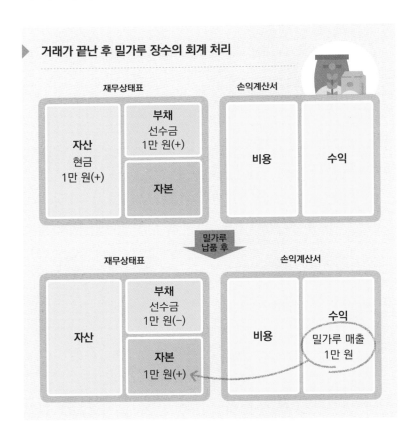

▶ **거래가 끝난 후 밀가루 장수의 회계 처리**

붕어빵 장수 입장에서는 이제 밀가루를 받았기 때문에 자산에
서 선급금 1만 원을 지웁니다. 그리고 붕어빵의 원재료를 받았기
때문에 재고자산으로 1만 원을 기록하면 됩니다.

▶ **거래가 끝난 후 붕어빵 장수의 회계 처리**

밀가루를 받았으니
자산에서 선급금을 지우고
재고자산으로 기록해야죠.

☑ 현금이 넘쳐나는 애플의 현금 소진법, 선급금

다음 기사는 애플의 경영 전략에 관한 내용입니다.

2012년 3월 21일

애플이 향후 3년간 450억 달러(약 50조 5300억 원)를 쏜다. 주식 배당을 실시하고 자사주도 매입한다. 아이폰과 아이패드 판매 증가로 엄청난 이익을 내면서 정상 수준 이상으로 현금 보유량이 늘어났기 때문이다.

애플은 그동안 연구개발과 인수·합병(M&A), **부품업체에 선급금 지급**, 인프라 구축 등에 엄청난 현금을 투입해 왔다. 그럼에도 현금 보유량이 줄지 않아 배당과 자사주 프로그램을 실시하는 것이다. 아무리 돈을 써도 장사가 너무 잘 돼 현금이 넘쳐난다는 얘기다.

애플은 납품 업체에게 선급금을 주는 방식으로 부품을 미리 확보하는 경영 전략을 가지고 있습니다. 납품 업체 입장에서는 선수금을 받는 것이지요.

레슨7(201쪽)에서 LG디스플레이의 장기선수금에 대해 잠간 살펴본 적이 있습니다.

2017년 LG디스플레이 연결재무상태표 중 부채 (단위 : 억 원)	
계정	제33기말
부채	141, 781
유동부채	89,786
매입채무	28,750
금융부채	14,529
미지급금	31,699
선수금	1,941
비유동부채	51,994
비유동금융부채	41,501
장기선수금	8,303

LG디스플레이의 장기선수금은 애플로부터 받은 것입니다. 재무제표 주석에 이와 관련한 내용이 나와 있습니다.

▶ **LG디스플레이 재무제표 주석 중 장기공급계약**

당기 말 현재 제품의 주요 거래처와의 장기공급계약과 관련해 계상하고 있는 선수금의 총액은 USD 900백만(원화 환산 금액 : 964,260백만 원)입니다. 상기 선수금은 각 수령일로부터 일정 기간 거치 후 제품의 대금과 상계될 예정입니다.

✅ 선수금의 매출 변신, 그림으로 보는 선수금 회계 처리

선수금을 어떻게 회계 처리하는지 이번에는 그림으로 보여드리겠습니다.

A사는 3년간에 걸쳐 전자부품을 B사에 납품하기로 하고, 2014년 중 장기선수금으로 1000억 원을 받았습니다. 그럼 회사에 현금 1000억 원이 들어오면서, 동시에 부채에도 선수금 1000억 원이 기록됩니다. A사는 B사에 2015년에 100억 원어치 부품을 납품했습니다. 그럼 선수금 부채가 100억 원만큼 감소하고, 부채 감소분만큼이 매출로 전환됩니다. 선수금 부채는 이제 900억 원이 됩니다. 2016년에는 부품을 200억 원어치 납품했습니다. 선수금 부채는 이제 700억 원이 되고, 200억 원의 매출이 생깁니다.

▶ **선수금 회계 처리의 예**

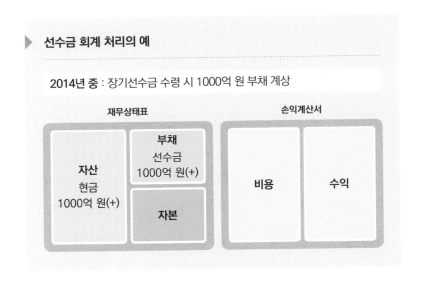

2015년 중 : 100억 원어치 부품 납품 ➡ 선수금 부채 900억 원(1000억 원 - 100억 원)으로 감소, 매출 100억 원 인식

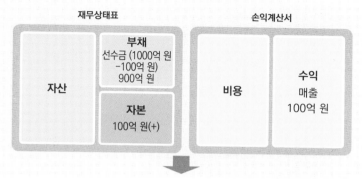

2016년 중 : 200억 원어치 부품 납품 ➡ 선수금 부채 700억 원(900억 원 - 200억 원)으로 감소, 매출 200억 원 인식

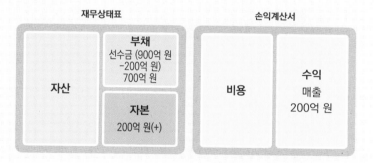

⊘ 결혼정보업체 듀오, 만남 주선 약속하고 받은 돈은 부채

선수금에 대해 조금만 더 알아봅시다. 여러분, 결혼정보회사 아시죠? 또 상조회사도 아시죠? 두 회사는 선수금이 많은 대표적인 회

사들입니다. 왜일까요?

대표적인 결혼정보회사 듀오를 예로 들어볼게요.

회계사 시험에 합격해 국내 유수의 회계법인에서 근무하게 된 이 회계사. 이 회계사 휴대전화에 모르는 번호가 하나 뜹니다. 혹시 저장해 놓지 않은 클라이언트인 줄 알고 얼른 전화를 받았습니다.

그러나 잠시 후 어색한 정적이 흐릅니다. 결혼정보회사에서 온 전화였습니다. 특별회원으로 가입하면 파격적으로 할인된 가격에 만남 주선 횟수도 기본 10회에 5회를 더 제공한다는 내용을 안내 받았습니다. 이 회계사는 생각해보고 다시 연락하겠다고 대답하곤 전화를 끊었습니다.

듀오 같은 결혼정보회사는 회원을 유치하면서 일시에 가입비를 받습니다. 가입비를 받으면 회사는 향후 일정 기간 계약에 정해져 있는 횟수만큼 만남을 주선해야 할 의무를 지게 됩니다.

회계 기준에서는 돈으로 갚아야 할 것뿐만 아니라 서비스를 제공해야 할 의무를 지는 경우에도 부채로 기록하도록 합니다. 듀오의 재무제표를 살펴보면 유동부채 항목에 선수금이 표시되어 있습니다.

듀오의 선수금 추이를 보면 다음과 같습니다.

듀오의 선수금 잔액 (단위 : 억 원)

구분	2013년	2014년	2015년	2016년	2017년
선수금	165	169	166	178	170

듀오의 선수금 추이를 보니, 165억~170억 원 수준을 꾸준히 유지하고 있습니다. 매년 비슷한 회원 수가 유지되고 있음을 유추할 수 있습니다. 듀오의 선수금은 회원의 만남이 성사될 때 매출로 전환됩니다. 만약 10회 만남 조건에 300만 원을 내고 가입한 회원의 1회 만남이 성사될 경우 듀오 매출로 전환될 금액은 얼마일까요? 30만 원일까요? 여성, 남성 회원 각각 매출로 인식될 테니 60만 원이 매출로 전환될 것입니다.

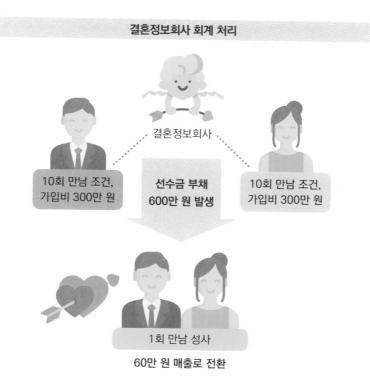

결혼정보회사 회계 처리

결혼정보회사

10회 만남 조건, 가입비 300만 원 | **선수금 부채 600만 원 발생** | 10회 만남 조건, 가입비 300만 원

1회 만남 성사

60만 원 매출로 전환

초보와 고수를 가르는
결정적 회계 지식

'현금 부자' 삼성전자는
단기차입금이 왜 이렇게 많을까?

여러분, 2017년 말 기준으로 삼성전자의 단기차입금이 12조 2300억 원이나 된다면 믿으시겠습니까? 삼성전자의 별도재무제표 주석에서 차입금 항목을 보겠습니다. 단기차입금 항목을 보면, '우리은행 외'에서 12조 2297억 원을 차입했다는 것을 알 수 있습니다. 돈 많기로 유명한 삼성전자가 왜 이렇게 많은 차입을 했을까요? 그런데 자세히 보니 '담보부차입금'이라고 적혀있습니다. 무엇인가를 담보로 맡기고 돈을 빌렸다는 이야기입니다. 설명하자면 이렇습니다.

2017년 삼성전자 별도재무제표 주석 가운데 차입금 내역　　(단위: 백만 원)

보고 기간 종료일 현재 차입금 내역은 다음과 같습니다.

구분	차입처	연이자율(%)	금액
		당기 말	당기 말
담보부차입금	우리은행 외	0.1~11.1	12,229,701

* 상기 담보부차입금에 대해서는 매출채권이 담보로 제공되어 있습니다.

기업이 매출채권을 금융기관에 양도하고 현금을 미리 회수하는 거래를 '팩토링'이라고 합니다. 예를 들어 거래처에 외상납품을 하고 3개월 뒤 결제 예정인 1억 원짜리 매출채권을 받았다고 합시다. 이 매출채권을 3개월 후까지 기다리지 않고 그 전에 은행에 넘겨주고 은행으로부터 500만 원을 할인해 9500만 원을 받는 게 팩토링입니다. 팩토링은 매출채권을 만기 이전에 현금화해 회사의 운전자금을 원활하게 만드는 장점이 있습니다. 또한 수출업체가 달러 매출채권을 은행에서 할인받을 경우 환율 변동에 따른 위험을 줄일 수 있는 장점이 있습니다.

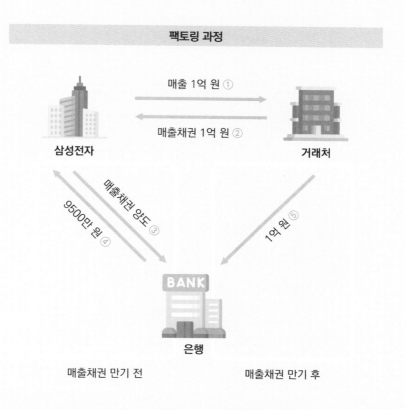

팩토링 과정

매출 1억 원 ①

매출채권 1억 원 ②

삼성전자

거래처

매출채권 양도 ③

9500만 원 ④

1억 원 ⑤

BANK

은행

매출채권 만기 전

매출채권 만기 후

매출채권을 은행에 양도하는 방법은 계약 조건에 따라 두 가지로 구분합니다. 하나는 '매각거래', 다른 하나는 '차입거래'입니다. 매각거래로 볼 경우에는 삼성전자가 은행에 매출채권을 팔았다고 봅니다. 그래서 삼성전자의 재무상태표에서 매출채권이 없어집니다. 삼성전자는 은행이 떼어가는 선이자 500만 원을 매출채권매각손실로 처리합니다. 3개월 뒤 은행은 삼성전자 거래처로부터 대금을 회수하면 됩니다.

그러나 차입거래로 볼 경우에는 좀 달라지지요. 삼성전자가 매출채권을 은행에 담보로 맡기고 돈을 빌린 것으로 간주합니다. 그래서 매출채권은 삼성전자 재무상태표에 그대로 남아 있고, 단기차입금이 늘어나게 됩니다. 은행이 미리 떼어가는 금액은 손익계산서에 이자비용으로 처리합니다. 이 경우 은행이 삼성전자 거래처로부터 대금을 회수하면, 삼성전자는 비로소 매출채권도 지우고, 단기차입금도 지울 수 있습니다.

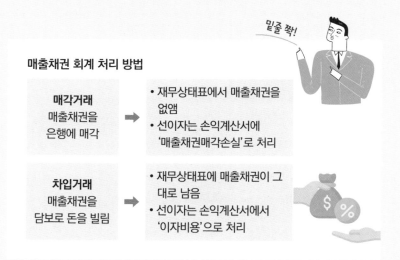

밑줄 쫙!

매출채권 회계 처리 방법

| 매각거래
매출채권을
은행에 매각 | → | • 재무상태표에서 매출채권을 없앰
• 선이자는 손익계산서에 '매출채권매각손실'로 처리 |
| 차입거래
매출채권을
담보로 돈을 빌림 | → | • 재무상태표에 매출채권이 그대로 남음
• 선이자는 손익계산서에서 '이자비용'으로 처리 |

그렇다면 어떤 경우에 매각거래가 되고, 어떤 경우에 차입거래가 될까요? 한국채택국제회계기준(K-IFRS)에 따르면 삼성전자의 거래처가 은행에 대금을 납입하지 못하는 상황이 발생했을 때, 은행이 삼성전자에게 거래처를 대신해 대금을 상환하도록 요구할 수 있는 권리가 없어야만 매각거래로 인정합니다.

은행에 양도한 매출채권이 부도가 났을 때 은행이 삼성전자에게 상환을 청구할 수 있는 권리를 '소구권'이라고 합니다. 소구권이 없는 거래 즉 삼성전자가 매출채권에 대해 아무런 책임을 지지 않는 조건이 있어야만 매각거래가 된다는 이야기입니다.

특별한 경우를 제외하고는 대부분 은행이 매출채권을 할인해줄 때 소구권도 갖습니다. 그래서 삼성전자처럼 국내외에 많은 거래처가 있고 잘나가는 기업들이 단기차입금을 제법 많이 보유한 경우가 있습니다.

그렇다면 삼성전자가 이렇게 팩토링을 많이 하는 이유는 무엇일까요? 삼성전자처럼 현금이 넘쳐나는 회사에서 유동성을 확보하기 위해 매출채권담보대출을 하지는 않았을 것입니다. 아마도 '환리스크'를 줄이기 위해, 외화 매출채권을 은행에 양도하는 거래를 한 것으로 추정됩니다.

만약 100달러의 매출채권을 가지고 있는데 1달러 당 환율이 1000원에서 900원이 되면 매출채권 금액이 10만 원에서 9만 원으로 떨어집니다. 환율 때문에 자산이 감소하는 환리스크를 기업이 온전히 감수해야 합니다. 하지만 달러 매출채권을 은행에 팩토링하면 회사에는 현금이 들어오면서 100달러의 단기차입금이 생깁니다. 자산인 매출채권 100달러와 부채인 단기차입금에 100달러가 동시에 있으니 환율이 변동해도 회사는 환리스크로부터 안전합니다. 1달러 당 환율이 1000원에서 900원으로 낮아지면, 매출채권이 10만 원에서 9만 원이 됩니다. 이와 동시에 단기차입금도 10만 원에서 9만 원이 됩니다. 1달러 당 환율이 1000원에서 1100원으로 올라도 마찬가지입니다. 매출채권이 10만 원에서 11만 원이 되고, 단기차입금도 10만 원에서 11만 원이 됩니다. 매출채권 담보대출은 다른 대출에 비해 이자율이 현저히 낮아, 삼성전자 입장에서는 '착한 대출'이라고 부를 수 있습니다.

잘 나가는 회사 재무제표에 단기차입금이 많은 경우 놀라지 말고, 단기차입금의 성격을 잘 살펴보기 바랍니다. 매출채권담보대출 때문에 단기차입금이 많이 발생했어도 우량 거래처가 많다면 걱정할 일은 아닙니다.

삼성전자의 2017년 단기차입금 12조 2300억 원은 환리스크를 줄이고자 외화 매출채권을 은행에 양도하는 거래(팩토링)에서 발생했다.

Lesson 13

좌우균형 등식으로
회계 원리 꿰뚫기

KEY POINT

비용		수익
자산	자산 + 비용 = 부채 + 자본 + 수익	자본
		부채

좌우균형 등식

어떤 거래에서도 자산과 비용의 합은
부채, 자본, 수익의 합과 같아야 한다.

이제부터는 '좌우균형의 원리'를 보여주는 그림을 통해 회계 원리를 설명할 것입니다. '좌우균형?' 지레 어렵지 않을까 걱정하지 않아도 됩니다. 새로운 그림이 등장하는 것도 아닙니다. 앞서 배운 회계항등식을 나타내는 재무상태 그림과 수익, 비용을 나타내는 손익계산 그림을 그대로 사용합니다. 이 그림은 회계를 좀 더 체계적으로 이해할 수 있게 도와줄 것입니다.

✅ 새는 좌우의 날개로 난다!

다음 그림을 잘 보세요. 눈에 익은 것들이지요? 위에 있는 그림은 재무 상태를, 아래 있는 그림은 손익계산을 나타냅니다. 두 그림을 위아래로 나란히 놓습니다.

좌우균형의 원리 1단계	
자산	부채
	자본
비용	수익

이번에는 그림의 한가운데에 굵고 빨간 줄을 하나 긋습니다.

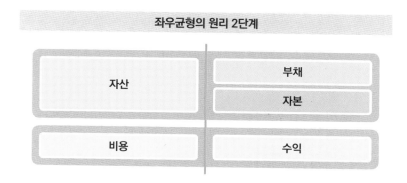

좌우균형의 원리 2단계

자산	부채
	자본
비용	수익

빨간색 선을 경계로 왼쪽을 편의상 '좌변'이라고 해 봅시다. 좌변에
는 자산과 비용이 자리 잡고 있습니다. 오른쪽에는 부채, 자본, 수익
이 자리 잡고 있습니다. 이것들을 편의상 '우변'이라고 해 봅시다.

화끈하게 결론부터 말하고, 설명은 뒤에서 하겠습니다. 어떤 거
래에서도 좌변의 합과 우변의 합은 같아야 합니다. 즉 '자산+비용
=부채+자본+수익'이 유지돼야 합니다. 이 등식을 '좌우균형 등
식'이라고 이름 붙여봅시다. 물론 이건 저자가 붙인 이름이지, 일반
적으로 통용되는 회계 관련 용어는 아닙니다.

여러 사례를 통해 좌우균형 등식을 파헤쳐 봅시다.

밑줄 쫙!

좌우균형 등식
자산 + 비용 = 부채 + 자본 + 수익

기계 구입

기계 구입

현금 50만 원으로 기계설비 50만 원짜리를 사면 좌우균형이 유지됩니다. 자
산에서 50만 원이 감소했지만, 역시 자산에서 50만 원이 증가했으니까요.
좌변에서만 50만 원이 증가했다가 감소한 셈이 됩니다. 좌우균형이 무너질
이유가 없지요?

자산 현금 50만 원(−) 기계 50만 원(+)	부채
	자본
비용	수익

은행에서 차입

은행에서 50만 원을 빌려오면, 좌변에서 현금 50만 원(자산)이 증가합니다.
그리고 우변에서 차입금 50만 원(부채)이 증가합니다. 좌우균형이 무너지지
않고 유지됩니다.

자산 현금 50만 원(+)	부채 차입금 50만 원(+)
	자본
비용	수익

주식 발행

회사가 주식을 50만 원어치 발행해 투자자들에게 배정(매각)하면 어떻게 될까요? 주식 발행은 자본의 증가입니다. 우변에서 자본이 50만 원만큼 증가하고, 좌변에서 자산(현금)이 50만 원 증가했으니, 좌우균형이 유지됩니다.

자산 현금 50만 원(+)	부채
	자본 주식 발행 50만 원(+)
비용	수익

임대료를 받아 급여 지급

회사 소유 빌딩에서 임대료 50만 원을 받아서 직원들 급여 50만 원을 지급하는 경우를 한번 볼까요. 임대료를 받은 거래는 우변에 수익(임대료) 50만 원을 기록하고, 좌변에 자산(현금) 50만 원 증가를 기록하면 됩니다.
좌우균형 유지에 문제가 없습니다. 그 다음으로, 급여를 지급한다고 했지요? 이 거래는 좌변에서 비용(인건비) 50만 원 발생을 기록하고, 역시 좌변에서 자산(현금) 50만 원 감소를 기록하면 됩니다. 좌우균형은 무너지지 않습니다.
이 두 거래를 합쳐서 그림으로 나타내면 다음과 같습니다.

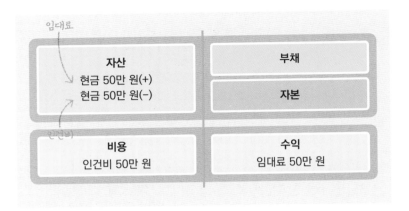

기계의 감가상각

기계설비 장부가격을 2000만 원에서 1500만 원으로 감가상각하고, 500만 원만큼을 감가상각비로 반영했습니다. 유형자산(기계설비)의 장부가격을 500만 원 하향 조정해야 하니까, 좌변에서 500만 원의 자산 감소가 일어납니다. 동시에 좌변의 비용에서 감가상각비가 500만 원 발생합니다. 이번에도 좌우균형은 유지됩니다.

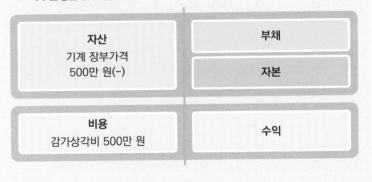

☑ 좌우균형 등식이 반드시 유지되는 까닭

'자산＋비용＝부채＋자본＋수익'은 어려운 공식이 아닙니다. 그림으로 확인한 것처럼 회계상 거래를 기록하면 이렇게 좌우균형이 반드시 유지됩니다. 왜 그럴까요? 여러 가지 설명 방법이 있는데요. 기초 회계 수준에 맞춰 간단하고 쉽게 말씀드리겠습니다.

예를 하나 들어보겠습니다. 2015년 1월 초에 (주)솥단지가 영업을 시작했습니다. '자산＝부채＋자본'에서 출발했습니다. 2015년 말에 손익결산(수익 − 비용)을 했습니다. 이익을 산출하고, 이 이익은 주주의 것이므로 자본에 더한다고 했습니다(152쪽 참조).

그럼 2015년 말 결산을 마친 뒤의 자본은 2015년 초의 자본 숫자에다 '수익 − 비용'을 더한 숫자가 됩니다. 예를 들어 2015년 초 자본이 1억 원이었고, 2015년 말 손익결산에서 이익이 2000만 원으로 집계됐다면, 2015년 말의 자본은 '1억 원＋2000만 원'이 된다는 겁니다. 정리하면, 자산＝부채＋자본＋(수익 − 비용)이 되는 겁니다. 여기서 '비용'을 등호(=)의 왼쪽으로 넘겨 봅시다.

'자산＋비용＝부채＋자본＋수익'이 됩니다. 자산, 비용이 좌변에, 부채, 자본, 수익이 우변에 자리 잡게 됩니다.

이렇게 그림을 이용해 좌우균형 등식에 맞도록 거래를 기록하다 보면 회계를 원리적 관점에서 쉽게 깨우칠 수 있습니다. 다소 복잡한 거래도 이 그림으로 얼마든지 나타낼 수 있습니다.

Lesson 14

통신사와 연예기획사에만 있는 무형자산은?

 KEY POINT 1 통신사에만 있는 무형자산, 주파수이용권

 > 주파수이용권을 무형자산으로 인식 >
- 주파수이용권금액은 내용연수 기간 동안 상각
- 활용 가치가 떨어지면 손상 처리

 KEY POINT 2 연예기획사에만 있는 무형자산, 전속계약금

 > 전속계약권을 무형자산으로 인식 >
- 전속계약금은 전속계약기간 (내용연수) 동안 상각
- 손상이 발생하면 손상 처리
- 전속계약권 상각비용은 매출원가에 반영

앞서 레슨10(231쪽)에서 무형자산 회계 처리를 배웠습니다. 지금부터는 좀 색다른 무형자산의 회계 처리 방법을 좌우균형 원리에 입각한 그림을 통해 익혀봅시다. 무형자산에 대한 지식도 깊어지고, 좌우균형 원리도 더 확실하게 이해될 것입니다.

ⓒ SK텔레콤의 2조 1700억 원짜리 전리품

다음 기사를 한번 봅시다.

2018년 4월 2일

'3兆+a' 주파수 경매…
정부는 판 키우고, 통신사는 '승자의 저주' 경계

총낙찰금액이 3조 원을 훌쩍 넘을 것으로 예상되는 5세대(5G) 이동통신용 주파수 경매가 본격적으로 막이 오른다.

SK텔레콤, KT, LG유플러스 통신 3사는 오는 6월 중순 열리는 이번 경매에서 통신망 효율성 및 데이터

품질과 직결되는 '황금 주파수' 대역을 확보하려 공격적 베팅에 나설 것으로 예상된다.

주파수 경매는 2011년 8월 LTE(4세대 이동통신)용 주파수를 분배하면서 국내 처음 도입했다. 그 이전 2세대(2G)·3세대(3G) 통신용 주파수는 정부가 직접 할당했다.

통신 3사는 경매 과열에 따른 부작용을 경계하고 있다. 과도한 낙찰 비용을 지출한 회사는 네트워크 인프라 구축과 마케팅 경쟁에서 뒤처지는 타격을 입을 수 있다. 이른바 '승자의 저주*'다.

SK텔레콤의 2017년도 연결재무제표 주석에서 무형자산 항목을 한번 봅시다. '주파수이용권'이라고 하는 것이 눈에 띕니다. 금액도 적지 않습니다.

승자의 저주 경쟁에서 이겼지만, 승리를 위해 과도한 비용을 치르는 바람에 오히려 위험에 빠지거나 커다란 후유증을 겪는 상황. 미국의 행동경제학자 리처드 탈러가 1992년 출간한 『승자의 저주』를 통해 널리 알려졌다.

SK텔레콤 2017년 연결재무제표 주석 '무형자산' 중 (단위 : 억 원)

구분	기초	취득	처분	상각	손상차손	기말
주파수 이용권	25,808	–	–	(4,038)	–	21,770

SK텔레콤은 주파수를 활용해 통신사업에서 수익을 내고 있기 때문에 회사가 매입한 주파수이용권을 일단 자산으로 얹어 놓습니다. 그리고 이 주파수 대역을 활용해 수익을 창출하는 시점부터 일정한 기간(회사가 정해 놓는 무형자산 내용연수) 주파수이용권 장부가

격을 하락시키고(무형자산 상각), 하락분만큼을 손익계산서에서 비용으로 털어(무형자산상각비) 냅니다.

표를 보면, 당기(2017년)의 연초 주파수이용권 장부가격이 2조 5808억 원이나 됩니다. 2017년 중에 새로 취득하거나 처분한 주파수이용권은 없습니다. 2017년에 4038억 원이 상각되었습니다. 이 금액만큼이 주파수이용권에서 발생한 무형자산상각비로 손익계산서에 반영될 것입니다.

오랫동안 사업에 활용하지 못해 가치가 손상된 주파수는 없는 모양입니다. 손상차손은 '0'입니다.

그래서 2017년 말(당기말)의 주파수이용권 장부금액은 연초 수치에서 상각 수치를 뺀 2조 1770억 원입니다. 통신사들은 정부로부터 경매로 주파수이용권을 매입하면 낙찰가 일부를 일시금으로 납부하고, 나머지 대금은 대개 10년 정도 분할납부합니다. 주파수이용권은 그 금액이 수천억 원에서 1조 원 이상이기 때문에, 한번에 다 납부하는 것은 아주 부담스러울 겁니다.

✅ 주파수 자산 회계로 '좌우균형 원리' 꿰뚫기

SK텔레콤이 2015년 초에 주파수이용권을 100억 원에 낙찰받아서 사업화를 시작했다고 가정해봅시다. 계약금으로 20억 원을 내고, 나머지 80억 원은 2015년 말부터 10년 동안 연 8억 원씩 분할납부하기로 했습니다.

이 거래를 그림으로 나타내 보겠습니다. 2015년 초 주파수를 낙찰받고 계약금 20억 원을 지급한 시점에는 '주파수이용권'이라는 자산이 생기고, 현금이 줄어듭니다. 그리고 장기미지급금이 80억 원 생깁니다.

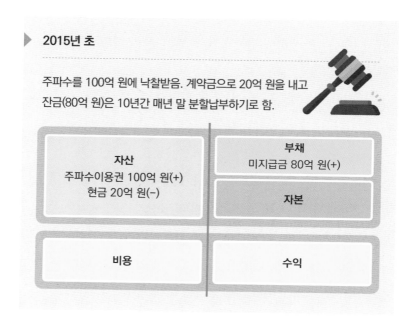

▶ **2015년 초**

주파수를 100억 원에 낙찰받음. 계약금으로 20억 원을 내고 잔금(80억 원)은 10년간 매년 말 분할납부하기로 함.

자산 주파수이용권 100억 원(+) 현금 20억 원(-)	부채 미지급금 80억 원(+)
	자본
비용	수익

어떻습니까? 좌우균형이 유지가 되나요? 좌변에서 자산이 결과적으로 80억 원 증가, 우변에서 부채가 80억 원 증가했으니까 좌우균형이 맞네요.

이 주파수를 이용해 바로 사업에 들어갔다고 가정했으므로, 2015년 말 결산은 다음 그림과 같이 나타납니다.

SK텔레콤의 무형자산 상각기간은 5년이라고 가정합니다. 주파수이용권 장부가격이 20억 원(100억 원/5년)만큼 감소하고, 손익계산서에 20억 원의 무형자산상각비가 반영이 되었습니다. 역시 좌우균형에 문제가 없습니다.

▶ **2015년 말(1)**

무형자산을 상각(상각 내용연수 5년)

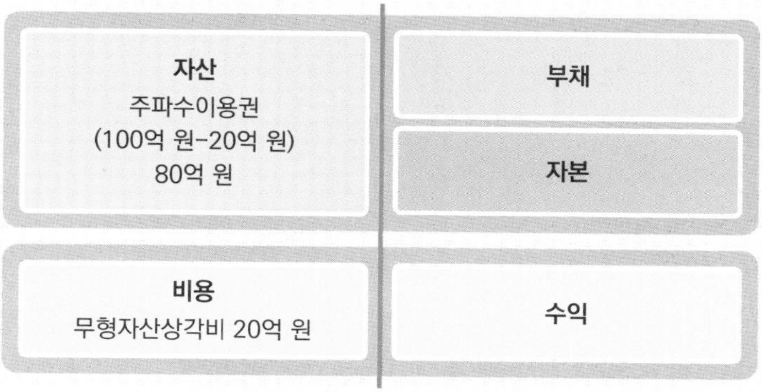

자산 주파수이용권 (100억 원-20억 원) 80억 원	부채
	자본
비용 무형자산상각비 20억 원	수익

2015년 말에는 주파수이용권 분할금도 납부해야 합니다. 8억 원의 현금이 나가고, 장기미지급부채가 8억 원만큼 줄어듭니다. 좌변에서 자산이 줄고, 우변에서 같은 금액으로 부채가 줄었습니다. 역시 좌우균형에 문제가 없습니다.

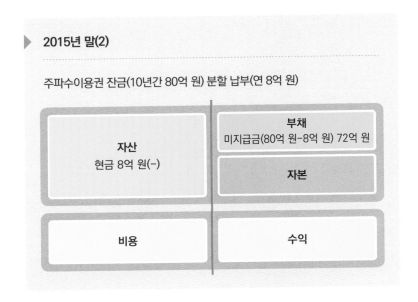

▶ **2015년 말(2)**

주파수이용권 잔금(10년간 80억 원) 분할 납부(연 8억 원)

자산 현금 8억 원(-)	부채 미지급금(80억 원-8억 원) 72억 원
	자본
비용	수익

✅ **KT는 못쓰게 된 주파수이용권을 재무제표에 어떻게 반영했나?**

우리는 앞서 기계설비 같은 유형자산의 가치에 손상이 발생할 수
있고, 이 경우 손상된 금액만큼 기계의 장부금액을 낮춰주고 손익
계산서에서 손상차손이라고 하는 비용으로 반영한다는 것을 배웠
습니다(215쪽 참조). 주파수이용권이라고 하는 무형자산도 마찬가
지입니다. 사업화가 어렵거나 활용할 가치가 떨어지면 손상을 인
식해야 합니다.

다음 표는 KT의 2015년도 연결재무제표 주석 '무형자산' 중에
서 주파수이용권에 관한 부분입니다.

2015년 초 KT의 장부상 주파수이용권 금액은 1조 4041억 원

2015년 KT 연결재무제표 주석 무형자산 중	(단위 : 억 원)
구분	**주파수이용권**
기초장부금액	14,041
취득	77
상각	(2,544)
손상	(1,847)
기말장부금액	9,727

이었습니다(2015년에 주파수이용권 취득이 있었는데 숫자는 미미하므로 무시해도 됩니다). 주파수이용권에서 발생한 상각이 2544억 원입니다. 그런데 정기적인 상각 말고 손상이 1847억 원 발생했습니다. 그러니 연말 주파수이용권 장부금액은 대략 9700억 원(1조 4041억 원 − 2544억 원 − 1847억 원) 수준이 됩니다.

손상이 발생한 연유는 이렇습니다.

KT는 2011년 주파수 경매를 통해 2600억 원에 800MHz 주파수를 확보했습니다. 그러나 이 주파수 대역을 활용하는 데 여러 가지 기술적 문제를 발견했다고 합니다. 그래서 회사 측은 이후 5년간 이 주파수와 관련한 투자를 전혀 하지 않았습니다. 기지국을 단 한 곳도 세우지 않은 것이죠.

이러다 보니 주파수 활용가치는 더 떨어지게 됐습니다. 이 주파수이용권에서 미래에 회수할 수 있는 금액을 측정해 보니, 1847억 원이 손상된 것으로 평가된 것입니다. 손익계산서에도 1847억 원이 손상차손이라는 비용으로 반영됩니다.

✅ 연예인 전속계약금은 기획사의 무형자산

연예기획사에서 연예인과 전속계약을 맺고 지급하는 전속계약금은 기획사 입장에서는 무형자산입니다. '전속계약권'이라는 이름으로 무형자산에 올립니다.

기획사는 연예인들이 벌어오는 공연수익, CF출연료, 방송출연료, 음반발매수익 등을 배분받습니다. 또 연예인 캐릭터 사업을 하기도 하고, 연예인과 관련한 각종 로열티를 받기도 합니다. 그래서 기획사는 인기 연예인과 전속계약을 맺고 싶어 합니다. 그러나 돈을 많이 벌어올 가능성이 높은 인기 연예인일수록 전속계약금을 많이 줘야 합니다. 연예인에게 주는 전속계약금은 이 연예인에게서 발생할 수익에 대한 기대에 따라 지급하는 돈이므로, 기획사들은 전속계약금액을 '전속계약권'이라는 이름의 무형자산으로 인식하게 됩니다.

Y연예기획사가 2015년 초 처음 영업을 시작하면서 특급 아이돌 가수 K군과 계약금 5억 원에 5년 전속계약을 했다고 합시다. 계약 시점의 재무상태와 손익을 나타내는 그림은 다음과 같을 겁니다.

K군(2015년 초 계약)
계약금 5억 원,
계약기간 5년

ENTERTAINMENT

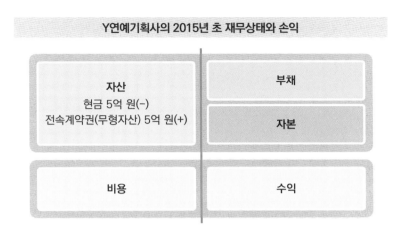

Y연예기획사의 2015년 초 재무상태와 손익

자산 현금 5억 원(-) 전속계약권(무형자산) 5억 원(+)	부채
	자본
비용	수익

2015년 말에는 전속계약권과 관련해 다음 그림처럼 처리하면 됩니다. 전속계약권을 1억 원(5억 원/5년) 상각하고, 무형자산상각비로 1억 원을 반영했습니다. 이렇게 해마다 1억 원씩 전속계약권을 1억 원씩 깎아나가고 1억 원씩 비용으로 처리하면 됩니다.

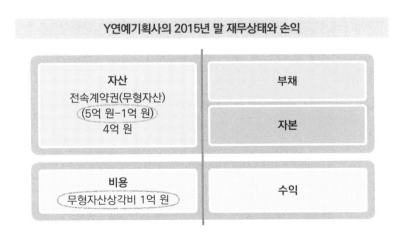

Y연예기획사의 2015년 말 재무상태와 손익

자산 전속계약권(무형자산) (5억 원-1억 원) 4억 원	부채
	자본
비용 무형자산상각비 1억 원	수익

표로 나타내면 다음과 같습니다.

구분	기초(2015년 초)	취득	상각	기말(2015년 말)
Y연예기획사의 2015년 전속계약권 상각				
전속계약권	0	5억 원	(1억 원)	4억 원

만약에 Y연예기획사가 2016년 초에 또 다른 특급 아이돌 L군과 전속계약금 5억 원에 5년 전속계약을 했다면 어떻게 될까요? 2016년 초 Y연예기획사의 전속계약권 총금액은 9억 원이겠지요. K군의 전속계약금 잔액 4억 원과 새로 계약한 L군 전속계약금 5억 원을 합쳐 9억 원입니다.

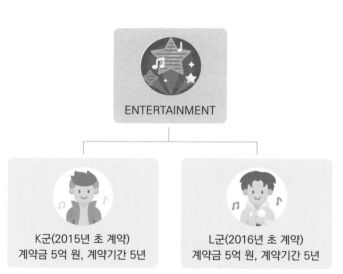

ENTERTAINMENT

K군(2015년 초 계약)
계약금 5억 원, 계약기간 5년

L군(2016년 초 계약)
계약금 5억 원, 계약기간 5년

2016년 말 결산을 할 때 전속계약권 상각액은 이제 2억 원이 되고, 잔액은 7억 원입니다. K군 전속계약금에서 1억 원이 추가로 상각되어 잔액 3억 원, L군 전속계약금에서 1억 원 새로 상각되어 잔액이 4억 원이 될 테니까요. 그리고 2016년 손익계산서에 반영되는 무형자산상각비는 2억 원이 되겠지요. 표로 나타내면 다음과 같습니다.

Y연예기획사의 2016년 전속계약권 상각

구분	기초(2016년 초)	취득	상각	기말(2016년 말)
전속계약권	4억 원	5억 원	(2억 원)	7억 원

✅ 전속계약금 비용 처리(상각), 매출원가일까, 판관비일까?

실제 사례를 한번 볼까요? 연예기획사 SMC&C의 2017년 연결재무제표를 보면 무형자산 중 전속계약권 부분에 대해 다음과 같이 기재되어 있습니다.

SM C&C 2017년 연결재무제표 주석 중 무형자산

※ 무형자산은 추정 내용연수 동안 정액법으로 상각

구분	추정 내용연수
전속계약권	5~8년

• 당기 무형자산의 변동 내역

구분	기초	취득	상각비	기말
전속계약권	48억 원	188억 원	(40억 원)	196억 원

SM C&C는 2017년 196억 원의 전속계약권을 무형자산에 올려놓았다.

2017년 초 회사 장부에 48억 원의 전속계약권이 잡혀 있습니다. 2017년 중에 새로운 연예인과 전속계약을 맺고 지급한 돈이 188억 원입니다. 꽤 많은 연예인들과 신규 계약을 체결한 모양입니다.

2017년 중에 상각 처리한 전속계약권은 40억 원입니다. 그래서 40억 원이 상각비로 반영됐습니다. 당기 말(2017년 말) 전속계약권 장부가격 잔액은 196억 원(48억 원＋188억 원－40억 원)이 됩니다.

그럼, 이 전속계약권 상각비용 즉 무형자산상각비는 매출원가와 판매관리비 중 어디에 반영이 될까요? 대개는 매출원가로 반영합니다. 연예인들이 창출하는 매출과 직접 대응하는 비용으로 처리하는 게 옳다는 거지요. 그림으로 표현하면 다음과 같습니다.

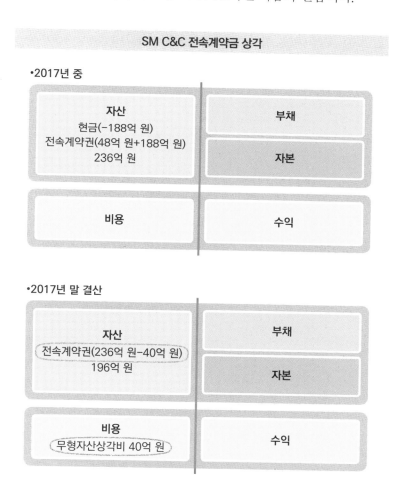

SM C&C 전속계약금 상각

• 2017년 중

자산 현금(-188억 원) 전속계약권(48억 원+188억 원) 236억 원	부채
	자본
비용	수익

• 2017년 말 결산

자산 전속계약권(236억 원-40억 원) 196억 원	부채
	자본
비용 무형자산상각비 40억 원	수익

Lesson 15

"외상대금 못 받을 거 같아요", 매출채권 손상

 KEY POINT 1 매출채권에 손상(돈을 받는 것이 불확실해질 경우)이 발생하면 매출채권의 가치 하락을 재무제표에 반영

 KEY POINT 2 **대손충당금** : 채권에 대해 앞으로 회수가 불확실하다고 예상되는 금액을 추산해 미리 비용으로 처리하기 위해 설정한 금액

KEY POINT 3

✅ 돈을 떼일 것 같으면 '대손충당금'과 '대손상각비'로

외상으로 물건을 납품하거나 서비스를 제공하면 '매출채권'이라는 자산이 생깁니다. 매출채권에도 손상이 발생합니다. 매출채권 금액 즉 외상매출금을 전액 또는 일부 못 받는 경우지요. 그런데 매출채권 손상을 처리하는 방법은 유형자산이나 무형자산 손상 처리와는 좀 차이가 있습니다.

배추 농사꾼 갑수가 재배하는 배추가 맛이 좋다고 널리 알려지면서 대형식당으로부터 거래 요청이 쇄도했다고 합시다. 이제 갑수에게는 거래처가 수백 곳 생겼습니다. 조그만 식당이라면 현금을 받고 납품하겠지만, 큰 식당들이다 보니 세금계산서를 끊고 보통 2~3개월 뒤 결제를 받는 방식으로 거래했습니다. 매출이 발생했으나 현금이 들어오지는 않았고, 대신 매출채권이 생긴 셈입니다.

갑수의 거래를 그림으로 그려보겠습니다.

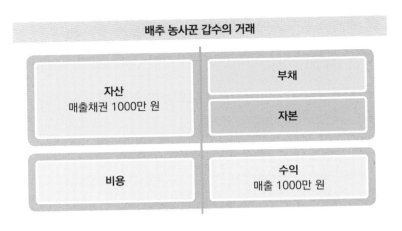

배추 농사꾼 갑수의 거래

자산 매출채권 1000만 원	부채
	자본
비용	수익 매출 1000만 원

그런데 큰 식당들이라고 해서 사정이 좋기만 한 건 아니었습니다. 차일피일 결제를 미뤄 6개월이 넘도록 대금 회수가 안 되는 곳도 생겨났습니다. 알아보니 이런 식당들은 자금난에 시달리고 있었습니다. 이런 식당들에 대한 매출채권을 갑수는 온전히 다 회수할 수 있을까요?

아마 일부는 떼일 가능성이 높겠지요. 그래서 갑수는 결제일이 한참 넘긴 식당에서 발생한 매출채권 5000만 원 가운데 1000만 원 정도는 못 받는다고 생각하기로 했습니다. 이렇게 하면 갑수의 재산 가운데 매출채권 가치가 1000만 원 하락하게 되고, 그만큼 손실이 난 것으로 봐야 합니다. 돈을 떼인 것이 확정되지 않아도, 떼일 가능성이 높아지면 추정되는 매출채권 가치의 하락을 미리 재무제표에 반영해야 한다는 이야기입니다.

뉴스나 신문기사를 통해 대손충당금, 대손상각비라는 용어를 들어본 적 있으시죠. 매출채권 손상과 연관된 용어들입니다.

✅ 동네 슈퍼와 기업, 외상값 회계 처리 무엇이 다른가?

잠시 추억을 떠올려 보겠습니다. 예전에는 동네 입구에 조그만 슈퍼마켓들이 있었습니다. 가게에는 보통 조그만 방이 하나 딸려 있었는데, 주인이 항상 방안에서 돈을 받았습니다. 살림집과 카운터 역할을 하는 공간입니다. 방 한쪽을 보면 검은색 표지에 빨간 줄이 그어져 있는 공책이나 손바닥만 한 수첩 여러 개를 노끈으로 묶어 놓은 것이 있었습니다. 엄마 심부름으로 두부를 사면서 "엄마가 돈은 내일 드린대요"라고 하면, 주인아주머니는 '재홍이네'라고 적힌 수첩에 '두부 200원'이라고 적어 놓았습니다. 한번은 주인아주머니가 노발대발 화내시는 걸 봤습니다. 동네에 살던 신혼부부가 몰래 이사를 가서 외상값을 전부 떼였다고 했습니다.

기업도 사정은 비슷합니다. 현금을 미리 받고 거래하는 경우는

기업이 재화·용역 등을 판매하고 대금을 바로 받지 않고 나중에 받기로 약속하는 것을 외상거래라고 한다.

- **매출채권** : 기업의 통상적인 영업활동에서 발생한 채권 (외상대금)
- **미수금** : 기업의 영업활동 이외에서 발생한 채권 (외상대금)

드뭅니다. 대부분이 외상거래입니다. 재무상태표에 매출채권, 미수금으로 적혀 있는 금액이 외상대금입니다. 매출채권과 미수금은 똑같이 외상대금이지만 차이가 있습니다.

예를 들어 스마트폰 회사가 스마트폰을 외상으로 팔면 '매출채권'으로 기록합니다. 그런데 회사에서 쓸모없어진 기계설비를 외상으로 팔았다면 이것은 '미수금'이 됩니다. 즉, 미수금은 회사의 본질적인 영업활동 이외에서 발생한 외상대금입니다. 현대자동차가 그랜저 승용차를 외상으로 팔면 매출채권으로 잡고, 임직원 출퇴근용으로 사용하던 버스를 중고로 팔면 미수금으로 잡습니다.

이러한 외상매출금은 항상 떼일 위험이 있습니다. 외상매출금을 전액 떼인 것이 확실하다면 당연히 외상장부에서 지워야겠지요. 그런데 떼인 것이 아직 확실하진 않지만, 떼일 가능성이 높은 외상매출금은 어떻게 해야 할까요? 예를 들어서 영희네 외상값이 50만 원쯤 되는데, 영희 아버지가 최근 사기를 당해서 갑자기 형편이 많이 어려워졌다는 것을 슈퍼 주인아주머니가 알게 된 경우라면 어떻게 해야 할까요?

슈퍼 주인아주머니 입장에서는 신혼부부처럼 야반도주한 것으로 확인되지 않은 이상, 외상값 회수에 대한 기대를 여전히 안고 있을 겁니다. 영희네 형편이 어려워졌다고 영희네 외상값 50만 원을 30만 원으로 조정하지는 않을 거라는 얘깁니다.

그런데 기업은 조금 다릅니다. 떼일 가능성이 있다면 그 금액을 추정하여 매출채권 가치를 낮춰야 합니다. 그리고 비용으로도 반영해야 합니다. 이것을 '대손처리'라고 표현합니다. 확실하게 떼여서 장부에서 삭제하고 손실 처리하는 것도 대손처리지만, 떼일 가능성이 있어서 추정액을 반영하고 그만큼을 손실 처리하는 것도 대손처리라고 합니다.

대손처리 회계를 할 때는 '대손충당금'이라고 하는 계정을 활용합니다. 예를 들어 지금 장부상 1000만 원짜리 매출채권이 있는데, 100만 원은 회수가 어려울 것으로 예상한다고 합시다. 나중에 1000만 원이 다 회수될지, 900만 원만 회수될지, 아니면 이마저도 안되고 800만 원밖에 회수할 수 없을지 정확하게 알지 못합니다. 다만, 지금 예상하기에는 100만 원을 떼일 가능성이 높다고 판단한다는 거지요. 그렇다면 지금 시점에서 회사가 판단하는 이 매출채권의 가치는 900만 원입니다. 재무상태표에 매출채권 장부가

밑줄 쫙!

대손충당금 : 채권에 대해 앞으로 회수가 불확실하다고 예상되는 금액을 합리적이고 객관적인 기준으로 추산해 미리 비용으로 처리하기 위해 설정한 금액

격을 적을 때는 순액인 900만 원으로 기재합니다. 100만 원이라는 추정액에는 '대손충당금'이라는 계정 이름을 붙입니다. 대손충당금 금액을 기록할 때는 떼인 것이 확실한 돈뿐만 아니라 떼일 가능성이 높은 돈도 추정해 손실로 처리합니다.

매출채권 대손처리

계정 과목	금액
매출채권	1,000만 원
대손충당금	(100만 원)
매출채권(순액)	900만 원

☑ 떼일 돈을 어떻게 추정하지?

떼일 돈은 어떻게 예상할까요? 슈퍼마켓에 오는 신혼부부가 열 집이라고 가정하면 그 중 한집이 돈을 떼먹고 갔으므로 10% 확률로 돈을 떼인다고 볼 수 있습니다. 슈퍼마켓의 외상대금 중 신혼부부 몫이 총 100만 원이라면, 여기에 10%를 곱해서 10만 원을 장래에 못 받을 수도 있는 금액으로 미리 쌓아놓습니다.

　대손충당금은 재무상태표에 기재한다고 했습니다. 떼일 것으로 추정되는 금액만큼 매출채권 가치가 낮아지니까, 손익계산서에서 비용 처리를 해야합니다. 손익계산서에서는 '대손상각비'라는 계정을 사용합니다. ㈜솥단지는 2015년 초부터 영업을 시작했습니다. 2015년 말 결산 시점 매출채권 잔액을 보니 총 1000만 원입니다. 이 매출채권들을 평가해보니 회수하기 어려울 것으로 추정된 금액이 100만 원입니다. 그럼 재무상태표에서 대손충당금으로 100만 원을 설정해 매출채권 순액을 낮춰주고, 손익계산서에서는 대손상각비로 100만 원을 반영한다는 이야기입니다.

☑ 떼일 줄 알았던 돈을 받았다면 재무제표에는 어떻게 기록할까?

대손충당금은 증가하기만 할까요? 아닙니다. 회사가 떼였다고 생각했는데 받는 돈도 생길 수 있고, 떼일 줄 알았던 거래처의 실적이 좋아져서 떼일 위험이 사라지는 경우도 있습니다. 이럴 경우에는 재무상태표의 대손충당금을 줄여야 합니다. 대손충당금을 줄이면 손익계산서에는 대손상각비를 (-)로 표시합니다. 이런 경우에는 비용이 마이너스가 되니 회사의 당기순이익이 증가합니다.

대손충당금의 증감에 따라 회사의 실적이 크게 변동하기도 합니다. 실제 사례를 한 번 보겠습니다.

2018년 3월 1일

국내 은행들 7년 만에 '훈풍' … 성과급도 2배 증가

국내 19개 은행의 순이익이 지난해 11조 2,000억 원으로 잠정 집계됐다. 은행들의 순이익 규모가 증가한 이유는 부실이 줄어 대손충당금이 줄었기 때문으로 풀이된다. 대손충당금은 회수가 불가능할 것으로 예상되는 금액을 비용으로 처리하기 위해 설정한 돈이다. 조선·해운업 구조조정이 일단락돼 산업·수출입 등 특수은행들의 대손비용이 5조 2,000억 원 줄었다.

부산은행 대손충당금 급증 … 작년 말 기준 5240억 원

BNK금융지주가 지난해 '어닝쇼크' 수준 실적을 기록했다. 이는 BNK 금융의 주력 계열사인 부산은행의 실적 부진 탓이다. 부산은행은 지난해 2,032억 원의 당기순이익을 기록했는데, 이는 전년보다 1,237억 원 (37.8%)이나 줄어든 실적이다.

BNK금융 관계자는 "조선, 해운, 철강, 자동차 등 지역 주력 업종의 실적 악화로 부도와 도산이 일시적으로 증가한 게 실적에 영향을 미쳤다"고 말했다.

어떤 은행은 실적이 좋아져서 성과급을 받았지만, 어떤 은행은 같은 시기에 어닝쇼

> **어닝쇼크** 시장 예상치에 크게 못 미치는 실적 발표

크 수준의 실적을 기록했습니다. 이처럼 은행권 실적에서 중요한 부분을 차지하는 것이 대손충당금의 규모입니다. 대손충당금은 떼인 돈뿐만 아니라 떼일 돈까지 예상해서 금액을 측정해야 하니 거래처의 신용 변동에 큰 영향을 받습니다. 거래처의 신용이 좋아지

면 대손충당금으로 처리해야 할 금액이 적어지고, 반대라면 금액이 커지기 때문입니다.

대손충당금은 거래처 신용 변동에 큰 영향을 받는다. 거래처 신용이 좋아지면 대손충당금으로 처리해야 할 금액이 적어지고 반대라면 금액이 많아지기 때문이다.

Lesson 16

누구에게 언제 얼마를 줄지
정확히 몰라도 빚, 충당부채

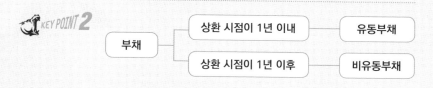

KEY POINT 1 **충당부채** : 지출이 발생할 시기와 금액이 불확실한 부채.
누구를 상대로, 언제, 얼마를 지출해야 할지 확실하지 않은 요소들이
있다 해도 지출 가능성이 크고, 지출액을 추정할 수 있다면 부채로 인
식한다.

KEY POINT 2

부채 ┬ 상환 시점이 1년 이내 ── 유동부채
     └ 상환 시점이 1년 이후 ── 비유동부채

KEY POINT 3 충당부채 설정액은 손익계산서에서 비용으로 처리.

잘 나가는 배추 농사꾼 갑수는 어느 날 변호사라는 사람으로부터 전화를 받고 깜짝 놀랐습니다. 변호사의 말인즉, 갑수가 출하하는 배추에 '속 알찬 참배추'라는 상표를 붙였는데요. 다른 사람이 이미 등록한 상표라는 겁니다. 아무 생각 없이 좋은 표현이라고 생각하고 붙인 상표인데, 다른 사람이 등록한 상표라니……. 변호사는 상표 소유자의 의뢰로 갑수를 상대로 소송을 진행할 수밖에 없다고 말했고, 실제로 소송이 시작됐습니다. 상대방이 제기한 상표권 침해 배상액은 1억 원이었습니다. 안타깝게도 갑수는 1심에서 패소했습니다. 갑수는 항소하기로 했지만 최종패소해 배상액이 확정될 가능성을 생각하니 눈앞이 캄캄했습니다. 기업이라면 이런 경우 어떻게 회계 처리해야 할까요?

　1심에서 패소했기 때문에 앞으로 상표 소유권자에게 배상해 줘야 할 가능성이 커졌다고 볼 수 있습니다. 기업들

지출이 발생할 시기와 금액이 불확실한 부채를 '충당부채'라고 한다. 소송에 질 경우를 대비해 설정한 부채를 '소송 충당부채'라고 한다.

은 이런 경우 1억 원 전부는 아니더라도 상당 금액을 부채로 잡아야 합니다. '충당부채'라는 이름으로요.

소송에 질 경우를 대비해 설정한 부채이기 때문에 '소송 충당부채'라고 할 수 있겠습니다. 실제로 기업은 여러 가지 형태의 충당부채를 가지고 있습니다. 예컨대 자동차 회사의 경우 차를 팔고 나면 일정 기간 무상수리를 약속합니다. 무상수리 의무를 이행하기 위해 투입해야 할 것으로 예상되는 돈도 충당부채에 해당합니다. 이러한 충당부채가 어떤 상황에서 발생하는지, 어떻게 회계 처리되고 재무제표에 반영되는지를 알아봅시다.

☑ 프러포즈할 때 한 약속은 부채일까, 아닐까?

예를 들어봅시다. 회사 사장이 2015년 초 임원들과 회식자리에서 술이 거나하게 취해 재무담당 김 상무에게 이렇게 말했습니다.

"김 상무님, 올해는 작년 영업이익의 80% 이상만 달성해도 연말 보너스로 1인당 1000만 원을 지급할 생각입니다. 직원들에게 공지해도 좋습니다."

전년 대비 80% 이상의 영업이익을 내는 것은 올해 업황을 가늠해보건대 충분히 가능합니다.

김 상무는 다음 날 아침 일찍 사내 인트라넷 게시판에 이 같은 사장의 방침을 전 직원이 볼 수 있게끔 올렸습니다. 그러면 회사는 전체 직원 100명에 대한 총 10억 원의 부채를 재무제표에 계상해

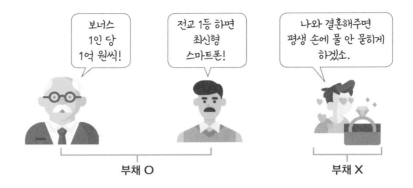

보너스
1인 당
1억 원씩!

전교 1등 하면
최신형
스마트폰!

나와 결혼해주면
평생 손에 물 안 묻히게
하겠소.

부채 O

부채 X

야 합니다.

미래에 직원 한 명당 1000만 원을 지급해야 할 의무를 회사가 지게 되었기 때문입니다. 이 의무는 실행해야 할 가능성이 높을 뿐 아니라 그 금액을 신뢰성 있게 측정하는 것도 가능하지요. 따라서 회계상 부채로 인식해야 합니다.

또 이런 경우를 한번 생각해 볼까요? 아빠가 아들에게 "이번 중간고사에서 전교 1등을 하면 시가 100만 원짜리 최신 스마트폰을 사주겠다"고 약속했습니다. 아들은 시험 때마다 전교 1~2등을 오가는 성적을 내고 있었습니다. 그렇다면 아빠는 100만 원짜리 스마트폰을 사줘야 할 미래의 의무를 부채로 인식해야 합니다. 실제로 지출을 해야 할 가능성이 높고 지출해야 할 금액을 신뢰성 있게 측정할 수 있기 때문입니다.

그렇다면, 이런 경우는 어떨까요? 사귀는 연인에게 "나와 결혼해주면 앞으로 절대 손에 물 안 묻히게 하겠소"라고 약속한다면요? 이것은 회계상 부채가 아닙니다. 손에 물 안 묻히게 하겠다는 표현은 고생시키지 않겠다는 의미로, 의무 내용이 추상적이고 의무의 객관적 가치를 측정하는 것도 불가능하기 때문입니다.

☑ 사장님이 약속한 성과급은 부채다!

회계에서 말하는 부채는 우리가 알고 있는 빚보다는 더 포괄적인 개념입니다. 빚과 동일한 개념으로 재무상태표에 나타나 있는 항목은 원재료를 외상으로 사온 매입채무, 회사 비품을 외상으로 사온 미지급금, 은행에서 빌린 장단기차입금이 대표적입니다.

여기에 더해 과거에 일어난 거래나 사건 때문에 미래에 수행해야 할 의무도 부채가 됩니다. 대표적인 항목이 충당부채입니다. 충당부채 때문에 회사 실적이 크게 요동치기도 합니다. 왜 그럴까요?

충당부채를 설정하면 그만큼 손익계산서에 비용이 발생하기 때문입니다. 회사가 연말 성과급 10억 원 지급을 약속했고, 객관적으로 봤을 때 성과급 지급 가능성이 높다면 회사는 성과급 충당부채 10억 원을 설정해야 합니다. 동시에 손익계산서에 인건비(성과급) 10억 원을 미리 반영해야 합니다. 그리고 연말에 성과급이 실제로 지급되면 성과급 충당부채는 삭제하고 현금이 10억 원 감소한 것으로 기록하면 됩니다. 인건비는 미리 반영했기 때문에, 비용으로 더 반영할 것은 없습니다.

그림으로 나타내 보겠습니다. 좌우균형을 유지하는 그림이 나타나야겠지요.

성과급 지급을 약속했을 때 회계 처리

자산	부채 성과급 충당부채 10억 원
	자본
비용 인건비(성과급) 10억 원	수익

성과급을 실제 지급했을 때 회계 처리

자산 현금 10억 원(-)	부채 성과급 충당부채 10억 원(-)
	자본
비용	수익

밑줄 쫙!

충당부채 : 지출이 발생할 시기와 금액이 불확실한 부채.
누구를 상대로, 언제, 얼마를 지출해야 할지 확실하지 않은
요소들이 있다 해도 지출 가능성이 크고, 지출액을 추정할 수 있
다면 부채로 인식한다.

ⓒ 식중독 사고 난 식품회사의 재무제표 변화는?

충당부채를 설정하는 대표적인 사례가 소송사건입니다. (주)맛나제과 빵에 배탈을 일으키는 유해균이 포함돼 소비자 한 명이 사망했습니다. 유가족들은 (주)맛나제과를 상대로 소송을 했습니다. 회사가 패소할 확률이 매우 높고 사망한 사람이 고액연봉을 받았다면 회사가 배상할 금액이 매우 높을 것입니다.

실제로 회사는 재판이 최종적으로 종료돼서 판결이 나면 지급할 금액과 시기를 정할 수 있을 것입니다. 회계 기준에서는 다음의 조건을 모두 만족할 때 충당부채로 기록하도록 하고 있습니다. 이 경우 회사에서는 소송과 관련된 사건이므로 '소송 충당부채'를 설정해야 합니다.

충당부채의 조건

① 과거 사건이나 거래의 결과로 현재 의무가 존재	빵에서 식중독균이 검출돼 피해자에게 배상할 의무가 생김
② 이 의무를 이행하기 위해 자원이 유출될 가능성이 매우 높음	소송에서 패소(피해 보상금을 지급)할 가능성이 높음
③ 그 의무의 이행에 소요되는 금액을 신뢰성 있게 추정할 수 있어야 함	사망자가 받았던 연봉을 기준으로 배상액을 정할 것이므로 추정 가능

✔ 한방에 1조 원 비용 처리한 기아차의 사연

회사에 다니는 사람이라면 급여 명세서가 복잡하게 적혀 있는 것을 본 적이 있을 것입니다. 국내 근로자 임금은 기본급 외에 각종 수당·상여금·성과급 등 다양하고 복잡한 항목으로 이루어져 있습니다. 이들 수당이나 상여금 가운데 어떤 것은 이른바 통상임금에 포함되어 있고, 어떤 것들은 빠져 있습니다.

통상임금이란 근로 제공에 대한 보상입니다. 근로자에게 정기적·일률적·고정적으로 지급하는 임금을 통틀어 말합니다. 통상임금 범위가 중요한 이유는 통상임금이 각종 초과 근무수당(연장·야간·휴일 근무수당)이나 퇴직금을 산정하는 기준이 되기 때문입니다. 통상임금 기준으로 시간당 임금이 1만 원이라면 야간근무에 대해서는 시간당 1만 5000원을 지급하도록 돼 있습니다.

회사가 거의 정기적으로 지급해 오던 보너스(상여금)가 그동안 통상임금 범위에 빠져 있었다고 해 봅시다. 이를 통상임금에 포함시킨다면 근로자들이 받는 초과 근무수당이 더 늘어나게 됩니다.

기아자동차(기아차) 노동조합이 제기했던 통상임금 소송의 내용이 바로 이것입니다. 노동조합은 통상임금 산정에서 제외됐던 상여금을 통상임금에 포함해, 이전에 덜 받았던 각종 수당을 지급해 달라고 요구했습니다.

2017년 8월 말 1심 결과가 나왔습니다. 서울중앙지방법원은 노조 측 일부 승소 판결을 내렸습니다. 상여금과 중식비가 통상임

상여금은 통상임금이다!

상여금은 통상임금이 아니다!

통상임금에 상여금 포함 여부에 따라 근로자가 받는 각종 초과 근무수당과 퇴직금이 달라진다.

금에 해당하기 때문에 회사는 근로자에게 과거 덜 줬던 수당 등 4223억 원을 지급하라고 명령했습니다. 회사가 상황을 아주 심각하게 받아들이고 즉각 항소했습니다. 그럴 수밖에 없었던 이유는 4223억 원만 지급하면 끝나는 게 아니기 때문이었습니다.

이번 판결은 '2008년 8월부터 2011년 10월까지' 3년 2개월 간 소급분에 한정된 것이었습니다. 추가로 2011년 말~2017년까지 6년 치에 대한 소송이 이어질 것입니다. 그렇게 되면 추가로 5800여억 원의 지급 부담이 생길 수 있습니다. 1심 판결액과 추가 소송 건을 다 포함하면 거의 1조 원에 이르는 금액입니다.

기아차는 2017년에 결산을 하면서 약 1조 원의 통상임금 충당 부채를 반영하고, 손익계산서에서 비용으로 처리했습니다. 생산직 근로자의 급여와 관련한 비용이므로 대부분 매출원가로 반영했습니다. 관리직 급여와 관련한 비용 일부는 판관비로, 또 일부는 원금에 대한 이자분으로 반영(영업외비용)했습니다.

그림으로 나타내면 다음과 같습니다.

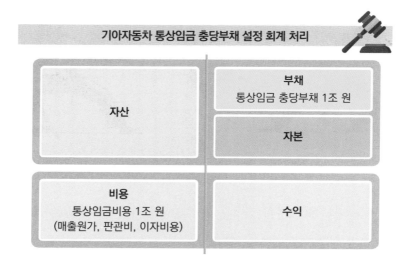

기아자동차 통상임금 충당부채 설정 회계 처리	
자산	부채 통상임금 충당부채 1조 원
	자본
비용 통상임금비용 1조 원 (매출원가, 판관비, 이자비용)	수익

✅ 보증수리 의무도 부채다!

서울 암사동에 사는 그랜저 오너 이회계 씨는 운행 도중 계기판에 소화전 모양을 한 램프가 빨간색으로 점등된 것을 발견했습니다. 혹시나 자동차에 큰 이상이 있을지 몰라 부랴부랴 서비스 센터를 방문했습니다. 자동차를 점검한 결과 엔진에 공기를 공급하는 부품에 약간의 이상이 있는 것을 발견했습니다. 수리 비용이 부품값 30만 원과 공임을 합해 약 50만 원가량 든다고 서비스 센터 측이 얘기해 주었습니다.

수리가 끝나고 이 씨가 수리비를 지급하려 서비스 센터 사무실에 들어가니 직원이 웃으며 커피를 건네는 것이었습니다. 보증수리기간이 3일이 남아있어서 무료로 수리를 진행했고, 기본적인 자동차 점검까지 마쳤다는 얘기를 해 주었습니다. 이 씨는 보증수리 만료 3일 전에 이상 신호를 보내준 자동차에게 고맙고, 서비스 센터의 친절에 만족했습니다.

서비스 센터는 이 씨의 자동차 수리비를 현대자동차에 청구할 것입니다. 보증 수리를 제공하는 기간에는 수리비를 자동차 회사가 부담하기 때문입니다.

일반적으로 현대자동차는 판매한 지 3년 이내, 주행거리 5만 km 미만의 자동차는 차량 수리에 들어가는 비용을 회사가 부담합니다. 이 무상보증 서비스가 충당부채의 정의와 정확하게 일치합니다. 자동차 판매사 입장에서는 언제 발생할지, 얼마나 발생할지 알 수 없지만, 반드시 발생할 수밖에 없는 비용입니다. 그 금액도 수십 년간 쌓인 데이터에 의해 추정할 수 있습니다.

기아자동차가 2015년 1월에 승용차 10대를 현금 판매했다고 해 봅시다. 대당 판매가격은 1000만 원입니다. 그리고 기아자동차는 과거 경험으로 보건대, 매출의 5%만큼 무상수리비용이 발생했습니다.

2015년 1월 판매 물량에 대해 충당부채를 설정해 봅시다. 매출이 1억 원(1000만 원 × 10대)이니까, 판매보증 충당부채는 5%인 500만 원

일정 조건을 충족하는 차량의 수리비를 회사가 부담하는 자동차 무상보증 서비스는 충당부채 정의와 정확하게 일치한다.

입니다. 그리고 충당부채 설정액만큼을 손익계산서에서 비용(판매보증비)으로 미리 반영합니다.

다음과 같이 그림을 그리면 좌우균형이 맞겠지요.

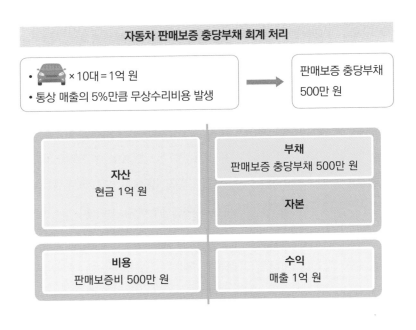

자동차 판매보증 충당부채 회계 처리

- ×10대 = 1억 원
- 통상 매출의 5%만큼 무상수리비용 발생

→ 판매보증 충당부채 500만 원

자산 현금 1억 원	부채 판매보증 충당부채 500만 원
	자본
비용 판매보증비 500만 원	수익 매출 1억 원

✅ 기아차 재무제표에 나타난 충당부채 분석

충당부채 중 가장 일반적인 것이 소송 충당부채, 판매보증 충당부채 같은 것들입니다. 그만큼 재무제표에서 많이 만날 수 있습니다. 재무상태표를 보면, '판매보증 충당부채'라고 구체적으로 적어놓기도 합니다만, 기아자동차처럼 '충당부채'로 포괄해서 표시해 놓고 어떤 종류의 충당부채들이 있는지는 재무제표 주석에서 자세히 밝히는 경우도 있습니다.

기아자동차가 공시한 2017년 연결재무제표의 부채 부분과 주석을 한번 볼까요.

2017년 기아자동차 연결재무제표

(단위 : 억 원)

구분	2017년	2016년
부채	254,332	243,098
유동부채	153,230	162,469
충당부채	11,377	8,274
비유동부채	101,102	80,629
장기충당부채	34,955	22,661

충당부채를 두 곳에 나누어 기재해 놓았습니다. 유동부채에 '충당부채', 비유동부채에 '장기충당부채'라는 이름으로 기재했네요. 유동과 비유동을 나누는 기준은 비용이 발생할 예상 시점이 1년 이내냐, 1년 이후냐입니다. 충당부채의 세부 내역을 알기 위해서는 필수적으로 주석을 확인해야 합니다.

기아자동차는 2017년 말 연결재무제표 주석 17번에 충당부채

비용 발생 예상 시점이
1년 이내

유동부채

YEAR

비용 발생 예상 시점이
1년 이후

비유동부채

에 관한 내용을 공시했습니다.

출고한 제품의 보증수리 기간 내 부품 수리, 수출 제품 하자로 인한 사고 보상을 위하여 매출 시점에 판매보증 충당부채를 설정하고 있습니다. 또한, 진행 중인 소송 사건 등과 관련하여 향후 지급이 예상되는 지출액을 추정하여 기타 충당부채를 설정하고 있습니다.

	판매보증 충당부채	기타 충당부채*	합계
기초 잔액	30,558 ①	379 ②	30,936
설정액	20,497 ③	10,216 ④	30,713
사용액	−14,564 ⑤	−32 ⑥	−14,596
기말 잔액	35,748	10,585	46,333
유동부채	10,802	576	11,378
비유동부채	24,946	10,009 ⑦	34,956

* 당기 말 현재 통상임금 관련 소송 사건으로부터 예상되는 유출금액 997,949백만 원을 기타 충당부채로 재무제표에 반영했습니다.

2017년 초 판매보증 충당부채는 3조 558억 원이었습니다(①). 2016년 말 결산으로 집계된 판매보증 충당부채 금액이 2017년 초로 넘어온 것입니다. 이 표에 나와 있는 기타 충당부채는 판매보증 충당부채를 제외한 이런저런 충당부채를 다 끌어다 모아놓은 것입니다. 이것이 연초에는 379억 원이었습니다(②).

2017년에 새로 설정된 판매보증 충당부채는 2조 497억 원입니다(③). 자동차가 연중 계속 팔리기 때문에 충당부채는 크게 증가합니다. 표에는 '설정액'이라고 적혀있는데요, '전입액'이라고 표현하기도 합니다.

그런데 연초 불과 379억 원이던 기타 충당부채에서 새로 설정된 금액이 무려 1조 216억 원이나 됩니다(④). 왜 그런지 짐작이 가지요? 거액의 통상임금 충당부채가 설정되었기 때문입니다. 표 아래쪽 설명을 보니, 9979억 원이나 되네요. 이만큼이 손익계산서에 통상임금 관련 비용으로 반영됩니다.

'설정액' 아래에 '사용액'이라고 보이시나요? 판매보증 충당부채에서 사용액이라고 하면 실제로 자동차 수리비로 사용한 금액을 말합니다. 2017년 중에 1조 4564억 원의 무상수리가 발생했다고 보면 됩니다(⑤).

기타 충당부채의 사용액 32억 원(⑥)은 이 표만 봐서는 알 수가 없습니다. 어쨌든 32억 원이 실제로 어떤 이유에서인가 집행이 되었다고 보면 될 것 같습니다.

2017년 말의 기말 잔액은 유동과 비유동으로 구분해 기재돼 있습니다. 기타 충당부채는 대부분 비유동입니다(⑦). 즉 통상임금 충당부채의 실제 지급 시점을 1년 이내로는 안 본다는 것입니다.

어쨌든 기아자동차는 2017년에 통상임금 때문에 2010년 이래 가장 나쁜 경영 성적표를 받게 됐습니다. 영업이익이 2016년에 비해 73.1% 감소했으며, 매출원가가 전년 대비 5.5% 상승해 매출원가율도 3.1% 오른 83.3%를 기록했습니다.

☑️ 판매보증 충당부채로 호되게 고생한 평화정공

판매보증 충당부채로 어닝쇼크를 기록한 회사도 있습니다. 평화정공이라는 회사입니다. 자동차 도어 무빙 시스템에 훌륭한 기술력을 지닌 회사인데요. 2015년에 참담한 실적을 기록했습니다.

평화정공 이익 추이 (단위 : 억 원)

■ 영업이익 ■ 당기순이익

	2014년	2015년	2016년
영업이익	509	49	697
당기순이익	393	73	532

2014년에 영업이익이 509억 원, 당기순이익이 393억 원이었습니다. 그런데 2015년에는 영업이익 49억 원, 당기순이익 73억 원으로 충격적인 실적을 냈습니다. 평화정공이 2015년 시장 예상치에 크게 못 미치는 실적을 발표하며 어닝쇼크를 기록한 데는 판매보증 충당부채가 주요한 원인이었습니다.

으악! 실적이 왜 이래!

평화정공이 2015 어닝쇼크를 기록한 데는 판매보증 충당부채가 주요한 원인이었다.

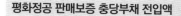

위 그림을 보면 2015년 판매보증 충당부채 전입액(설정액)이 전년 대비 740%나 증가한 664억 원이었습니다. 2015년 평화정공에 도대체 무슨 일이 있었길래 판매보증 충당부채로 이렇게 큰 금액을 설정하고 비용으로 반영해야 했을까요?

다음의 기사를 통해 당시 상황을 알 수 있습니다.

2016년 2월 15일

평화정공, 작년 영업이익 49억… 전년 대비 90.3% 감소

자동차부품사인 평화정공은 지난해 연결 영업이익이 전년 대비 90.3% 감소했다고 공시했다. 이 수치는 최근 10년 간 가장 낮은 수준이다. 회사는 판매보증 충당금 때문에 영업이익과 당기순이익이 줄었다고 전했다. 고객사에 납품했던 부품의 금형 불량으로 문제가 발생하자 이를 수거해 교환하는 데 비용이 대거 발생했다.

평화정공은 불량품이 발생해 이를 교환해주는 데 많은 비용이 들어갈 것으로 예상한 것입니다. 여기에서 한 가지 짚고 넘어가야 할 게 있습니다. 재무상태표의 판매보증 충당부채는 미래에 대한 예측치라는 것입니다. 따라서 결산일로부터 1년 내 보증수리가 발생할 것으로 예상되면 유동부채로, 1년 이후에 발생할 것으로 예상되면 비유동부채로 구분합니다. 2015년 평화정공의 충당부채 주석을 한 번 보시죠.

2015년 평화정공 재무제표 충당부채 관련 주석	
구분	금액
기초장부금액	64억 원
전입액	664억 원
사용액	(114억 원)
기말장부금액	627억 원
유동 항목	591억 원
비유동 항목	36억 원

2015년에 664억 원이 판매보증 충당부채로 설정(전입액)되었고, 2015년에 실제로 114억 원(사용액)이 투입되었습니다. 그리고 2015년 말의 충당부채 잔액은 627억 원입니다. 이 가운데 1년 이내 즉 2016년 중에 사용될 것으로 예상하는 금액(유동충당부채)이 591억 원이라는 것이 표에 나타나 있습니다. 2015년 제품 불량은 일시적인 것으로, 2016년에 회사는 본래 품질 수준을 회복했습니다. 2016년 판매보증 충당부채 관련 주석입니다.

2016년 평화정공 재무제표 충당부채 관련 주석	
구분	금액
기초장부금액	627억 원
전입액	125억 원
사용액	(452억 원)
기말장부금액	300억 원

2016년에도 평년보다는 좀 높지만 판매보증 충당부채 전입액이 정상을 되찾은 덕분에 회사의 실적은 정상 궤도로 진입했습니다. 기사를 보지요.

2017년 2월 14일

평화정공 깜짝 실적

평화정공은 지난해(2016년) 연결 기준 영업이익이 전년 동기 대비 1319% 급증했다고 공시했다. 같은 기간 매출액은 6.4% 늘었고, 당기순이익은 624% 증가했다. 회사 측은 "직전 사업년도(2015년)는 판매보증 충당금 설정으로 영업이익 등이 감소했으나 당해 사업년도(2016년)에는 수익구조 개선으로 이익이 증가했다"고 설명했다.

수익구조가 개선돼 이익이 증가했다는 회사 측 설명은 정확성이 좀 떨어집니다. 전년도 품질 문제로 판매보증 충당금 설정액이 일시적으로 대거 발생했으나, 2016년에 판매보증 충당금이 예년 수준으로 낮아지며 회사가 정상화됐다고 설명하는 게 더 정확해 보입니다.

Lesson 17

매출보다 당기순이익이 더 커지는 마법

 KEY POINT 1 **지분법** : 투자받은 회사(관계회사)의 순손익을 보유 지분만큼 투자한 회사 경영 실적에 반영하는 제도

 KEY POINT 2 **영업외수익** : 기업의 주된 영업활동 이외에서 발생하는 수익
예) 이자수익, 배당금수익, 임대료, 단기투자자산처분이익,
　　단기투자자산평가이익, 외환차익, 외화환산이익, 지분법이익,
　　투자자산처분이익, 유형자산처분이익 등

> 영업외수익에서 많은 수익이 발생하면,
> 매출보다 당기순이익이 커지는 놀라운 상황 발생

✅ 같은 투자주식도 회계 처리는 제각각

갑수의 배추농사는 해마다 순풍에 돛단 듯 급성장을 했습니다. 농사 규모가 엄청나게 커지면서 주위 권유로 갑수는 배추 유통회사를 세웠습니다. 회사 이름은 (주)청년배추. 청년배추는 2017년 초에 증시에 상장된 물류회사 (주)신속유통 지분 30%를 20억 원에 인수해 대주주가 됐습니다. 전국 주요 거점에 대형 물류창고를 두고 냉동 트럭을 이용해 빠르게 배달하는 시스템을 갖추기 위해서였습니다.

갑수는 여유 자금 가운데 일부를 가지고 차익을 목적으로 상장 회사 주식을 매입했습니다. 삼성전자 주식 20억 원어치를 매입했

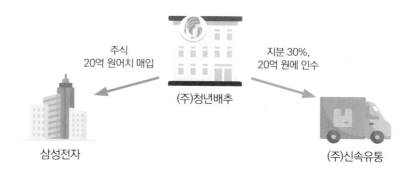

주식
20억 원어치 매입

지분 30%,
20억 원에 인수

(주)청년배추

삼성전자

(주)신속유통

습니다.

2017년 말 결산기가 도래했습니다. 청년배추가 보유한 다른 회사 주식들 즉 신속유통과 삼성전자 주식은 청년배추의 재무제표에 어떤 영향을 줄까요?

같은 투자주식인데도 회계 처리는 많이 다릅니다. 삼성전자 주식은 연말 결산 시점에 30억 원어치가 되어 있었습니다. 주가가 그만큼 오른 것이지요. 청년배추는 재무상태표에 삼성전자 투자주식 장부가격을 20억 원에서 30억 원으로 고치고, 손익계산서에 10억원의 평가이익이 발생했다고 기록합니다. 주식평가이익이니까 영업이익에는 영향을 못 주고, 영업외수익에 반영되어 당기순이익에 기여할 것입니다.

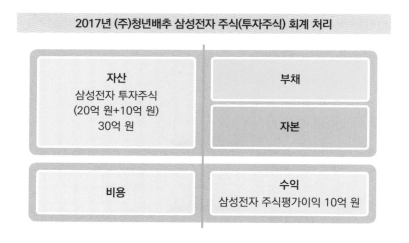

20억 원에 매입한 신속유통 주식도 주가가 올라 연말에 30억

원어치가 되었습니다. 그런데 신속유통 주식은 삼성전자 주식처럼 회계 처리하면 안 된다고 합니다. 주가 상승분을 평가이익으로 반영하지 않고, '지분법 회계'를 적용해야 한다고 합니다. 똑같이 20억 원에 사서 30억 원이 됐는데, 왜 삼성전자 투자주식과 신속유통 투자주식의 회계 처리가 다른 것일까요? 도대체 지분법이라는 게 무엇인지 지금부터 알아봅니다.

✅ 어떻게 사업했기에 매출보다 당기순이익이 더 많지?

(주)솥단지의 정우성 사장은 CFO 김 상무에게 이렇게 지시했습니다.

 김 상무님. 바이오회사 (주)대박신약 주가가 앞으로 엄청나게 오른다는 정보를 들었습니다. 회사 여유 자금으로 대박신약 주식에 투자 좀 해 보세요.

김 상무는 정 사장 지시대로 2015년 4월에 대박신약 주식 30억 원어치를 매입했습니다. 그럼 대박신약 주식은 솥단지 장부에 금융자산(투자주식) 30억 원으로 기재됩니다.

이 주식은 회사가 차익을 얻기 위한 목적에서 투자한 것입니다. 그래서 주가가 올라 차익을 얻거나 주가가 떨어져 손실을 보면 손익계산서에 반영해야 합니다. 당기의 손익으로 처리한다는 이야기입니다. 그래서 이런 투자주식은 '당기손익 인식 금융자산'이라는 이름으로 분류합니다. 예전에는 '단기매매증권'이라고 했는데, 요즘은 이렇게 바뀌었습니다.

주식을 실제로 처분해 이익이나 손실이 실현됐을 때만 당기손익에 반영하는 것이 아닙니다. 투자 차익을 목적으로 매입한 주식이라면 보유하고 있는 상태에서 평가이익이나 평가손실이 나도 당기의 손익으로 처리해야 합니다.

어느덧 2015년 12월 31일, 이제 재무제표를 결산할 때가 되었습니다. 이날 주가를 보니 솥단지가 보유한 대박신약 주식가치는 무려 300억 원이 되었습니다!!! 말 그대로 완전 대박입니다.

가상의 사례라고 너무 허황되다고요? 현실에서도 이런 주식이 있습니다. 과거 한 바이오기업의 주가 차트를 보면 2017년 2월만 해도 1만 원 안팎이었던 주가가 11월에 13만 원대까지 올랐다가 연말에 하락해 9만 원 대로 떨어졌습니다. 2월에 이 회사 주식을 샀다면 2017년 말 기준으로 10배 가까이 오른 셈이 됩니다.

우리는 가상의 기업 (주)대박신약을 가지고 공부해 봅시다.

(주)솥단지의 연말 결산 시점을 그림으로 나타내면 다음과 같습니다. 재무상태표에서 대박신약 주식(당기손익 인식 금융자산) 장부가격은 애초 30억 원에서 270억 원이 더해져 300억 원으로 기재되겠지요. 그리고 평가이익 270억 원이 수익(영업외수익)으로 손익계산서에 반영됩니다.

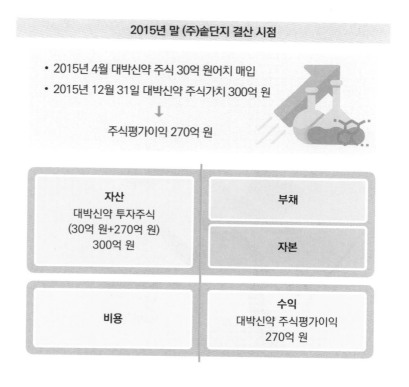

그럼 솥단지의 2015년 결산 손익계산서를 만들어 볼까요? 매출액, 매출원가, 판관비 등의 숫자는 저자가 임의로 정해 넣었습니다.

2015년 (주)솥단지 손익계산서

(단위 : 억 원)

구분	금액
매출	200
매출원가	150
판관비	30
영업이익	20
영업외수익	270
영업외비용	30
세전이익	260
법인세비용	40
당기순이익	220

어떻습니까? 매출보다 당기순이익이 더 커졌지요? 영업 외 활동에서 막대한 주식평가이익이 발생했기 때문입니다. 흔한 사례는 아니지만, 영업외수익 때문에 매출보다 당기순이익이 더 커지는 일은 충분히 일어날 수 있습니다.

영업외수익의 규모에 따라 매출보다 당기순이익이 더 커질 수도 있다.

빗썸은 수수료로 받은 비트코인을
재무제표에 어떻게 반영했을까?

어떻게 하면 매출보다 당기순이익이 더 커질 수 있는지, 가상화폐 거래소 빗썸에서 비트코인을 거래하는 경우를 예로 들어 살펴보겠습니다.

성춘향은 가지고 있던 비트코인을 빗썸 사이트에서 매도하려고 합니다. 이몽룡은 비트코인을 매수하려고 합니다. 그럼 빗썸은 매도자 성춘향에게서는 매도금액의 10%에 해당하는 현금을 수수료로 받습니다(10%는 계산 편의를 위해 임의로 정한 수치입니다). 이몽룡에게서는 매수한 비트코인의 일부를 수수료로 받습니다. 수수료율은 역시 10%입니다. 1비트코인을 매수했다면 0.1비트코인을 수수료로 떼 간다는 겁니다.

가상화폐 거래

성춘향
비트코인 매도자

매도

b bithumb

매수

이몽룡
비트코인 매수자

매도수수료 :
현금

매수수수료 :
비트코인

2017년 2월 1일 빗썸에서 10비트코인이 사고 팔렸다고 합시다. 이날
1비트코인 시세는 100만 원이었다고 가정합니다(실제로도 당시 비트코인 시
세가 100만 원 안팎이었습니다). 그럼 빗썸은 비트코인을 판 사람들에게 매도
수수료로 100만 원을 받을 것입니다. '100만 원 × 10비트코인 × 10%'니
까요. 매수수수료로는 1비트코인을 받았을 것입니다(10비트코인 × 10%).

매도수수료와 매수수수료는 빗썸의 영업수익이 됩니다. 빗썸은 재화
(제품이나 상품)를 팔아 매출을 올리는 회사가 아닙니다. 거래 플랫폼을 만
들어 놓고 매수, 매도자 간 거래 체결 서비스(용역)를 제공하고 수수료를
받습니다. 그래서 매출이라는 표현보다는 영업수익이라는 표현을 씁니다(서
비스기업이라도 매출이라는 표현을 사용하는 경우도 있습니다).

회계 처리는 다음 그림처럼 표현될 것입니다. 수수료로 받은 비트코인
을 빗썸은 '유동자산'(1년 내 현금화 가능한 자산이라고 생각하면 됩니다)으로
분류합니다.

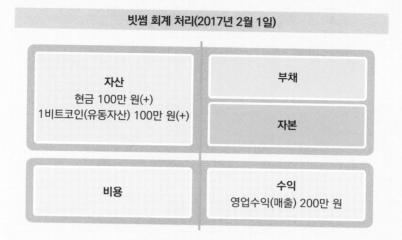

빗썸 회계 처리(2017년 2월 1일)

자산 현금 100만 원(+) 1비트코인(유동자산) 100만 원(+)	부채
	자본
비용	수익 영업수익(매출) 200만 원

영업수익은 200만 원 발생했습니다. 영업수익의 구성을 보면 현금으로 100만 원이 유입되었고, 1비트코인이라는 유동자산이 유입되었습니다. 1비트코인 가치를 거래 당시 시세인 100만 원으로 기록합니다. 그림에서 좌우균형이 유지되지요? 좌변에서 200만 원, 우변에서 200만 원이 각각 증가했으니까요.

이제, 2017년 12월 31일 연말 결산을 해야 할 때가 됐습니다. 이날 1비트코인 시세가 1800만 원이 되었다고 가정합시다(실제로도 연말에 1800만 원 안팎에서 움직였습니다). 그럼 빗썸이 수수료로 받아 '유동자산'으로 보유하고 있는 1비트코인 장부가격이 100만 원에서 1800만 원으로 바뀝니다. 즉 1700만 원의 평가이익이 발생했습니다. 영업수익(매출액)은 200만 원이었는데, 비트코인 가치가 올라 평가이익(영업외수익)만으로 무려 1700만 원을 얻게 된 것입니다.

이걸 그림으로 나타내면 다음과 같습니다.

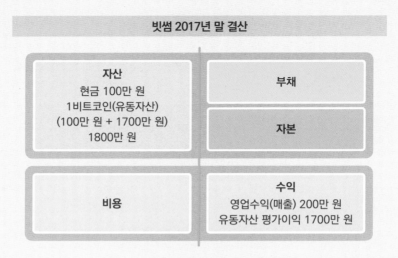

빗썸 2017년 말 결산

자산 현금 100만 원 1비트코인(유동자산) (100만 원 + 1700만 원) 1800만 원	부채
	자본
비용	수익 영업수익(매출) 200만 원 유동자산 평가이익 1700만 원

2017년에 실제로 빗썸은 수수료로 확보한 비트코인에서 엄청난 평가이익을 냈습니다. 연초 100만 원대이던 비트코인 가격이 11월 이후에는 거의 2000만 원대까지 치솟았습니다. 빗썸의 2017년 결산을 보면, 매출은 3334억 원인데 당기순이익은 4272억 원이나 됐습니다. 왜 매출보다 당기순이익 숫자가 더 커졌는지 이제 아시겠지요?

2017년 가상화폐 가격이 급등하면서 빗썸은 수수료로 확보한 비트코인에서 엄청난 평가이익을 냈다.

334

Lesson 18

지분법 회계 완전정복

 A사가 B사에 <u>유의적 영향력</u>을 행사 ➔ B사는 A사의 '관계기업'
투자한 회사의 재무나 영업 관련 의사결정에 영향력을 행사

관계기업 구분 기준

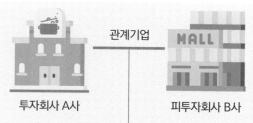

투자회사 A사　　　　　　　　　피투자회사 B사

- A사가 B사 지분을 20% 이상 50% 이하 보유
- A사의 B사 지분율이 20% 이하여도 ①A사 임직원이 B사 의사결정 기구에 참여하거나 ②A사가 B사에 필수적이고 중요한 기술을 제공하고 있을 때

✅ (주)솥단지가 (주)용산마트 지분 30%를 샀을 때 생기는 일

(주)솥단지가 (주)용산마트 지분 30%를 취득했을 때 어떤 일이 벌어지는지를 한번 봅시다. 주식은 출자자에게 회사가 발행해 주는 증서로, 회사의 주인임을 나타내는 표식 같은 것입니다. 자산에서 부채를 뺀 금액을 '순자산'이라고 하는데, 재무상태표에는 자본으로 표시되어 있습니다. 순자산과 자본은 같은 말입니다. 따라서 솥단지가 용산마트의 주식 30%를 샀다는 것은 용산마트 순자산의 30%가 솥단지 소유가 된 것이라 할 수 있습니다.

솥단지는 왜 용산마트 주식을 30%나 샀을까요? 밥솥 회사인 솥단지가 유통회사인 용산마트 주식을 30%나 샀을 때는 무슨 꿍꿍이가 있다고 짐작할 수 있습니다.

용산마트는 판매원들의 수완이 좋기로 유명합니다. 들어갈 때는 빈손이지만 나올 때는 빈손일 수가 없다고 합니다. 아마도 솥단지는 용산마트를 통해 자기 회사 밥솥을 더 많이 팔 수 있으리라 기대했을 것입니다. 용산마트에서 좋은 자리에 솥단지 제품을 진열할 수 있고, 경쟁사 제품은 구석에 박아놓도록 용산마트를 압박(?)

할 수 있겠지요.

이처럼 주식을 취득해 상대방에게 영향력을 행사할 수 있는 힘을 회계용어로는 '유의적 영향력을 보유하고 있다'라고 표현합니다. 다른 회사의 재무 의사결정이나 영업 의사결정에 중대한 영향력을 행사할 수 있을 때, 단순히 투자차익을 얻을 목적으로 매입한 주식과는 다른 방식으로 회계 처리를 합니다. 이 다른 회계 처리 방법이 '지분법'입니다.

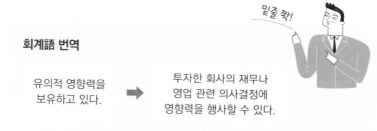

회계語 번역

유의적 영향력을
보유하고 있다.
→
투자한 회사의 재무나
영업 관련 의사결정에
영향력을 행사할 수 있다.

밑줄 쫙!

✅ 다른 회사 이익을 왜 내 재무제표에 끌어올까?

먼저 유의적인 영향력을 판단하는 기준이 있어야 할 것입니다. 일반적으로 지분율을 가지고 판단합니다. A사가 B사 지분을 20% 이상 50% 이하로 보유하고 있으면 유의적 영향력을 행사할 수 있다고 봅니다. 참고로 50%를 초과하면 '지배한다'라고 말합니다. 지분율이 20% 이하라 해도 A사 임직원이 B사의 의사결정기구(이사회)에 참여하고 있거나, A사가 B사에 필수적이고 중요한 기술을 제공하고 있으면 '유의적 영향력'을 가지고 있다고 판단합니다. 유의적 영향력 관계가 성립되면 A사는 B사를 '관계기업'이라고 부릅니다.

지분법에 따르면 어떻게 회계 처리할까요? 간단합니다. 2015년 초에 솥단지는 용산마트 지분 30%를 2억 원을 주고 매입했습니다.

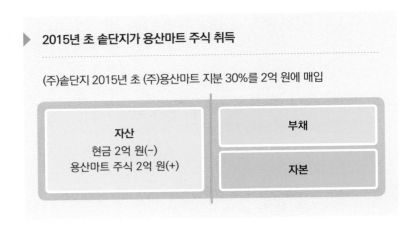

2015년 말 결산 시점이 되었습니다. 용산마트의 손익을 결산했더니 1억 원의 당기순이익이 났습니다. 이 1억 원은 용산마트의 순자산(자본)을 1억 원만큼 증가시킬 것입니다. 당기순이익은 자본 내 '이익잉여금' 계정에 들어간다고 했으니, 자본이 당기순이익만큼 늘어나는 것은 당연합니다. 순자산은 주주의 몫입니다. 그러니, 용산마트의 순자산 증가액 1억 원 중 30%인 3000만 원은 솥단지의 몫입니다. 솥단지가 결산할 때 이 3000만 원을 자기 재무제표에 반영하면 됩니다.

어떻게 반영하느냐면요. 우선 재무상태표에 2억 원으로 기재되어있던 용산마트 지분 장부가격을 2억 3000만 원으로 조정합니다. 지분가치가 3000만 원 증가한 것이지요. 그리고 손익계산서에 3000만 원을 지분법이익으로 반영하면 됩니다. 그림으로 나타내면 다음과 같습니다. 좌우균형 등식에 맞게 표기하면 됩니다.

▶ **2015년 말 솥단지 결산**

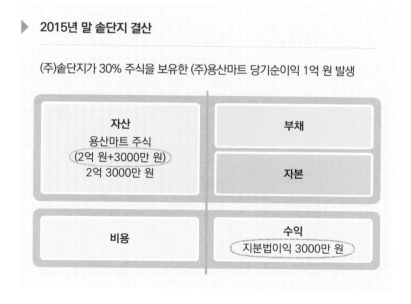

(주)솥단지가 30% 주식을 보유한 (주)용산마트 당기순이익 1억 원 발생

자산 용산마트 주식 (2억 원+3000만 원) 2억 3000만 원	부채
	자본
비용	수익 지분법이익 3000만 원

정리해 봅시다.

- 주주는 지분율만큼 회사 순자산의 주인.
- 그러므로 용산마트의 당기순이익 1억 원 중 30%(3000만 원)는 솥단지의 몫.
- 솥단지의 재무상태표에서 용산마트 주식 2억 원을 2억 3000만 원으로 조정 (증가한 지분가치 3000만 원 반영).
- 손익계산서에서도 지분법이익(영업외수익)으로 3000만 원 반영.

용산마트의 순자산(자본)이 변동했을 때, 솥단지가 변동액을 지분율만큼 자기의 재무제표(재무상태표와 손익계산서)에서 인식하는 것이 지분법 회계입니다. 지분이 있다고 해서 무조건 지분법 회계를 하는 것은 아닙니다. 원칙적으로 지분율 20% 이상입니다. 지분율이 20%

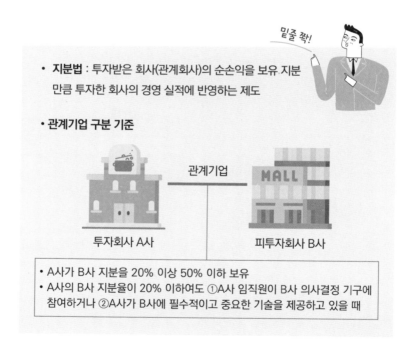

밑줄 쫙!

- **지분법** : 투자받은 회사(관계회사)의 순손익을 보유 지분만큼 투자한 회사의 경영 실적에 반영하는 제도

- **관계기업 구분 기준**

관계기업

투자회사 A사   피투자회사 B사

- A사가 B사 지분을 20% 이상 50% 이하 보유
- A사의 B사 지분율이 20% 이하여도 ①A사 임직원이 B사 의사결정 기구에 참여하거나 ②A사가 B사에 필수적이고 중요한 기술을 제공하고 있을 때

이상이면 유의적 영향력을 행사할 수 있다고 보기 때문입니다. 그러나 지분율이 20%가 안 돼도 투자한 회사의 재무나 영업 관련 의사 결정에 영향력을 행사할 수 있으면 지분법을 적용합니다.

그렇다면 용산마트의 순자산은 왜 변동할까요? 여러 가지 이유가 있을 수 있겠지만 가장 대표적인 것이 당기순이익이나 당기순손실 때문입니다. 매년 손익계산서에 산출해 낸 당기순이익이나 당기순손실은 자본으로 이동해, 자본 내 이익잉여금 지갑에 담기면서 이익잉여금을 변동시킵니다.

예를 들어 용산마트가 1년 뒤인 2016년 말에 무려 2억 원의 당기순손실을 내고 말았다고 해 봅시다. 솥단지가 2016년 말 결산 때 해야 할 지분법 회계 처리를 그림으로 나타내면 다음과 같습니다.

▶ **2016년 말 솥단지 결산**

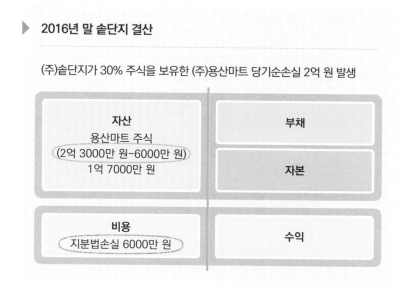

(주)솥단지가 30% 주식을 보유한 (주)용산마트 당기순손실 2억 원 발생

자산 용산마트 주식 (2억 3000만 원-6000만 원) 1억 7000만 원	부채
	자본
비용 지분법손실 6000만 원	수익

솥단지는 이번에는 손익계산서에 지분법손실로 6000만 원을 반영해야 합니다. 간단하게 말해, 지분법은 관계기업이 당기순이익을 내면 지분율만큼 지분법이익으로, 당기순손실을 내면 지분율만큼 지분법손실로 반영하는 회계 처리 방법이라고 이해하면 됩니다.

다음 그림은 SK E&S의 손익계산서 중 일부를 떼 낸 것입니다. 영업외수익(기타수익, 금융수익, 지분법이익) 가운데 지분법이익의 규모가 가장 크다는 것을 알 수 있습니다.

SK E&S 손익계산서 중 일부 (단위 : 억 원)

구분	2017년	2016년
Ⅳ. 영업이익	3,557	1,545
기타수익	995	733
기타비용	579	362
지분법이익	1,559	958
금융수익	500	129
금융비용	1,390	467

☑ 빗썸에 지분법 적용하는 비덴트, 영업적자에도 당기순이익은 대박

지분법 회계가 실제 기업에 어떻게 적용되고 있는지 살펴보겠습니다. 다음 표는 방송용 디스플레이제작업체인 (주)비덴트의 연결손익계산서입니다. 제17기란 2017년 1월 1일~12월 31일을 가리킵니다.

(주)비덴트 연결손익계산서 (단위 : 억 원)

구분	제17기
수익(매출액)	239
영업이익(손실)	(64)
금융수익	14
금융비용	25
기타수익	62
기타비용	23
관계기업 손익에 대한 지분	759
당기순이익(손실)	658

2017년에 (주)비덴트는 매출 239억 원, 영업에서는 64억 원의 손실을 냈습니다. 그런데 당기순이익은 너무 놀랍지요? 658억 원 흑자입니다. 어떻게 이런 일이 가능할까요? 영업 외 부분을 보면 '관계기업 손익에 대한 지분'이라고 적혀있죠? 이게 바로 지분법이익입니다.

앞서 '유의적 영향력'이 성립되면 '관계기업'으로 분류한다고 설명했습니다. 비덴트가 어떤 기업들을 관계기업으로 가졌는지는 모르겠지만, 지분법이익이 759억 원이나 되는 걸 보니 이익을 엄청나게 많이 낸 회사가 있었나 봅니다.

도대체 비덴트에 이렇게 많은 이익을 안긴 관계기업은 어디일까요? 비덴트의 2017년도 재무제표 주석에 들어가 보면 그 내용을 알 수 있습니다. '관계기업 투자주식'이라는 항목에 보면 다음 표와 같은 기업들이 나옵니다.

2017년 비덴트 재무제표 주석 중 '관계기업 투자주식'

회사명	업종	지분율
(주)옴니텔	경영 컨설팅 및 자문	5.97%
(주)비티씨코리아닷컴	소프트웨어 개발 및 공급업	10.55%
(주)엑스씨피	모바일 플랫폼 및 콘텐츠 사업	10.00%

이 회사들이 모두 지분법이 적용되는 관계기업이라는 거지요. 그런데 지분율이 기껏 해 봐야 10% 수준이거나 그 미만입니다. 우리는 앞에서 지분율 20% 미만이라도 여러 가지 사유에 따라 관계기업이 될 수 있다고 배웠습니다. 비덴트는 그 사유를 주석에서 이렇게 밝혔습니다.

"직접 소유 지분율은 20% 미만이지만 대표이사 등 임원 겸직을 통해 유의적인 영향력을 보유하고 있으므로 관계기업으로 분류했습니다."

아하! 그렇군요. 비덴트 임원이 이들 회사의 임원을 겸직하고 있나 봅니다. 그럼 이들 회사의 2017년 경영 실적이 어떤지를 한번 볼까요?

2017년 비덴트 재무제표 주석 중 '관계기업 경영 실적'   (단위 : 억 원)

회사명	당기순이익(손실)
(주)옴니텔	(56)
비티씨코리아닷컴	4,271
엑스씨피	3,257

우와! 비티씨코리아닷컴 당기순이익만 4271억 원입니다. 비티씨코리아닷컴이 바로 우리가 앞에서 배웠던 가상화폐거래소 빗썸을 운영하는 기업입니다. 엑스씨피(2018년 1월 사명을 비티씨홀딩컴퍼니로 변경)도 당기순이익이 3257억 원이나 됩니다. 엑스씨피는 비티씨코리아닷컴을 지배하는 대주주입니다. 그러니 당기순이익이 많이 나오는 건 당연합니다.

옴니텔은 적자니까, 비덴트로서는 지분법손실을 반영했겠지요. 옴니텔의 적자 규모에 비해 비티씨코리아닷컴과 엑스씨피의 흑자 규모가 막대하다 보니, 전체적으로 비덴트는 엄청난 지분법이익(759억 원)을 기록했습니다.

2017년 비덴트 재무제표 주석 중 '지분법손익' (단위 : 억 원)

관계기업	지분법손익
(주)옴니텔	(2)
비티씨코리아닷컴	442
엑스씨피	319
합계	759

✅ 유한양행이 거느린 지분법 효자 자회사는 어디?

해마다 지분법이익을 많이 얻는 대표적인 기업이 유한양행입니다. 유한양행의 2016, 2017년 연결손익계산서를 보면 다음과 같습니다.

2016, 2017년 유한양행 연결손익계산서		(단위 : 억 원)
구분	2017년	2016년
영업이익	887	977
지분법 투자 손익	464	651
당기순이익	1,096	1,612

영업이익에 비해 당기순이익이 상당히 큽니다. 지분법이익이 크게 기여하고 있다는 것을 알 수 있습니다.

유한양행의 주요 관계기업과 이들이 이익을 얼마나 내는 기업들인지 재무제표 주석에서 한번 찾아봅시다.

유한양행 재무제표 주석 중 관계기업		
구분	지분율(%)	2017년 당기순이익
유한킴벌리	30.0	1,382억 원
한국얀센	30.0	134억 원
바이오니아	4.4	(85억 원)

바이오니아는 지분율이 4.4%밖에 안 되는데 관계기업으로 분류되어 있습니다. 유한양행은 바이오니아에 대해 임원 선임권을 보유하고 있다고 밝혔습니다. 유의적인 영향력이 있다는 거지요. 유한양행의 지분법이익에는 유한킴벌리가 가장 크게 기여했을 거고, 바이오니아 지분가치는 지분법손실로 반영됐을 것입니다.

인수·합병에 붙는 웃돈, 영업권

KEY POINT 1   **영업권** : 기업의 입지 조건이나 브랜드 충성도, 기술, 독점적 지위, 조직의 우수성 등 동종의 다른 기업에 비해 더 많은 이익을 낼 수 있게 하는 무형자산

KEY POINT 2   기업을 인수·합병할 때 영업권을 자산으로 처리하는 이유

영업권 → 회사에 경제적 이익이나 효과를 가져다줄 수 있음 → 비용 × / 자산 ○

KEY POINT 3

인수대금 − 순자산 공정가치 = 초과지불액 = 영업권

한 기업이 다른 기업을 인수하거나 아예 합병하는 경우가 있습니다. A기업이 B기업 지분(주식)을 대거 사들여 그 기업의 경영권을 인수하려면, 지분을 매각하는 B사 주주들에게 웃돈을 줘야 할 때가 있습니다. 합병할 때도 마찬가지입니다. A기업이 B기업을 흡수합병할 때, 합병당하는(소멸하는) B기업 주주들에게 보상을 해줘야 합니다. 이때에도 웃돈 성격의 보상(주식이나 현금 등)을 해줘야 하는 경우가 있습니다. 기업 회계에서는 이 웃돈을 '영업권'이라는 자산으로 인식해야 합니다. 이번에는 영업권 회계를 살펴보겠습니다.

✅ 치킨집을 인수하려는 김무식 씨, 하나만 알고 둘은 모르네!

치킨집을 해 보고 싶은 김무식 씨는 옆 동네에서 장사가 엄청나게 잘된다는 가게를 둘러봤습니다. 그러고는 이 가게 박대박 사장에게 이렇게 말합니다.

"박 사장님 이 가게를 제가 인수하고 싶습니다. 건물주에게 낸 가게 임차 보증금이 2억 원 있네요. 치킨 제조기와 주방설비, 대형 냉장고, 에어컨, 기타 실내장식은 후하게 계산하면 1억 원 정도 될

것 같군요. 그럼 가게의 총자산이 3억 원 맞지요? 그런데 치킨 제
조기를 사면서 은행에 진 빚이 3000만 원이 있더군요. 이 빚을 제
가 떠안겠습니다. 그럼 자산 3억 원에서 부채 3000만 원을 빼면 순
자산이 2억 7000만 원이군요. 내가 이 금액을 지급할 테니 나에게
가게를 넘기시죠.”

김무식 씨는 어떻게 됐을까요? 프라이팬으로 열 대쯤 두들겨 맞
고 쫓겨나지 않았다면 다행입니다.

아마 박 사장은 김무식 씨에게 이렇게 말할 겁니다.

“당신 계산대로 우리 가게 순자산이 2억 7000만 원쯤 된다고 합
시다. 그러나 당신이 우리 가게를 인수하려면 웃돈을 7억 원 이상
내놓아야 합니다. 왜냐고요? 우리 가게는 오랜 세월 단골손님을 많
이 확보했어요. 이 일대에서 우리 가게를 모르는 사람이 거의 없지
요. 맛있는 치킨집으로 널리 알려졌고, 가게 위치도 좋고, 치킨을 튀
기고 서빙하는 종업원들이 숙련도가 높아요. 배달직원은 이 일대

김무식 씨, 닭 좀 튀겨본 선배로서 한 말씀 드리죠.
단골손님, 가게 위치, 직원들의 숙련도 등을
이 가게의 '수익가치'라고 합니다.
자산가치(순자산가치)로만 따져서
2억 7000만 원에 박 사장 가게를 인수하겠다고요?
다른 데 가서 알아보는 게 좋을 겁니다.
가게가 보유한 순자산 2억 7000만 원에
웃돈 7억 3000만 원을 얹어 10억 원쯤 제시해야
박 사장이 가게 넘겨주는 걸 한번 생각이나
해볼 수 있을 겁니다.

지리에 아주 훤하지요. 이런 것들이 잘 어우러져 인건비나 이런저런 비용을 다 빼고도 해마다 1억 원 안팎의 순이익을 내고 있어요"

✅ 웃돈을 지급했는데 왜 비용이 아니라 자산이 되나?

가게를 거래할 때 붙는 이런 웃돈을 우리는 흔히 '권리금'이라고 부릅니다. 기업을 인수하거나 합병할 때도 치킨가게에 붙는 권리금과 비슷한 웃돈이 붙을 때가 있습니다. 회계에서는 이걸 '영업권'이라고 합니다.

A기업이 B기업을 인수했을 때, 웃돈(영업권 금액)을 얼마나 지급했는지 어떻게 알 수 있을까요? 사실 앞에 KFC할아버지 얘기에 힌트가 있습니다. KFC할아버지가 뭐라고 했나요?

"순자산가치에 해당하는 2억 7000만 원만 주려거든 다른 데 가서 알아보라. 웃돈 7억 3000만 원을 더 얹어 10억 원을 줘야 거래가 성사될 것"이라고 말했습니다. 아하!!! 순자산가치를 초과해 더 준 인수대금이 영업권 자산금액으로 처리되겠다는 걸 짐작할 수 있습니다.

그러면 인수자 측이 웃돈을 지불했을 때, 이 웃돈을 왜 인수자는 비용으로 처리하지 않고 자산으로 처리하는 걸까요?

김무식 씨가 박 사장 치킨가게를 인수하기 위해 지급해야 하는 수억 원의 웃돈에는 가게의 좋은 입지, 가게의 유명세, 오랜 세월 확보해 놓은 많은 단골고객, 직원들의 숙련도 등 여러 가치가 종합적으로 포함됐다고 보면 됩니다.

이런 것들의 가치를 하나하나 뜯어서 가격을 매길 수는 없습니다. 예를 들어 숙련도 얼마, 유명세 얼마, 입지조건 얼마라고 가격을 매길 수 있을까요? 단골고객은 얼마로 계산할까요? 이런 걸 다 뭉뚱그려서 포괄적으로 지급하는 대가를 영업권으로 보면 됩니다.

영업권에 내포된 이런 요소들은 치킨가게가 돈을 많이 벌 수 있도록 도와주는 것들입니다. 기업 회계도 똑같습니다. 영업권 금액은 인수 대상 기업의 브랜드력, 탄탄한 고객 네트워크, 뛰어난 기술력, 충성도 높은 조직 문화 등 여러 가지 요소에 대한 포괄적 대가입니다. 이런 요소들은 앞으로 회사에 경제적 이익이나 효과를 가져다줄 것들입니다. 즉 자산의 성격이 있기 때문에 비용이 아니라 자산으로 얹어놓는 것입니다.

밑줄 쫙!

영업권 : 기업의 입지 조건이나 브랜드 충성도, 기술, 독점적 지위, 조직의 우수성 등 동종의 다른 기업에 비해 더 많은 이익을 낼 수 있게 하는 무형자산

☑ 순자산 '장부가치'와 '공정가치(실제가치)'는 다르다!

영업권을 어떻게 산출하는지 조금만 더 들어가 봅시다. 우선은 '장부가치'와 '공정가치'라는 것부터 알아야 합니다. 기업의 순자산(자산 – 부채)에는 장부가치와 공정가치가 있습니다.

재무제표에 적혀있는 순자산(자본) 숫자가 '장부가치'입니다. 그럼 '공정가치'란 무엇일까요? 장부에 적혀있는 자산과 부채의 숫자를 그대로 인정할 수 있는지를 한번 따져보는 겁니다.

예를 들어 장부상 자산에 매출채권이 100억 원으로 적혀있는데, 알고 보니 60억 원은 거래처 자금 사정 악화로 사실상 받을 수 없는 지경입니다. 그럼 이 매출채권의 실제 가치는 40억 원 밖에 안되는 겁니다.

또 기계설비가 50억 원이라고 장부에 적혀있는데, 사실상 제대로 작동하지 않아 고철로 내다 팔아야 할 상태라고 하면 매각 예상 가격 2억 원(고철값)이 실제가치가 되는 겁니다.

다른 회사를 인수할 때는 장부에 적힌 자산, 부채 숫자와 실제가치가 맞는지를 따져봐야겠지요. 이걸 '실사(實査)'라고 합니다. 그리고 실제 측정한 가치를 '공정가치'라고 합니다.

다음 표를 한번 볼까요.

순자산 장부가치와 공정가치

〈B사의 재무상태표〉

구성	금액(억 원)
자산	20
부채	10
자본(순자산)	10
순자산 장부가치는 10억 원	

→

〈자산, 부채 실사에 따른 조정〉

구성	금액(억 원)
자산	15
부채	10
자본(순자산)	5
순자산 공정가치는 5억 원	

B사의 장부상 순자산은 10억 원입니다. 자산, 부채 실사를 했더니 부채는 장부가격 그대로 인정이 되고, 자산은 20억 원에서 15억 원으로 조정이 됐습니다. 그럼 순자산 공정가치는 15억원－10억 원＝5억 원이 되겠지요.

자산에서 부채를 뺀 나머지 즉 순자산은 주주의 몫입니다. 정확한 주주의 몫은 실사를 거쳐 산출한 공정가치가 될 것입니다.

순자산 공정가치가 1억 원인 회사가 있다면, 이 회사를 인수할경우 주주들에게 그들의 몫인 1억 원만 지급하면 맞을 것 같지요? 그러나 실제로는 1억 3000만 원을 지급했다고 합시다. 순자산 공정가치보다 더 지급한 인수대금(초과지불액) 3000만 원이 바로 영업권 금액입니다.

밑줄 쫙!

인수대금 － 순자산 공정가치 ＝ 초과지불액 ＝ 영업권

인수와 합병은 어떻게 다른가?

기업 인수·합병이라는 단어는 많이 들어 보셨죠? 'Merge(합병)'와 'Acquisition(인수)'를 줄여 'M&A'라고 부르기도 합니다. 다른 회사를 사는 이유는 무엇일까요? 인수·합병을 통해 사는 회사의 자산을 손에 넣을 수 있고, 본인 회사에는 부족한 인력이나 기술을 획득할 수 있습니다. 이를 통해 인수 후에 '1+1=2'가 아닌 '1+1=2+α' 등의 시너지를 기대할 수 있다는 점이 기업을 인수·합병하는 이유입니다.

그렇다면 인수와 합병의 차이점은 무엇일까요? 우리가 자동차를 살 때도 직접 사거나, 리스하는 등 여러 가지 방법이 있습니다. 인수와 합병도 다른 회사를 산다는 점에서는 같지만, 사는 방법이 다른 것이라고 보면 됩니다.

인수와 합병은 실행한 후 결과가 매우 다릅니다. 먼저 합병은 다른 회사를 완전히 사서 인수하는 회사와 한 몸으로 만드는 것입니다. 인수하는 회사가 살아남고(존속회사) 흡수되는 쪽은 소멸하게(소멸회사) 됩니다. 이때 소멸회사의 자산이나 부채는 모두 존속회사로 이전됩니다. 근무하는 인력도 모두 이전되지요. 흡수되는 쪽의 주주는 보상을 받아야합니다. 그 보상을 합병대가(또는 소멸대가)라고 하는데, 주로 존속회사가 신주를 발행해 지급합니다. 현금으로 보상하는 경우도 있지만, 합병에서는 대부분 주식 보상을 한다고 보면 될 것 같습니다. 이로써 흡수당하는 회사의 주식은 세상에서 사라집니다.

인수는 합병과 달리 소멸하는 회사가 없습니다. 인수된 회사가 계속 존속합니다. 다른 회사 지분을 사서 경영권을 획득하는 것이라고 할 수 있습니다. 주식을 100% 살 수도 있고, 30%만 살 수도 있습니다. 이때 회계적으로는 매입하는 지분율에 따라 부르는 방법이 다릅니다.

예를 들어 ㈜대한이 ㈜민국 주식을 인수했습니다. 이때 ㈜대한이 ㈜민국 주식을 100% 인수했다면 대한을 '완전 모회사', 민국을 '완전 자회사'라고 표현합니다. ㈜대한이 ㈜민국의 주식을 '50%+1주' 이상 인수했다면 대한을 '지배회사', 민국을 '종속회사'라고 부릅니다. ㈜대한이 ㈜민국의 주식을 20% 이상 50% 이하로 취득한 경우에는 앞에서 배웠듯 대한은 민국을 '관계회사'라고 부릅니다.

다른 지분을 50% 초과해 보유하면 그 회사의 경영상 주요 의사결정을 좌지우지할 수 있는 '지배력'을 보유한다고 간주하기 때문에 지배회사 - 종속회사 관계가 형성됩니다. 지분율 100%인 경우도 지배회사 - 종속회사 관계가 형성됩니다. 다만 지분율이 100% 이기 때문에 '완전 모자(母子) 회사'라고 부르기도 한다는 겁니다.

지분법 회계 처리에서 유의적 영향력을 행사할 수 있는 관계회사에 대해 살펴봤습니다. 지배-종속관계가 형성된 두 회사의 경우 각각의 재무제표를 합쳐서 한 회사인 것처럼 재작성합니다. 이것을 '연결재무제표'라고 합니다. 영업권은 연결재무제표에 나타나는 계정입니다.

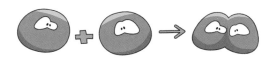

합병과 인수의 차이

합병(Merge) : 다른 회사를 완전히 사서 인수하는 회사와 한 몸으로 만드는 것. 인수된 회사 소멸.

인수(Acquistion) : 다른 회사의 주식과 경영권을 함께 사들이는 것. 인수된 회사가 계속 존속.

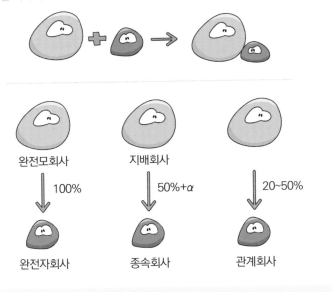

완전모회사	지배회사	
↓ 100%	↓ 50%+α	↓ 20~50%
완전자회사	종속회사	관계회사

인수와 합병은 본질적으로 다른 회사를 사들인다는 점에서는 같지만, 실행 후 결과에 차이가 있다. 합병하면 인수된 회사가 소멸하고, 인수하면 인수된 회사가 존속한다.

Lesson 20

기업가치와 영업권 금액은 어떻게 계산할까?

 KEY POINT 1

> 상장 기업의 가치 = 시가총액(1주당 시세 × 발행주식 수)

 KEY POINT 2

비상장 기업의 가치 구하기

① 상대가치평가법 : 비상장사와 비슷한 사업을 하는 유사 상장사와 비교

② 절대가치평가법

• 본질가치 평가법 : 자산가치와 수익가치를 구해 이를 가중평균

• 현금흐름할인법 : 기업의 미래현금흐름을 추정하고 여기에 적정한 할인율을 적용해 기업의 수익가치를 산출

 KEY POINT 3

영업권 → 무형자산 → 손상발생 → 손상액만큼 재무상태표의 자산에서 장부금액을 줄이고, 손익계산서에서 '손상차손' 으로 비용 처리

357

☑ 시가총액과 순자산이 같은 상장사는 없다!

예를 들어보겠습니다. A사가 순자산(공정가치 기준)이 10억 원인 B
사 지분 60%를 가진 대주주에게 "회사 순자산 중 당신 몫인 6억
원을 줄 테니 나에게 주식을 다 넘기시오"라고 제안했을 때, 대주
주는 어떻게 생각할까요? 회사 가치를 단순히 순자산 금액만큼만
생각할까요? 대부분은 그렇지 않습니다.

　증권시장에 상장되어 있는 회사의 경우 기업가치를 따질 때는
시가총액으로 계산하면 됩니다. 시가총액은 '1주당 시세 × 발행
주식 수'로 구하면 됩니다. A사 발행주식 수가 1만 주이고, 주가가
2만 원이라면 기업가치는 2억 원이라고 할 수 있습니다. 주가에는
회사의 자산가치, 미래수익가치 등이 종합적으로 녹아 들어가 있습
니다. 또 수많은 투자자가 공개시장에서 거래하며 형성되는 가격이

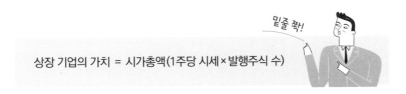

밑줄 쫙!

상장 기업의 가치 = 시가총액(1주당 시세 × 발행주식 수)

기 때문에, 상장사의 기업가치는 시가총액이라고 해도 됩니다.

그럼 이 시가총액이라고 하는 것은 상장사의 순자산액과 같을까요? 당연히 다릅니다. 순자산은 재무제표에 나타난 주주의 몫입니다. 회사의 모든 자산에서 모든 부채를 차감했을 때 남는 자산 즉 주주의 몫이 얼마인지를 보여주는 것입니다.

시가총액은 주주들이 보유하고 있는 주식가치의 합입니다. 시장에서 결정된 주가를 기준으로 합니다. 회사 미래가 밝다는 전망이 많아 주가가 엄청나게 오른다면 재무제표상 순자산에 비해 시가총액이 훨씬 커지겠지요. 그 반대로 회사 미래가 암울하거나 대형 악재들이 잇따라 발생해 주가가 오랜 기간 침체했다면 순자산에 비해 시가총액은 더 작을 수도 있는 겁니다.

다음 표는 2017년 3월 말 기준으로 세 개 회사의 시가총액과 자본(순자산)의 차이를 보여줍니다.

한미반도체, 신라젠, GS건설의 시가총액과 자본 차이					(기준 : 2017년 3월 말)
〈한미반도체〉		〈신라젠〉		〈GS건설〉	
시가총액	6,549 억 원	시가총액	7조 239 억 원	시가총액	2조 1,042 억 원
자본총계	2,061 억 원	자본총계	2,019 억 원	자본총계	3조 2,397 억 원

한미반도체의 경우 시가총액이 순자산 대비 3.2배 정도 됩니다. 신라젠은 놀랍습니다. 순자산은 2019억 원인데, 시가총액은 무려

7조 239억 원입니다. 시가총액이 순자산의 약 35배에 이릅니다. 바이오 신약개발을 하고 있는 이 회사가 미래에 신약개발에 성공해 돈을 엄청나게 많이 벌 것이라는 기대가 주가에 계속 반영되고 있기 때문입니다. 반면 GS건설은 시가총액(2조 1042억 원)이 순자산액(3조 2397억 원)에도 못 미칩니다.

상장사의 기업가치를 순자산액으로 결정하는 경우는 거의 없습니다. 엄연히 공개시장(증권시장)에서 수많은 거래가 일어나면서 형성된 주가가 있기 때문에, 상장사의 기업가치는 시가총액을 기준으로 한다는 것 기억하세요.

✅ 비상장회사 가치는 어떻게 평가할까?

우리가 일상생활을 하면서 거래하는 많은 재화 중에는 형태가 있는 것과 형태가 없는 무형의 재화가 있습니다. 우리는 이러한 재화를 적절한 가치 또는 최저가로 구매하기 위해 검색하고 또 검색하는 수고를 마다치 않습니다. 이렇듯 개별 재화의 가치를 탐색하는 것도 고생스러운 작업입니다. 수많은 유무형 재화와 인적자원으로 구성된 기업의 가치를 평가하는 일은 훨씬 더 복잡하고 어렵습니다. 기업의 가치를 평가하려면 기업 내부의 유무형 자산뿐만 아니라 기업활동에 영향을 주는 거시 경제, 산업 구조와 같은 외부 요건에 대한 이해도 필요하기 때문입니다.

비상장회사 가치를 평가할 때 일반적으로 많이 사용하는 방법으로는 DCF법(Discounted Cash Flow, 현금흐름할인법)이 있습니다. 비상장 회사 가치는 회사의 자산가치와 수익가치를 따로 구하고 가중평균하는 경우가 많은데, 수익가치를 구할 때는 미래 추정 현금흐름을 반영하는 DCF법을 주로 적용합니다.

상대가치평가(또는 비교가치평가)라는 방법도 있습니다. 비상장사와 비슷한 사업을 하는 유사 상장사와 비교해, 비상장사의 기업가치를 구하는 방법입니다.

예를 들어 비상장회사 (주)대한의 기업가치를 상장회사 (주)민국과 비교해 구해봅시다. PER(주가수익비율)을 비교 기준으로 정했다고 해 봅시다. PER은 주당순이익 대비 주가(Price)가 몇 배인가를 나타냅니다. (주)민국의 주당순이익이 2000원이고 주가가 2만 원이라면 PER은 10이 되겠지요. 비상장사 (주)대한의 주당순이익

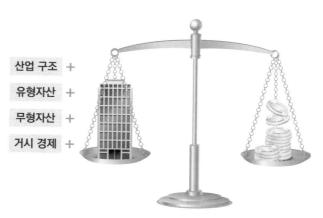

기업의 가치를 평가하려면 기업 내부의 유무형 자산분만 아니라 기업활동에 영향을 주는 거시 경제, 산업 구조와 같은 외부 요건에 대한 이해도 필요하다.

은 1000원이고 (주)민국과 같은 PER 10을 대응시키면 (주)대한의 주가는 1만 원으로 추정할 수 있습니다. (주)대한의 총 주식 수가 10주라면 기업가치는 10만 원(1만 원×10주)으로 산출할 수 있습니다. 이 예에서는 기준으로 PER을 사용했지만 실무에서는 기업가치를 가장 잘 반영할 수 있다고 판단되는 지표를 정해 사용합니다.

회사의 영업 현금흐름(레슨22 384쪽 참조)을 구한 뒤 이 수치의 배수로 기업가치를 구할 수도 있습니다. 예를 들어 비상장사 (주)대한의 영업 현금흐름이 연간 10억 원 정도 된다고 합시다. 그럼 이 수치의 10배를 기업가치로 인정하기로 합의하면 100억 원이 됩니다.

(주)대한의 지분 70% 인수하려면 적어도 70억 원을 인수대금으로 지급해야합니다. '적어도' 70억 원이라고 한 이유는 '경영권 프리미엄' 때문입니다. 경영권 프리미엄이 20% 붙는다면 거래 가격은 84억 원이 됩니다. 이 외에도 여러 가지 기업가치 평가법이 있습니다.

☑ 순자산액보다 더 지급한 금액이 바로 영업권

다시 A사의 B사 인수로 돌아가 봅시다. B사(순자산 10억 원)가 비상장사이고 기업가치를 산출했더니, 15억 원이라고 합시다. 그럼 지분 60%의 가치는 9억 원입니다. A사가 9억 원에 대주주 지분을 인수하려고 했더니 대주주가 11억 원 이상을 제시합니다. 경영권을

주고받는 거래이니 경영권 프리미엄을 얹어
달라는 겁니다. 밀당 끝에 힘겹게 10억 원에
인수에 합의했다고 합시다.

경영권 프리미엄도
고려해주십시오.

A사는 B사 인수 뒤 연결재무제표에 4억
원의 영업권 자산을 기록해야 합니다. 지
분 60%에 해당하는 순자산 금액이 6억 원
(10억 원×60%)인데, 실제로 10억 원을 지급
했으니 초과지급분 4억 원이 영업권이 되는 거지요.

그래서 인수·합병을 할 때는 기업가치 평가액과 경영권 프리미
엄액 산출이 중요합니다. 경영권 프리미엄은 과거에 있었던 여러
인수·합병 거래 시 형성되었던 프리미엄율과 거래 기업의 미래 전
망 등을 종합적으로 고려해 결정될 것입니다.

이런 경우를 한번 봅시다. 토지와 건물만 가지고 있는 회사를
200억 원에 샀다고 가정합니다. 부채는 없습니다. 재무제표에는
20년 전 가격기준으로 토지 20억 원과 건물 10억 원으로 기록되
어 있습니다. 지금 감정평가를 받아보니 토지는 100억 원, 건물은
50억 원의 가치를 가지고 있는 것으로 확인되었습니다. 이때 영업
권은 얼마일까요?

인수 대가 200억 원과 장부상 순자산가치 30억 원의 차액
170억 원일까요? 인수 대가 200억 원과 감정평가로 산출한 순자
산가치 150억 원의 차액 50억 원일까요? 당연히 정답은 50억 원
입니다.

✅ 삼성전자에 4조 4500억 원의 영업권이 생긴 이유

영업권은 연결재무제표 어디에 표시될까요? 영업권은 형태가 없으며, 미래에 회사에 초과수익을 가져다줄 수 있는 것이라고 인정됩니다. 자산의 정의도 충족합니다. 따라서 영업권은 '무형자산'으로 기록합니다.

2017년 삼성전자가 하만(Harman International Industries, Inc.)을 인수했습니다. 하만은 '하만카돈'이라는 오디오 메이커로 유명한 기업입니다. 하만은 자동차 전장 사업(자동차에 들어가는 전자 장비)에도 강점을 가지고 있습니다. 삼성전자의 2017년 연결재무제표 주석을 보면 하만 인수에서 발생한 영업권과 관련해 다음과 같은 표가 있습니다.

2017년 삼성전자 연결재무제표 주석 중 '영업권 금액 공시'	
구분	금액
Ⅰ. 이전대가	9조 2727억 원
Ⅱ. 총 식별 가능한 순자산	4조 8238억 원
Ⅲ. 영업권(Ⅰ - Ⅱ)	4조 4489억 원

'이전대가'는 삼성전자가 하만 지분 100%를 인수하면서 지급한 대금입니다. '총 식별 가능한 순자산'은 하만의 자산과 부채를 공정가치로 평가한 후 자산에서 부채를 차감한 금액입니다. 인수를 위해 지급한 금액(인수대금, 이전대가)에서 순자산의 공정가치를 뺀 금

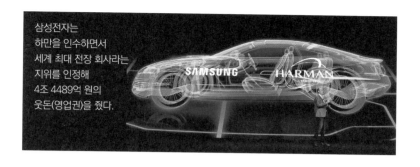

삼성전자는
하만을 인수하면서
세계 최대 전장 회사라는
지위를 인정해
4조 4489억 원의
웃돈(영업권)을 줬다.

액이 '영업권' 금액입니다.

다음 표는 삼성전자 재무제표 주석에 있는 '무형자산'을 재편집한 것입니다. 2017년에 삼성전자가 취득한 영업권 자산이 4조 4532억 원입니다. 이 금액 대부분이 하만 인수에서 발생한 영업권입니다.

\multicolumn{5}{c}{**2017년 삼성전자 연결재무제표 주석 중 '무형자산의 변동 내역'**}
구분	산업재산권	개발비	영업권	기타의 무형자산
기초 장부가액	1조 3,498 억 원	1조 1,806 억 원	1조 3,436 억 원	1조 2,857 억 원
취득	3조 2,475 억 원	4,475 억 원	4조 4,532 억 원	2조 7,942 억 원

✅ 영토 확장하다 영업권 손상 '복병' 만난 롯데쇼핑

인수 당시에는 시너지가 발생할 것으로 예상했다가도 인수해서 경영하다 보니 예상했던 것보다 저조한 실적을 거두는 경우가 있습니다. 실적이 저조하다면 영업권 가치가 손상된 것으로 판단할 수 있습니다. 이때는 영업권의 손상을 인식해야 합니다.

예를 들어 삼성전자가 하만 인수에서 인식한 영업권 자산이 4조 4489억 원인데, 하만 실적이 저조해 영업권 가치를 다시 평가해보니 2조 4489억 원으로 평가됐다고 가정해보겠습니다. 그럼 2조 원의 영업권 손상이 발생한 것입니다. 재무상태표에서 영업권 장부금액을 2조 원만큼 줄이고, 손익계산서에서 2조 원을 영업권 손상차손으로 비용 처리합니다. 손상차손은 당기순이익을 감소시킵니다.

롯데쇼핑은 2008년부터 거침없는 확장 행보에 나섰습니다. 연이은 기업 인수 과정에서 여러 기업을 웃돈을 주고 인수함에 따라 롯데쇼핑 연결재무제표에는 거액의 영업권 자산이 계상되었습니다. 그러나 인수한 기업들이 기대만큼 실적을 내지 못하면서 영업권에 손상 징후가 나타났습니다.

롯데쇼핑은 2015년 재무제표에서 인수·합병과 관련한 영업권 중 6169억 원을 손상차손으로 인식했습니다. 2017년에도 손상차손을 인식했는데요. 다음 표는 영업권 손상과 관련해 재무제표 주석에 공시한 내용입니다.

2017년 롯데쇼핑 연결재무제표 주석 중 영업권 손상					
과목	기초	취득	상각	손상	기말
영업권	2조 5,919 억원	–	–	3,710 억 원	1조 9,239 억 원

롯데쇼핑은 2017년에 3710억 원의 손상차손을 기록하면서 당기순손실 206억 원을 기록합니다. 이처럼 인수합병 후 사업이 생각한 대로 잘 풀리지 않으면 기업의 실적에 악영향을 미치게 됩니다.

한국채택국제회계기준(K-IFRS)에서는 무형자산 중 영업권은 상각하지 않습니다. 그러나 영업권에 손상이 발생하면 손상차손은 비용으로 처리합니다.

✅ 인수·합병의 선물, 염가매수차익

기업을 인수할 때 항상 웃돈을 주고 사기만 하는 건 아닙니다. 오히려 순자산 공정가액보다 저렴하게 사는 경우도 있습니다. 이때 차액을 '염가매수차익(과소지급액)'이라고 부릅니다. 인수자는 이 과소지급액을 당기이익으로 인식합니다. 가령 순자산 공정가치가 300억 원인 기업을 100억 원에 인수하면 200억 원의 염가매수차익이 발생하고, 이를 당기이익으로 반영할 수 있습니다.

금융업 인수·합병에서 염가매수차익이 많이 발생합니다. 2012년에 하나은행이 외환은행을 인수할 때 약 1조 원 정도의 염가매수차익을 당기이익으로 계상했습니다. JB금융지주가 광주은행을 인수할 때 약 5000억 원을, KB금융지주가 현대증권을 인수할 때 약 6000억 원의 염가매수차익을 손익계산서상 이익으로 계상했습니다. 기업의 당기순이익을 늘려준다는 의미에서 염가매수차익을 '인수·합병의 선물'이라고 표현하기도 합니다.

Lesson 21

망할 회사 감별하는 현금흐름표 이해하기

- **발생주의** : 기업의 재무에 영향을 줄 수 있는 사건이 발생(재화나 용역의 인수나 인도)한 시점에 수익과 비용을 인정하는 방식
- **현금주의** : 현금이 실제 오간(현금 수취와 지급) 시점을 기준으로 수익과 비용을 인정하는 방식

- **현금흐름표** : 일정 기간 기업의 현금흐름을 나타내는 재무제표로 현금이 들어오고 나가는 시점을 기준으로 작성(현금주의)

| 회사의 이익을 늘려주는 수익과 이익을 줄이는 비용은 현금 유출입을 동반하는 것과 그렇지 않은 것이 공존 | ➡ | 당기손익 ≠ 실제 현금 유출입 |

(주)청년배추 김갑수 사장은 재무담당 박영수 이사를 불러 2017년 연말 결산 결과를 물었습니다. 박 이사는 당기순이익이 30억 원으로 지난해 대비 20% 증가했다고 했습니다.

김 사장은 박 이사에게 "일단 30억 원을 은행에 예치한 뒤 사용 방안을 고민해보자"고 이야기했습니다. 그러자 박 이사가 "사장님, 당기순이익이 30억 원이고, 실제로 증가한 현금은 20억 원입니다"라고 보고했습니다. "아니, 무슨 소립니까? 회사가 낸 이익이 현금이 아니라고요?"라고 김 사장이 되묻자, 박 이사는 이렇게 설명했습니다.

"사장님, 예를 들어 농부에게 배추 10포기를 10만 원에 외상 구

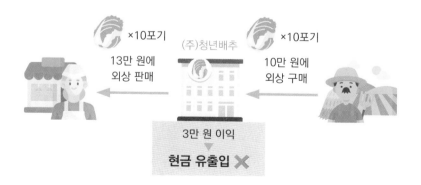

매해 식당에 13만 원에 외상 판매했다고 해 보지요. 손익계산을 하면 분명히 3만 원의 이익이 산출됩니다. 그러나 실제로는 현금이 나간 것도 없고 들어온 것도 없습니다. 외상으로 사서 외상으로 팔았으니까요."

"회계상 이익은 현금의 유출입과는 차이가 있습니다. 그래서 손익계산서와 재무상태표를 기초로 실제 현금이 나가고 들어온 내용을 다시 정리하여 '현금흐름표'라는 재무제표를 만듭니다. 저희 청년배추의 현금흐름표상 2017년 현금 증가액은 20억 원입니다." 김 사장은 박 이사에게 현금흐름을 산출하는 방법에 대해 좀 더 자세히 물었습니다. 박 이사는 하나하나 친절하게 설명하기 시작했습니다.

☑ 외상으로 물건을 팔면 매출은 언제 기록할까?

2015년 12월 15일 (주)솥단지는 제조원가 1만 원짜리 밥솥을 1만 5000원에 판매했습니다. 판매 대금은 2016년 1월 10일 받기로 했습니다. 밥솥 판매 수익(매출)에 대해 회계 처리하는 방법은 두 가지가 있을 수 있습니다.

밥솥 값 1만 5000원은 2016년 1월 10일에 드릴게요.

₩15,000

1번 방법 : 발생주의 회계

거래가 발생한 2015년 12월 15일 장부에 매출 발생을 인식합니다. 매출 1만 5000원, 매출채권 1만 5000원을 기록합니다.

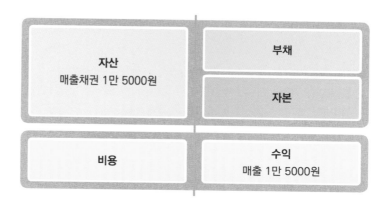

2번 방법 : 현금주의 회계

매출을 인식하는 시점은 현금이 들어온 2016년 1월 10일입니다.

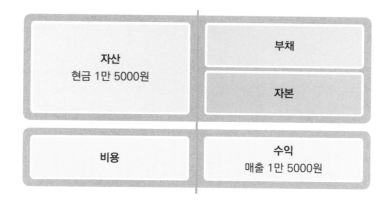

1번 방법을 '발생주의' 회계라고 합니다. 밥솥 거래가 발생한

날 매출이 발생한 것으로 처리하는 겁니다. 결제가 이루어지는 2016년 1월 10일에는 자산에서 매출채권 1만 5000원을 지우고, 현금 1만 5000원을 기록하면 됩니다.

2번 방법은 현금이 들어오는 시점에 매출을 인식합니다. 이를 '현금주의 회계'라고 합니다.

밑줄 쫙!

- **발생주의** : 기업의 재무에 영향을 줄 수 있는 사건이 발생(재화나 용역의 인수나 인도)한 시점에 수익과 비용을 인정하는 방식
- **현금주의** : 현금이 실제 오간(현금 수취와 지급) 시점을 기준으로 수익과 비용을 인정하는 방식

✅ 수익과 비용 대응에 충실한 발생주의

발생주의와 현금주의 가운데 어떤 방법이 합리적일까요? 현재 회계 기준은 발생주의를 채택하고 있습니다.

밥솥은 2015년 12월 15일 판매되고 판매대금은 2016년 1월 10일에 받을 경우, 현금주의로 처리하면 매출은 현금이 들어온 2016년에 처리해야 합니다. 하지만 2015년에 밥솥 1개가 상대방에게 넘어갔기 때문에, 2015년 말 결산을 할 때 밥솥 재고자산의 감소와 함께 재고자산에 담긴 원가비용(제조원가)을 매출원가로 반영할 수밖에 없습니다. 이렇게 하면 수익 발생 시점(2016년)과 비용 발생 시점(2015년)이 대응하지 않습니다.

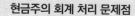

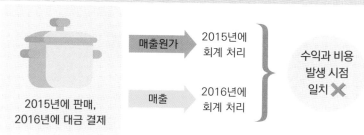

2015년에 판매,
2016년에 대금 결제

매출원가 → 2015년에 회계 처리

매출 → 2016년에 회계 처리

} 수익과 비용 발생 시점 일치 ✗

그렇다고 발생주의를 따를 때 문제가 전혀 없는 건 아닙니다. 발생주의는 경영 성과인 이익을 측정하는 데는 바람직하지만, 이익과 현금흐름이 일치하지 않는 문제가 있습니다(369쪽 (주)청년배추 사례 참조).

그래서 회계에서는 당기의 모든 거래에서 발생하는 현금 유출입을 기준으로 '현금흐름표'라고 하는 재무제표를 따로 만들어서 재무 정보 이용자에게 제공합니다. 다른 재무제표들은 모두 발생주의에 따라 작성하지만, 현금흐름표는 오로지 현금이 나가고 들어오는 시점을 기준으로 작성합니다.

밑줄 쫙!

현금흐름표 : 일정 기간 기업의 현금흐름을 나타내는 재무제표로 현금이 들어오고 나가는 시점을 기준으로 작성 (현금주의)

⊘ 미리 낸 보험료, 비용과 자산으로 나누어진다

2015년 10월 1일 (주)솥단지는 회사 소유 자동차들의 1년 치 보험료 120만 원을 납부했습니다. 보험은 2016년 9월 30일까지 적용됩니다.

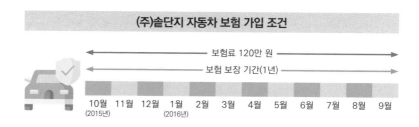

(주)솥단지 자동차 보험 가입 조건

보험료 120만 원
보험 보장 기간(1년)

10월 11월 12월 1월 2월 3월 4월 5월 6월 7월 8월 9월
(2015년)   (2016년)

보험료를 현금주의로 처리하면 2015년 결산에 보험료 120만 원 전액이 비용으로 반영됩니다. 발생주의로 처리하면 어떻게 될까요? 2015년 10월 1일 보험료를 납부한 날에는 일단 현금주의로 처리합니다. 다음 그림처럼요. 현금 120만 원이 나가고, 자동차 보험료라는 비용 120만 원이 발생한 것으로 합니다.

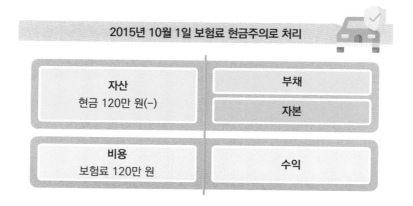

2015년 10월 1일 보험료 현금주의로 처리

자산 현금 120만 원(-)	부채
	자본
비용 보험료 120만 원	수익

그런데 12월 31일 결산할 때는 발생주의에 맞춰 수정 결산을 합니다. 여기서부터가 중요합니다. 2015년 결산에 반영하는 보험료 비용은 3개월 치(2015년 10월 1일~12월 31일)인 30만 원만 반영합니다. 나머지 90만 원은 어떻게 될까요? 이것은 '선급비용'이라는 이름의 자산으로 처리합니다. 이 90만 원은 앞으로 9개월 동안 회사에 보험 혜택이라는 경제적 효과와 이익을 가져다주기 때문에 자산으로 잡습니다. '비용'이라는 단어가 들어가지만, '선급비용'은 '비용'이 아니라 '자산'이라는 사실에 주의해야 합니다.

보험료 납일 당일 일단 비용으로 처리해 놓았던 120만 원을 연말 결산하면서 발생주의에 맞게 30만 원만 비용 처리, 90만 원은 자산으로 편입(선급비용)한다는 것입니다.

이 선급비용이라는 자산은 다음 해인 2016년 말 손익결산에서 모두 비용으로 전환됩니다. 수정 결산 내용을 그림으로 나타내면 다음과 같습니다.

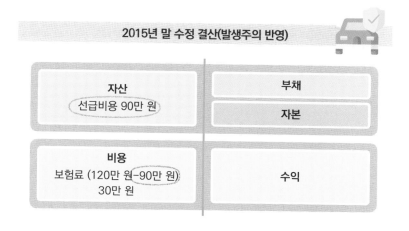

2015년 말 수정 결산(발생주의 반영)

자산 선급비용 90만 원	부채
	자본
비용 보험료 (120만 원-90만 원) 30만 원	수익

10월 1일과 12월 31일 그림을 결합해 보면 보험료가 어떻게 회계 처리되는지를 잘 알 수 있습니다.

2015년 10월 1일과 12월 31일 보험료 회계 처리 결합

자산 총액 30만 원 (-)

자산 현금 120만 원(-) 선급비용 90만 원(+)	부채
	자본

비용 보험료 120만 원(+) 보험료 90만 원(-)	수익

비용 총액 30만 원 발생 (보험료)

재무상태표를 보면 자산에서 현금 120만 원이 감소했다(보험료 지급)는 사실, 그리고 선급비용 90만 원이 증가했다는 사실이 기록되겠지요. 자산에서 총 변화 금액은 120만 원 감소와 90만 원 증가가 반영되어 최종 30만 원 감소로 나타날 것입니다.

손익계산서는 어떻게 될까요.

보험료 비용으로 120만 원이 반영되었다가 연말에 90만 원이 비용에서 차감됐습니다. 손익계산서에 반영되는 보험료 비용은 최종적으로 30만 원이 됩니다.

어렵지는 않지만, 살짝 복잡하게 느껴질 수도 있을 것 같습니다.

발생주의 회계 처리를 하면 이런 점이 좀 불편합니다. 그러나 회사 재무 상태를 보여주거나, 손익계산을 하는 가장 합리적인 방법이니, 그 기본 원리를 잘 봐두시기 바랍니다.

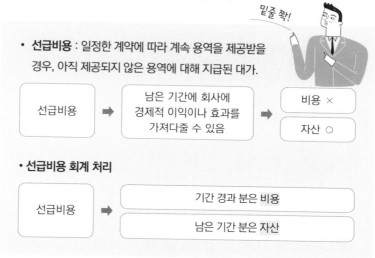

이익은 '회계상 남긴 돈', 실제 현금과는 다르다!

보험료 처리에서도 알 수 있듯 당기(2015년)의 수익과 비용이 당기의 현금흐름과 일치하지 않습니다. 현금은 분명히 120만 원이 빠져나갔지만, 비용 반영은 30만 원밖에 안 됐으니까요.

엄마 가계부를 보면 '수입'과 '지출'이라는 두 가지 항목이 있습니다. 수입은 기업 회계 장부의 수익과 같고, 지출은 비용과 같다고 보면 됩니다. 엄마는 철저하게 현금주의 원칙에 따라 가계부를 쓸 것입니다. 현금이 들어와야만 수입, 현금이 나가야만 지출로 기록합니다.

기업 회계는 이와 좀 다릅니다. 수익으로 기록하지만, 현금이 유입되지 않는 거래가 빈번합니다. 비용으로 기록하지만, 현금이 나가지 않는 거래도 빈번합니다. 그래서 '수익 − 비용'을 계산한 '이익(회계상으로 남긴 돈)'과 실제 회사의 현금은 다를 수밖에 없습니다.

☑ 돈 안 나간 비용, 돈 안 들어온 수익

감가상각비 → 현금 유출 ✖

(주)솥단지는 2015년 초에 현금 3000만 원을 주고 밥솥 제조설비(유형자산)를 구매했습니다. 현금이 감소했지요. 그런데 앞서 배웠듯 연말에 손익계산서를 작성할 때 이 설비에서 감가상각비가 발생합니다. 5년 정액상각을 적용하면, 2015년 말 600만 원의 감가상각비가 발생해 그만큼 영업이익이 감소합니다. 결과적으로 당기순이익도 그만큼 감소하겠지요. 그럼 이 감가상각비는 현금 유출을 동반한 것인가요? 그렇지는 않습니다. 현금은 이미 제조설비를 구매할 때 나갔습니다. 감가상각비는 그저 손익계산을 합리적으로 하기 위해 반영한 것으로, 현금 유출을 동반하지 않은 비용입니다.

무형자산상각비 → 현금 유출 ✖

상표권(무형자산)을 2015년 초에 1억 원에 매입해 5년 정액상각을 한다면, 매입한 날에는 현금 1억 원이 유출됩니다. 하지만 연말 손익결산에 비용으로 반영되는 무형자산상각비 2000만 원은 현금이 유출되지 않습니다. 그래서 회사가 산출하는 당기순이익은 현금과 일치하지 않습니다. 회사가 100억 원의 당기순이익을 냈다고 해서 현금으로 100억 원이 남지 않았다는 것입니다.

지분법이익 → 현금 유입 ✖

우리가 앞서 배운 '지분법이익'이라고 하는 것을 떠올려 보세요.

㈜솥단지가 2015년 말 결산을 하면서 ㈜용산마트의 당기순이익 10억 원 중 지분율(30%)에 해당하는 3억 원을 지분법이익으로 당겨오면, 솥단지의 당기순이익이 3억 원만큼 증가하는 효과가 발생합니다. 그러나 지분법이익이 발생했다고 해서 실제 현금이 들어오는 건 아닙니다.

외화환산손익 → 현금 유출입 ✖

2015년 11월 1일 해외에서 기계를 수입하느라 은행에서 1달러를 빌렸습니다. 결제는 2016년 3월에 해 주기로 했습니다. 2015년 11월 1일의 달러-원 환율은 1000원입니다. 그럼 이날 장부에 달러 부채는 1000원으로 기록합니다. 2015년 12월 말 결산시기가 되었습니다. 환율이 1500원으로 변했습니다. 달러 부채는 이제 500원이 증가해 1500원이 됩니다. 환율 변화 때문에 가만 앉아서 500원 평가손실을 봤습니다. 이게 바로 '외화환산손실'입니다. 외화환산손실은 당기비용으로 반영됩니다. 그러나 외화환산손실

500원이 발생했다고 해서 회사 현금 500원이 유출된 것은 아닙니다. 말 그대로 평가손실일 뿐입니다.

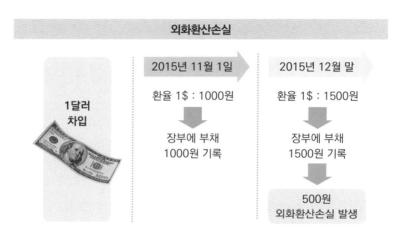

회사의 당기손익은 회사의 모든 수익과 비용을 반영해 산출한 최종 손익입니다. 회사의 이익을 늘려주는 역할을 하는 수익에는 현금 유입을 동반하는 것도 있지만 그렇지 않은 것도 있습니다. 회사의 이익을 줄이는 역할을 하는 비용도 마찬가지입니다. 현금 유출을 동반하는 것도 있지만 그렇지 않은 것도 있습니다. 모든 수익이 현금 수익이 아니고, 모든 비용이 현금 비용이 아니므로 '수익 – 비용'으로 계산한 이익 또한 전액 현금은 아닙니다.

✅ 자산 증가는 현금 유출, 부채 증가는 현금 유입

지금까지 손익계산서 측면에서 수익과 비용, 현금흐름과의 관계를 살펴봤습니다. 그럼 이제부터는 영업활동에서 발생하는 자산과 부채가 현금흐름에 어떤 영향을 미치는지 한번 살펴보겠습니다.

영업활동에서 발생하는 자산 중 대표적인 것은 매출채권입니다. 2016년 말 ㈜솥단지의 매출채권 잔액이 2015년 말 대비 증가했다고 가정해 봅시다.

(주)솥단지 매출채권 잔액			
구분	2015년 말	2016년 말	2017년 말
매출채권	10억 원	16억 원	9억 원

이 경우 매출채권은 현금흐름에 어떤 영향을 주었을까요? 답부터 말하면, 2016년의 현금흐름에 6억 원만큼 마이너스로 작용합니다. 기초 회계 단계에서는 간단하게 다음과 같이 이해합시다. '매출채권이 증가한다는 것은 그만큼 돈이 회수가 안 되었다는 뜻이다. 매출채권 잔액이 2015년 말 대비 2016년 말에 6억 원이 증가했으니 현금흐름에는 6억 원만큼 마이너스가 된다.' 만약 2017년 말의 매출채권 잔액이 9억 원이라고 합시다. 그럼 매출채권 잔액이 2016년 말 대비 7억 원 감소했으니, 현금흐름에는 7억 원만큼 플러스가 되는 겁니다.

영업활동에서 발생하는 자산 중 재고자산의 경우를 한번 봅시다.

(주)솥단지 재고자산			
구분	2015년 말	2016년 말	2017년 말
재고자산	20억 원	25억 원	22억 원

재고자산은 팔아야 현금을 회수할 수 있습니다. 재고자산 잔액이 1년 만에 5억 원 늘어났습니다. 증가분만큼 돈이 묶인 것으로 이해하면 됩니다. 2016년의 현금흐름에는 5억 원만큼의 마이너스가 된다는 거지요.

만약 2017년 말 재고자산 잔액이 22억 원이라면, 2017년의 현금흐름에는 3억 원 플러스가 됩니다.

이번에는 영업활동에서 발생하는 부채를 한번 볼까요? 선수금을 예로 들어보겠습니다. 2016년 (주)솥단지 재무상태표에 선수금 잔액이 다음 표와 같이 기록되어 있습니다.

(주)솥단지 선수금 잔액			
구분	2015년 말	2016년 말	2017년 말
선수금	2억 원	5억 원	1억 원

선수금이 2015년 말 대비 2016년 말 3억 원 증가했습니다. 선수금은 회사로 현금이 들어온 것입니다. 회사로 들어온 현금이 1년 만에 3억 원이 증가했습니다. 2016년의 현금흐름에는 3억 원 플러스로 작용합니다. 2017년 말의 선수금 잔액이 1억 원이 되었다면,

2017년 현금흐름에는 4억 원 마이너스로 작용합니다.

마지막으로 영업활동에서 발생하는 부채 중 매입채무를 봅시다.

(주)솥단지 매입채무

구분	2015년 말	2016년 말	2017년 말
매입채무	8억 원	5억 원	9억 원

외상으로 원재료나 판매용 상품을 구매하면 매입채무로 기록합니다. 매입채무가 3억 원 감소했다는 것은 외상값을 3억 원 갚았다는 것으로 이해하면 됩니다. 매입채무 3억 원 감소는 2016년의 현금흐름에 3억 원 마이너스로 작용합니다.

2017년 말 매입채무가 9억 원이 되었다고 가정해 봅시다. 외상 구매가 4억 원이 늘었다는 것은 그만큼 현금흐름에는 플러스로 작용합니다. 2017년의 현금흐름에 4억 원 플러스로 작용합니다.

Lesson 22

실전 분석 :

영업, 투자, 재무 현금흐름 꿰뚫기

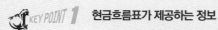 **현금흐름표가 제공하는 정보**
① 기업의 영업활동에서 창출한 현금흐름
② 투자활동으로 인한 현금흐름
③ 재무활동으로 인한 현금흐름

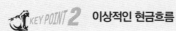 **이상적인 현금흐름**

- 영업활동으로 인한 현금흐름 ➕
- 투자활동으로 인한 현금흐름 ➖
- 재무활동으로 인한 현금흐름 ➖

➡ 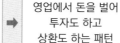 영업에서 돈을 벌어 투자도 하고 상환도 하는 패턴

 영업이익 규모와 영업활동으로 인한 현금흐름의 차이가 지나치게 크다면, 분식회계 또는 유동성 부족 위험 등이 있을 수 있다.

⊘ 현금흐름의 세 갈래

레슨21에서는 발생주의와 현금주의, 현금흐름을 동반하지 않는 수익과 비용, 영업활동에서 발생하는 자산과 부채가 현금흐름에 미치는 영향 등에 대해 공부했습니다.

현금흐름표를 제대로 이해하기 위한 기본 과정을 밟았다고 보면 됩니다. 레슨22에서는 실제 기업의 현금흐름표를 이용해 앞서 학습한 내용을 정확하게 머릿속에 새기는 단계를 밟아나갈 것입니다.

현금흐름표는 회사의 영업활동에 관한 정보, 투자 및 재무 활동에 관한 정보를 구분해 제공합니다. 현금이 주로 어디서 얼마나 유입되고, 어떻게 사용되는지는 기업의 미래 수익성과 자금 관리 능력 등을 평가하는 데 유용한 지표입니다. 현금흐름표는 투자자나 채권자, 경영자의 의사결정에 도움을 줍니다.

① 기업의 영업활동에서 창출한 현금흐름

손익계산서의 영업이익과 당기순이익은 기업의 경영 성과를 측정하는 데 있어 가장 중요한 정보를 제공합니다. 하지만 손익계산서의 영업이익이나 당기순이익에 포함된 항목에는 실제 현금흐름은 없었으나 수익이나 비용으로 인식한 항목들이 포함돼 있습니다. 예를 들어 매출채권에 대한 대손상각비는 손익계산서에 비용으로 표시되기는 하지만, 실제 현금이 지출된 비용은 아닙니다. 못받을 채권 금액을 평가해 본 것으로 실제 외부로 현금이 지급된 건 아니란 말이죠. 따라서 영업활동으로 인한 현금흐름은 손익계산서에서는 정확하게 보여주지 못하는 '기업의 영업활동에서 창출한 현금흐름'을 보여줄 수 있습니다.

② 투자활동으로 인한 현금흐름

기업은 영업활동에 필요한 제품을 제조하거나 판매하기 위해 투자가 필요합니다. 또한 잉여 현금을 효율적으로 운용하기 위해 금융자산이나 유형자산을 취득하기도 합니다. 즉 생산에 필요한 기계설비의 구입, 창고 건물의 매입, 다른 회사 주식 취득 등이 투자활동입니다.

투자활동으로 인한 현금흐름은 현금흐름표에 취득액과 처분액을 직접 표시합니다. 예를 들어 '투자활동으로 인한 현금유출'에 '기계설비 200억 원'이라고 적혀있다면 기계장치를 사는 데 현금 200억 원이 실제 지출된 것입니다. '투자활동으로 인한 현금 유입'에 '투자주식처분 100억 원'이라고 적혀 있다면 회사가 보유한 타사 주식을 팔아 100억 원의 현금이 실제 유입된 것입니다.

③ 재무활동으로 인한 현금흐름

재무활동은 현금의 차입 및 상환, 신주 발행이나 배당금의 지급 등과 같이 부채와 자본 계정에 영향을 미치는 거래를 말합니다. 차입(은행 대출 또는 회사채 발행 등)을 하면 회사로 돈이 들어옵니다. 증자(신주 발행)를 해도 돈이 들어옵니다. 배당을 하거나 차입금을 상환하면 돈이 나갑니다.

현금흐름표의 기본 구조를 아주 간단하게 나타내면 다음 그림과 같습니다. (주)솥단지의 2017년 말 현금 및 현금성 자산(③)은 2016년 말(②) 대비 20억 원 증가(①)한 220억 원입니다.

구분	금액
(주)솥단지 2017년 현금흐름표	
영업활동으로 인한 현금흐름	100억 원
투자활동으로 인한 현금흐름	(50억 원)
재무활동으로 인한 현금흐름	(30억 원)
현금 및 현금성 자산의 증가(감소)	20억 원 — ①
기초 현금 및 현금성 자산	200억 원 — ②
기말 현금 및 현금성 자산	220억 원 — ③

✅ 매출채권 회수 더디고, 재고 쌓이면 금방 무너지는 영업현금

영업활동으로 인한 현금흐름은 일반적으로 '간접법'을 사용해 구합니다.

간단하게 설명하면, 당기순이익에서 출발합니다. 현금 유출이 없는 비용은 더해주고, 현금 유입이 없는 수익은 빼 줍니다. 이렇게 해야 회계상의 당기순이익이 실제 현금 유출입 기준으로 교정이 됩니다.

감가상각비, 대손상각비, 무형자산상각비, 외화환산손실, 재고자산평가손실 등이 현금 유출이 없는 비용의 대표 격입니다. 현금 유입이 없는 수익은 지분법이익, 외화환산이익, 주식평가이익 등이 있습니다.

이런 과정을 '비현금 항목 조정'이라고 표현합니다. 그렇다면 당기순이익에서 비현금 항목을 조정하는 것만으로 '영업활동으로 인한 현금흐름'이 구해질까요? 아닙니다. 단계가 더 남아 있습니다. 영업활동에서 발생한 자산과 부채의 변화를 반영해야 합니다. 영업활동에서 발생한 자산과 부채의 증감이 영업 현금흐름에 어떤 영향을 미치는지에 관해서는 앞에서 배웠습니다(380쪽 참조).

영업활동에서 발생한 자산과 부채의 변화를 반영하는 과정을 '영업활동으로 인한 자산 부채의 변동'이라고 표현하기도 하고, '순운전자본의 증감' 또는 '운전자본 변동액' '운전자본 조정'이라고 표현하기도 합니다.

말이 좀 어렵습니다. 기초 회계 단계에서는 용어는 신경 쓸 필요 없습니다. 이러한 용어를 사용하기도 한다고 알아두면 되고, 그 내용이 무엇인지만 잘 이해하고 있으면 됩니다.

SK이노베이션의 2017년 연결재무제표 현금흐름표 가운데 '영업활동으로 인한 현금흐름' 부분만 따로 떼서 살펴보겠습니다.

과목	2017년
SK이노베이션 2017년 현금흐름표 중 '영업활동으로 인한 현금흐름'	
Ⅰ. 영업활동으로 인한 현금흐름	2조 1802억 원
1. 연결당기순이익	2조 1451억 원
2. 비현금 항목 조정	1조 9922억 원
3. 운전자본 조정 = 영업활동에서 발생한	(1조 2142억 원)
4. 이자의 수취　　자산과 부채의 변화	781억 원
5. 이자의 지급	(2110억 원)
6. 배당금의 수취	413억 원
7. 법인세의 납부	(6513억 원)

연결당기순이익(2조 1451억 원)(1)에서 출발해 비현금 항목 조정 (2)에서 1조 9922억 원을 더해줬습니다. 다음 단계인 운전자본 조정(3)에서 1조 2142억 원을 뺐습니다.

그 아래(4~7) 이자 수취, 이자 지급, 배당금 수취, 법인세 납부 등의 항목이 있습니다. 이런 항목들이 영업활동과 관련된 것일까요? 예를 들어 이자는 손익계산을 할 때 영업외 수익이나 비용에 반영했습니다. 그런데 현금흐름표를 만들 때는 '영업활동으로 인한 현금흐름'에 반영하는 경우가 많습니다. 다만 실제 현금으로 이자를 지급한 경우에만 '이자 지급', 실제 현금으로 이자를 받은 경우에만

'이자 수취'로 기록합니다.

이자 수취나 이자 지급을 재무활동 현금흐름에 반영하는 회사들도 있습니다. 기업마다 차이가 있다는 점 정도만 알고 있으면 됩니다. 배당금 수취나 법인세 납부 역시 영업활동으로 인한 현금흐름에 반영합니다.

이런 단계를 거쳐 SK이노베이션이 2017년에 창출한 영업활동으로 인한 현금흐름은 2조 1802억 원이 됐습니다.

비현금 항목 조정(2)의 세부 내역은 재무제표 주석에서 볼 수 있습니다.

SK이노베이션 재무제표 주석 중 '비현금 항목 조정'	
구분	2017년
감가상각비	7910억 원
무형자산상각비	1090억 원
외화환산손실	1479억 원
지분법손실	482억 원
유형자산손상차손	1133억 원
지분법이익	(2189억 원)
기타	1조 16억원
합계	1조 9922억 원

운전자본 조정(3)의 세부 내역을 한번 들여다볼까요? 세부 내용은 역시 재무제표 주석에 나와 있습니다.

구분	2017년
매출채권	(8154억 원)
미수금	(1416억 원)
선급금	(654억 원)
재고자산	(1조 5010억 원)
매입채무	1조 1680억 원
미지급금	1047억 원
선수금	103억 원
합계	(1조 2142억 원)

SK이노베이션 재무제표 주석 중 '운전자본 조정'

운전자본 조정에서 두 가지만 살펴보겠습니다. 표를 보니, 미수금이 현금흐름에 1416억 원 마이너스로 작용했습니다. 이것이 무슨 말인가 하면, 2017년 말의 미수금 잔액이 2016년 말보다 1416억 원이 증가했다는 의미입니다. 미수금은 못 받고 있는 돈입니다. 못 받은 돈이 증가했다는 것은 현금흐름에는 그만큼 마이너스입니다.

선급금을 보겠습니다. 선급금은 현금흐름에 654억 원 마이너스로 작용했습니다. 선급금은 상대방에게 미리 준 돈 입니다. 현금이 나간 것입니다. 2016년 말 선급금 잔액 대비 2017년 말 선급금 잔액이 654억 원 증가했습니다. 즉 미리 준 돈이 그만큼 늘어났기 때문에 현금흐름에 마이너스로 작용했습니다.

투자활동으로 인한 현금흐름 구하기

기업의 투자활동에는 기계장치 등의 유형자산, 상표권이나 특허권 등의 무형자산을 사거나 파는 경우가 있습니다. 또 단기차익이나 전략적 제휴, 비즈니스 강화 등 다양한 목적으로 다른 회사 주식을 현금을 주고 매입하거나 보유하고 있던 다른 회사 주식을 현금을 받고 처분하는 경우도 있습니다. 이밖에 다른 회사에 돈을 빌려주거나(대여금) 빌려준 돈을 받는 경우 등이 투자활동으로 인한 현금흐름에 해당합니다.

다음의 표를 살펴볼까요. SK이노베이션의 2017년 투자활동으로 인한 현금흐름은 마이너스 1조 661억 원입니다.

SK이노베이션 2017년 현금흐름표 중 '투자활동으로 인한 현금흐름'

과목	2017년
II. 투자활동으로 인한 현금흐름	(1조 661억 원)
1. 관계기업투자의 취득	(1258억 원)
2. 유형자산의 취득	(9384억 원)
3. 유형자산의 처분	745억 원
4. 단기대여금의 순증감	(169억 원)

일반적으로 투자활동을 맹렬하게 하면 투자활동으로 인한 현금흐름은 마이너스가 될 것입니다. 그러나 회사가 자금흐름이 좋지 않거나 유동성 부족 등으로 구조조정을 해야 할 때는, 회사가 보유

한 자산을 많이 내다팔아야 하기 때문에 투자활동으로 인한 현금흐름은 플러스가 될 겁니다.

그렇다면 '영업활동으로 인한 현금흐름'은 플러스, '투자활동으로 인한 현금흐름'은 마이너스가 되는 것이 가장 이상적이라고 볼 수 있겠네요. 영업활동으로 번 돈을 투자활동에 돈을 쓰는 것이니까요. 회사의 투자자산들은 나중에 회사가 수익을 창출하는 데 기여할 것이기 때문에, 결국 영업 현금흐름을 좋게 할 겁니다. 돌고 도는 것이지요.

표에서 '단기대여금의 순증감(4)'이 마이너스 169억 원이라고 되어 있습니다. 예를 들어 2016년 말 기준으로 단기대여금이 100억 원 있었는데, 2017년 중에 10억 원을 돌려받고 새로 179억 원을 단기대여 했다면, 회사로서는 2017년 169억 원의 현금(179억 원 - 10억 원)이 유출된 것입니다.

✅ 재무활동으로 인한 현금흐름 구하기

재무활동으로 인한 현금흐름을 한번 볼까요?

은행에서 돈을 빌리거나 갚을 때, 회사채를 발행하거나 상환할 때, 배당금을 지급할 때, 주식을 발행해 자본을 늘릴 때 등이 재무활동으로 인한 현금흐름에 영향을 미칩니다. 참고로 다른 회사로부터 배당금을 받을 때(배당금 수취)는 일반적으로 '영업활동으로 인한 현금흐름'에 편입시키는 경우가 많습니다.

SK이노베이션의 2017년 재무활동으로 인한 현금흐름은 마이너스 1조 670억 원입니다.

SK이노베이션 2017년 현금흐름표 중 '재무활동으로 인한 현금흐름'

과목	2017년
Ⅲ. 재무활동으로 인한 현금흐름	(1조 670억 원)
1. 단기차입금의 순증감	2234억 원
2. 사채 및 장기차입금의 차입	5484억 원
3. 사채 및 장기차입금의 상환	(1조 6825억 원)
4. 배당금의 지급	(7566억 원)

✅ 가장 이상적인 현금흐름

SK이노베이션의 현금흐름을 보면 영업 현금흐름은 플러스(+), 투자 현금흐름은 마이너스(-), 재무 현금흐름은 마이너스(-)의 흐름을 보이고 있습니다.

일반적으로 이런 패턴을 가장 이상적인 현금흐름으로 봅니다. 이러한 현금흐름은 영업에서 돈을 벌어서 투자도 하고 부채 상환도 하는 패턴입니다. 물론 경우에 따라 막대한 투자가 집중될 때는 영업에서 벌어들인 돈만으로는 부족하기 때문에 영업 현금흐름 플러스(+), 투자 현금흐름 마이너스(-), 재무 현금흐름 플러스(+)의 패턴이 나타나기도 합니다. 차입이나 증자를 많이 하면 재무활동으로 인한 현금흐름이 플러스로 나타날 테니까요. 그러나 투자 이후

영업에서 돈을 많이 벌어들여 부채를 상환하면 재무 현금흐름은
다시 마이너스(-)로 전환하게 됩니다.

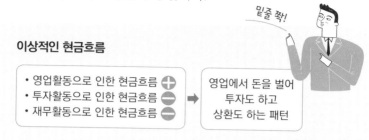

이상적인 현금흐름

• 영업활동으로 인한 현금흐름 ➕
• 투자활동으로 인한 현금흐름 ➖ ➡ 영업에서 돈을 벌어
• 재무활동으로 인한 현금흐름 ➖   투자도 하고
                                 상환도 하는 패턴

밑줄 쫙!

현금흐름 간 관계를 간단하게 그림으로 나타내면 다음과 같습
니다. 영업활동으로 번 돈을 투자활동에 쓰고, 투자자산으로 회사
수익을 창출하고, 차입이나 증자로 투자금을 마련해 영업활동으로
돈을 벌어 부채를 상환하는 등 세 가지 현금흐름은 서로 영향을 주
고받습니다.

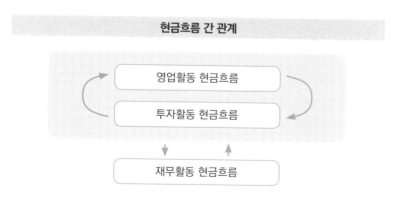

현금흐름 간 관계

영업활동 현금흐름

투자활동 현금흐름

재무활동 현금흐름

기업에서 현금이 중요한 이유는 단 한가지입니다. 아무리 적자가 나더라도 회사에 현금이 돌고 있으면 그 회사는 절대 망하지 않기 때문입니다. 하지만 이익은 나는데 현금이 돌지 않는 경우가 있습니다. 그럴 때 회사는 난데없이 망하게 됩니다. 그런 징후를 포착하는 데는 현금흐름표가 유용한 역할을 합니다. 우리는 손익계산서의 당기순이익(또는 영업이익)과 현금흐름표의 영업 현금흐름이 다를 수밖에 없는 것을 이해했습니다. 하지만 달라도 너무 다른 것은 의심해볼 필요가 있습니다.

다음은 우양에이치씨라는 코스닥기업 관련 기사의 제목만 모은 것입니다.

- 우양에이치씨, 수출입은행 '히든챔피언' 선정 ― 2013년 3월 2일
- 우양에이치씨, "내년 영업이익률 업계 최고 기록할 것"
  ― 신한투자證 / 2013년 10월 29일
- 우양에이치씨, 안정적인 고수익성 유지 기대 ― 교보證 / 2014년 5월 9일
- 우양에이치씨, 3분기 호실적에 상한가 ― 2014년 10월 23일
- 우양에이치씨 "1차 부도 발생 … 최종 확인 중" ― 2015년 3월 3일
- 우양에이치씨 최종 부도 처리 … "127억 어음 막지 못했다"
  ― 2015년 3월 4일

2013년과 2014년 언론에 보도된 우양에이치씨는 엄청난 호실

적을 기록 중인 우량한 회사로 보입니다. 그런데 불과 몇 개월 뒤인 2015년 3월 부도가 발생했다는 충격적인 기사가 나왔습니다. 실제로 회사는 2014년 말 재무제표를 공시조차 하지 못했습니다. 2012년부터 2014년 3분기까지 우양에이치씨의 손익계산서를 한번 보시지요.

우양에이치씨 연결손익계산서 (단위 : 억 원)

구분	2012년	2013년	2014년 3분기
매출액	2,024	2,260	1,697
영업이익	209	217	131
당기순이익	67	115	52

2000억 원 이상의 매출과 영업이익률 10%는 제조업에서 나쁘지 않은 성적표입니다. 계속 흑자를 내고 있고요. 손익계산서를 보면 우량한 회사임은 틀림없습니다. 그러나 현금흐름표와 비교해보면 특이한 점이 눈에 들어옵니다.

우양이엔씨 연결현금흐름표 (단위 : 억 원)

구분	2012년	2013년	2014년 3분기
영업활동 현금흐름	(973)	(763)	126
투자활동 현금흐름	(6,045)	(6,251)	(2,077)
재무활동 현금흐름	7,261	6,490	2,406
현금 및 현금성 자산의 순증가(감소)	243	(524)	455
기말 현금 및 현금성 자산	693	169	618

혹시 이상한 점을 발견하셨는지요? 영업이익과 '영업활동으로 인한 현금흐름'을 한 번 비교해 보기 바랍니다. 2012년에 영업이익이 209억 원이었는데 영업 현금흐름은 -973억 원입니다. 2013년도 마찬가지입니다. 2013년 영업이익이 217억 원인데, 영업활동으로 인한 현금흐름은 -763억입니다. 영업이익과 영업활동으로 인한 현금흐름이 따로 놉니다.

이런 회사를 '이익의 질'이 매우 낮다고 평가합니다. 이익이 현금이 되지 못하기 때문이죠. 그렇다면 이익의 질을 평가하는 것이 어떤 의미를 가질까요?

✅ 이익에도 질이 있다!

'이익의 질(earnings quality)'은 기업의 이익이 현금흐름을 얼마나 반영하고 있는지를 나타냅니다. 이익이 현금흐름과 상관관계가 높을수록 이익의 질이 우수하다고 봅니다. 기업이 창출하는 이익의 질을 평가하는 것은 미래의 이익을 예측하고 기업가치를 분석하는 데 중요한 의미를 가집니다. 이익의 질이 높을수록 경영 성과의 지속성과 예측 가능성이 높아지기 때문입니다.

이익의 질은 이익의 지속성, 이익의 신뢰성, 이익의 성장성 등 세 가지로 측정할 수 있습니다. 이익의 지속성은 최근에 발생한 이익이 미래에도 유사한 크기로 발생할 가능성이 높은가에 관련한 속성을 의미합니다. 이익의 신뢰성은 보고된 이익이 얼마나 실제

기업의 이익과 현금흐름의 간극이
클수록 분식회계, 유동성 부족 등의
위험이 있을 수 있다.

에 가까운지를 의미합니다. 만약 분식회계를 통해 이익이 조작되
었다면 신뢰성이 낮게 평가되어 이익의 질이 낮다고 할 수 있습니
다. 이익의 질이 높아질수록 회계 부정의 가능성이 낮아지고 회계
정보의 투명성은 높아집니다.

　우양에이치씨는 2015년 6월 증권시장에서 축출됐습니다. 상장
폐지된 이후 이 회사에 1800억 원의 분식회계가 있었다는 사실이
드러났습니다. 우리가 앞서 살펴본 우양에이치씨의 현금흐름표는
분식에 대한 중요한 단서를 제공합니다. 손익계산서상에 나타난
회계 이익과 현금흐름표상의 현금 이익 간 차이가 클 때는 회계 이
익을 조작한 흔적이 없는지 철저하게 조사할 필요가 있습니다.

밑줄 쫙!

영업이익 규모와 영업활동 현금흐름의 차이가 지나치게 크
다면, 분식회계 또는 유동성 부족 위험 등이 있을 수 있다.

회사 종합건강검진 :
재무비율 분석 기초

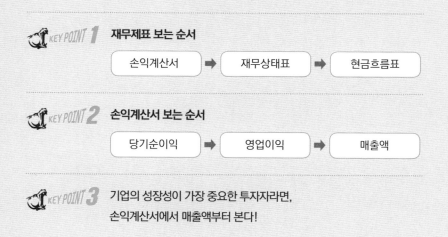

KEY POINT 1   **재무제표 보는 순서**

손익계산서	➡	재무상태표	➡	현금흐름표

KEY POINT 2   **손익계산서 보는 순서**

당기순이익	➡	영업이익	➡	매출액

KEY POINT 3   기업의 성장성이 가장 중요한 투자자라면,
손익계산서에서 매출액부터 본다!

김갑수 사장이 이끄는 ㈜청년배추는 이제 배추뿐 아니라 무, 상추, 고추, 파, 그리고 각종 잡곡 등 여러 가지 농산물을 취급하는 종합농산물유통회사로 성장했습니다. 김 사장은 어느 날 문득 회사가 해마다 안정적으로 건실하게 잘 성장하고 있는 것인지 궁금해졌습니다.

김 사장은 재무담당 박 이사를 불렀습니다. 박 이사는 "재무제표에서 몇 가지 숫자들을 추출해 만든 재무비율을 잘 분석하면 회사의 수익성, 안정성, 성장성, 활동성, 건전성 등을 쉽게 파악할 수 있습니다"라고 말했습니다. 예를 들면 회사 물류 창고에 있는 채소들이 평균적으로 어느 정도 시간이 걸려 판매가 되는지, 그리고 외상판매에서 발생한 매출채권은 평균적으로 어느 정도 시간이 걸려 현금으로 회수되는지 등을 산출하여 매분기, 매해 별로 비교할 수 있다는 거지요.

김 사장은 박 이사가 일러준 대로 재무비율을 뽑아보고서 지난해와 비교해 올해 몇 가지 문제가 발생했음을 파악했습니다. 그리고 다음 주에 주요 임원들이 한자리에 모이는 경영전략회의에서 이 문제를 집중적으로 토론해 보기로 했습니다.

기업의 경영 상태를 진단할 수 있는 재무비율 지표로는 어떤 것들이 있을까요? 그리고 이 지표들은 어떤 의미를 가질까요? 실제 기업의 재무제표를 통해 재무비율 분석에 대해 학습해 보기로 합시다.

✅ 1초 만에 재무제표를 볼 수 있을까?

여러분은 왜 회계책을 읽으시나요? 교양을 쌓기 위해, 취직을 위해, 승진을 위해, 주식투자에 도움을 받기 위해 등 다양한 목적이 있을 것입니다. 이처럼 독자분들이 회계를 공부하는 목적은 여러가지겠지만, 목표를 달성하기 위한 첫 단계는 한가지로 귀결될 것입니다. '회계를 이해하고, 재무제표를 읽을 수 있는 것.' 이를 바탕으로 회계 지식을 실무에 활용하거나, 주식투자하는 데 이용할 수 있다면 금상첨화일 것입니다.

몇 년 전 『1초 만에 재무제표 읽는 법』이라는 책이 회계 분야 베스트셀러가 된 적이 있었습니다. 서점에서 우연히 그 책을 보고 저도 모르게 손이 가는 경험을 했습니다. '1초 만에 재무제표를 읽을 수 있다고?' 궁금증에 책을 펼쳤지만 그런 마법 같은 비법은 책 어디에도 없었습니다. 저자가 "만약 1초만 재무제표를 볼 수 있다면, 난 '유동비율'을 보겠다"고 한 말을 곡해한 것 같습니다.

'유동비율'은 재무상태표의 유동자산을 유동부채로 나눈 것입니다. 유동자산은 1년 안에 현금화할 수 있는 자산이고, 유동부채는 1년 안에 갚아야 할 채무입니다. 예를 들어 유동부채가 10억 원일

때, 유동자산도 10억 원이면 유동비율은 100%가 됩니다. 유동자산이 20억 원이라면 유동비율은 200%가 됩니다. 유동비율이 높을수록 회사는 안정적이라고 볼 수 있습니다. 1년 안에 현금화할 수 있는 자산이 1년 안에 갚아야 할 부채보다 많다면 회사의 부도 위험은 많이 줄어들기 때문입니다.

유동비율 하나만 본다면 1초 만에 재무제표를 볼 수도 있을 겁니다. 하지만 재무제표에 있는 숫자들은 회사에 대해 더 많은 이야기를 하고 있습니다. 재무제표가 말해주는 짧은 이야기부터 속 깊은 이야기까지 읽어낼 수 있어야 할 것입니다.

⌖ 재무제표는 어떤 순서로 보는 게 좋을까?

'기획'과 '회계'라는 단어를 떠올리면 어떤 느낌이 드시나요? 두 업무가 정반대의 느낌이 드는 게 사실입니다. 기획은 번뜩이는 아이디어를 가지고 멋진 성과를 만들어내는 창의적인 일처럼 느껴지지만, 회계는 정적이고 반복적이고 지루한 일이라는 느낌이 듭니다. 그러나 두 업무 모두 일정한 프로세스를 가지고 있습니다. 정해진 프로세스 안에서 새로운 아이디어가 발현됩니다. 기획의 원리는 'P코드(problem)'와 'S코드(solution)'를 규정해서 조합해 나가는 것입니다. 문제(P)를 규정해서 최상의 해결책(S)을 만들어 내는 게 기획의 프로세스입니다.

회계는 '회사의 현재 상태를 숫자로 표현하는 예술'이라고 정의할 수 있습니다. 회계 정보들을 규합하다 보면 남들은 보지 못한 창의적인 아이디어를 도출할 수 있습니다. 청년배추 김 사장이 재무비율을 분석해 회사의 문제점을 찾아낸 것처럼 말이지요.

재무제표를 읽을 때에도 일정한 프로세스가 있습니다. 이 프로세스를 알면 재무제표를 이용해서 창의적인 일을 할 수 있습니다. 지금까지 회계 원리에 대해 공부했으니, 이제는 회계 정보를 가지고 창의적인 일을 시작해보겠습니다.

재무제표는 모두 다섯 가지로 구성돼 있습니다. 재무상태표, 손익계산서, 자본변동표, 현금흐름표, 주석입니다. 재무제표 주석에 대한 중요성은 앞서 살펴봤습니다. 주석은 네 가지의 종류의 재무제표에 대한 보충 설명서입니다. 각 재무제표를 보면서 주석을 함께 읽어야 합니다.

회계사들은 기업에 회계 감사를 하러 가서 재무제표를 받으면 무턱대고 첫 페이지부터 쭉 읽지 않습니다. 재무제표를 읽는데도

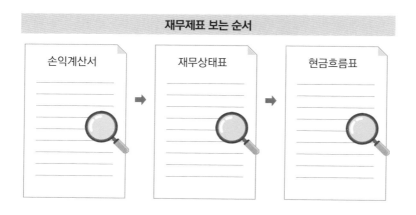

404

순서가 있습니다. 맨 처음 손익계산서를 보고 재무상태표로 넘어갑니다. 그리고 맨 마지막에 현금흐름표를 검토합니다.

회사에 대한 윤곽을 잡기 위해 손익계산서를 통해 회사의 경영성과를 간단히 짚고 넘어갑니다. 매출액과 영업이익, 당기순이익 정도를 체크합니다.

두 번째로 재무상태표를 살펴봅니다. 회사가 현금성 자산은 얼마만큼 보유하고 있는지, 차입금은 얼마인지, 이익잉여금은 어느 정도인지 체크합니다.

마지막으로 현금흐름표를 통해 영업활동으로 현금을 얼마나 벌어들이고 있는지, 올해의 투자액은 얼마인지, 차입금은 얼마인지 상환은 했는지 확인합니다. 이 정도를 확인하면 회사에 대한 대략적인 윤곽을 그릴 수 있습니다. 이 정도 분석은 5분 정도면 가능하겠죠!

재무제표 분석 프로세스		
1단계	손익계산서 → 재무상태표 → 현금흐름표 순으로 간략 분석	→ 기업에 대한 감 잡기
2단계	손익계산서를 당기순이익 → 영업이익 → 매출액 순으로 분석	→ 수익성, 성장성 평가
3단계	재무상태표를 자본 → 자산 → 부채 순으로 분석	→ 안정성 평가
4단계	손익계산서와 재무상태표 크로스 분석	→ 활동성 평가

✅ 영업이익이 중요한가, 당기순이익이 중요한가?

이제 '손익계산서 → 재무상태표 → 현금흐름표' 순으로 세부 구성 항목을 분석해야 합니다. 손익계산서를 보는 순서는 다음과 같습니다.

손익계산서 보는 순서

당기순이익 ➡ 영업이익 ➡ 매출액

2017년 LG화학 손익계산서 (단위 : 백만 원)

구분	제17기	
매출	20,880,236	🔍 세 번째로 살펴보기
매출원가	16,369,235	
매출총이익	4,511,001	
판매비와 관리비	2,217,772	
영업이익(손실)	2,293,229	🔍 두 번째로 살펴보기
금융수익	229,046	
금융비용	220,556	
기타 영업외수익	362,882	
기타 영업외비용	663,966	
법인세비용 차감 전 순이익	2,000,635	
법인세비용	395,412	
당기순이익(손실)	1,605,223	🔍 첫 번째로 살펴보기

재무제표 분석 2단계에서는 손익계산서를 당기순이익 → 영업이익 → 매출액 순으로 빠르게 살펴본다.

회사의 결산 과정에서 가장 마지막에 산출되는 것이 당기순이익입니다. 회사가 1년 동안 한 모든 거래의 집합이 당기순이익으로 표현됩니다. 친구와 대화를 하다가 답답해지면 어떤 말을 하나요? "그래서, 결론이 뭔데?"라고 묻지요. 회사 재무제표의 결론이 당기순이익입니다. 재무제표를 만드는 입장에서 당기순이익은 결산을 마무리해야만 보이는 마지막 과정입니다. 그러나 재무제표를 읽는 입장에서는 결론부터 파악하고 가는 것이 효율적입니다.

그다음이 영업이익입니다. 영업이익은 회사의 본질적인 능력을 파악해 보는 단계입니다. 프로야구를 좋아하는 분이라면 기아타이거즈의 김상현 선수를 기억하실 겁니다. 2009년, 기아타이거즈가 한국시리즈에서 우승했을 때 김상현 선수의 활약은 그야말로 눈부셨습니다. 김상현 선수는 바로 그 해 홈런왕과 타점왕 타이틀을 거머쥐었고, 3루수 부문 골든글러브를 수상했습니다. 그러나 거짓말

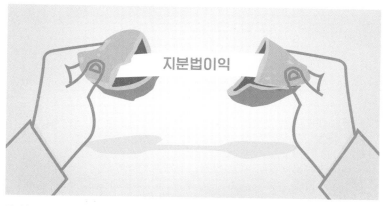

당기순이익에는 다른 회사에 지분을 투자해 얻는 지분법이익 같은 우연하고 일시적인 행운이 반영될 수 있다. 따라서 당기순이익만 봐서는 회사의 본질을 제대로 파악할 수 없다.

처럼 그다음 해부터는 평범한 성적을 내는 데 그쳤습니다. 이처럼 야구선수가 한해만 특출난 성적을 거두는 걸 두고 '플루크(fluke) 시즌'이라고 합니다. 우연한 행운쯤으로 이해하면 되겠습니다.

회사의 당기순이익에도 우연한 행운이 반영될 수 있습니다. 앞서 살펴본 비덴트 사례(342쪽)처럼 지분법이익에 의한 영업외수익의 폭발적 증가로, 당기순이익이 대폭 증가할 수도 있습니다. 그러나 영업이익은 그럴 가능성이 적습니다. 회사의 본질에 더욱 근접한 숫자가 영업이익입니다.

손익계산서에서 마지막으로 매출액을 봅니다. 매출액은 그 회사의 현재 위치를 가늠해 볼 수 있는 척도입니다. 매출액 크기로 동종업계에서 회사의 위치를 파악해 볼 수 있으며, 시장점유율, 국가경제에서의 위상을 알아볼 수도 있습니다. 매출액은 회사 이익의 원천입니다. 일반적으로 매출액이 높으면 영업이익과 당기순이익이 발생할 확률이 높아집니다.

밑줄 쫙!

• 회사의 본질에 더욱 근접한 숫자는 당기순이익이 아닌 영업이익!
• 매출액은 회사의 현재 위치를 가늠해볼 수 있는 척도

벤처캐피털이 손익계산서 보는 순서는
회계사와 정반대

'당기순이익 → 영업이익 → 매출액'이 손익계산서를 읽는 일반적인 순서입니다. 그러나 이와는 다른 시각으로 기업의 손익계산서를 분석하는 사람들도 있습니다. 바로 벤처기업에 주로 투자하는 벤처캐피털(VC : Venture Capital) 같은 투자자입니다. 이들은 손익계산서에서 매출액 성장세를 가장 중요하게 생각합니다. 사업 초기 단계에 있는 벤처기업 대부분은 당기순이익이나 영업이익을 내지 못합니다. 설립한 지 얼마 안 된 회사의 재무제표에는 비용과 손실만 가득할 테니까요.

벤처기업에 주로 투자하는 벤처캐피털 같은
투자자는 손익계산서에서 매출액 성장세를
가장 중요하게 생각한다.

따라서 벤처캐피털은 실적보다는 경영자의 능력이나 비즈니스모델과
비전 등을 믿고 투자합니다. 이들은 매출액이 급상승하면 환호합니다.

음식주문앱 '배달의 민족'으로 잘 알려진 ㈜우아한 형제들이나 신선
식품배송서비스 '마켓컬리'로 유명한 ㈜컬리 같은 경우가 좋은 예가 될
겁니다.

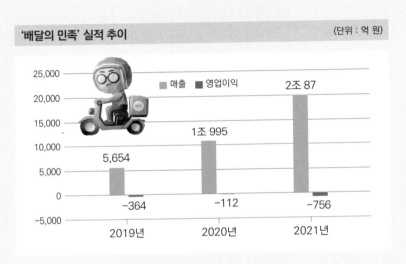

'배달의 민족' 실적 추이

(단위 : 억 원)

우아한 형제들은 벤처캐피털과 사모펀드 등으로부터 많은 투자를 받았
습니다. 투자자들은 음식주문앱의 성장 가능성을 믿었습니다.

우아한 형제들은 2019년 독일회사 딜리버리히어로에 인수되었습니다.
2018년 한때 영업흑자를 내기도 했지만, 2019년부터 2021년까지 3년
연속 영업적자를 기록했습니다. 이 기간 매출액은 크게 증가했습니다. 다
만 배달 관련 인건비 등 영업비용 부담으로 적자가 지속되었습니다.

마켓컬리는 2022년 11월 뷰티(화장품) 사업 등 다양한 부문으로 서비스를 확장하며, 기존에 운영하던 장보기 서비스 마켓컬리와 새롭게 운영을 시작한 뷰티컬리 서비스를 한 번에 아우를 수 있도록 플랫폼명을 '컬리'로 변경했습니다.

우아한 형제들과 마찬가지로 아직 영업이익을 내고 있지는 못하지만, 매출 성장세가 가파릅니다. 컬리는 2022년 11월 현재 증권시장 상장을 추진 중입니다.

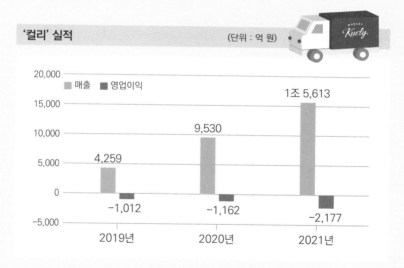

'컬리' 실적 (단위 : 억 원)

- 매출 ■ 영업이익

	2019년	2020년	2021년
매출	4,259	9,530	1조 5,613
영업이익	−1,012	−1,162	−2,177

Lesson 24

재무비율 분석 1 :

손익계산서로
수익성과 성장성 진단하기

 손익계산서를 통해 얻을 수 있는 정보
① 수익성 : 기업이 얼마나 돈을 버는가?
② 성장성 : 기업의 미래 수익성은 어떠한가?

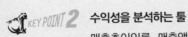 **수익성을 분석하는 툴**
매출총이익률, 매출액영업이익률, 매출액순이익률, ROA(총자산이익률), ROE(자기자본이익률)

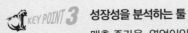 **성장성을 분석하는 툴**
매출 증가율, 영업이익 증가율, 순이익 증가율

☑ 긴 기간 추세를 읽어야 하는 손익계산서

기업의 한해 손익계산서만 본다면 별다른 정보를 얻을 수 없는 것이 사실입니다. 여의도 선착장에서 한강을 바라보면서 한강의 흐름을 파악할 수는 없겠죠. 하지만 63빌딩 전망대에 오르면 한강의 흐름을 더 넓게 볼 수 있습니다. 그렇다면 63빌딩 전망대에 올라가서 한강을 바라보는 것처럼 손익계산서를 보는 방법은 무엇일까요?

손익계산서에서 더 많은 정보를 얻고 싶다면 과거 손익계산서, 동종회사 손익계산서와 비교해 보는 것이 좋다.

그 첫 번째가 과거 손익계산서와 비교해 보는 것입니다. 손익계산서는 경제학 용어로 '유량(流量) 데이터'라고 표현합니다. 유량은 말 그대로 흐르는 양이라고 생각하면 됩니다. 목욕탕 욕조에 물을 1년 동안 받는다고 생각하면 1월 1일을 시작으로 해서 12월 31일까지 올라간 높이가 유량입니다. 더 오랜 시간을 비교하면 할수록 더 높은 위치에서 한강을 바라보는 것과 같습니다.

두 번째는 동종회사의 손익계산서와 비교해 보는 것입니다. 이 과정을 통해 회사의 성장세와 시장에서의 위치를 파악해 볼 수 있습니다.

이런 방법으로 손익계산서를 읽어내면 회사를 파악하는 데 큰 무리가 없을 것입니다. 하지만 좀 더 많은 정보를 얻기 위해서는 손익계산서 분석 툴을 이용해보는 것도 좋습니다. 손익계산서 분석 툴로 얻어낼 수 있는 정보는 기업의 '수익성'과 '성장성'입니다.

✅ 수익성, 기업가치를 결정짓는 제1 요소

수익성은 기업이 영업활동을 하면서 발생하는 각종 비용을 커버하고 이익을 낼 수 있는 능력을 말합니다. 수익성은 기업의 성장성 및 재무 유동성 유지에도 중요한 역할을 합니다. 또한 수익성은 기업가치를 평가할 때 가장 중요한 요소입니다. 수익성을 측정하는 대표적인 툴로는 매출총이익률, 영업이익률, 매출액순이익률, ROA(Return on Assets : 총자산이익률), ROE(Return on Equity : 자기자본이익률) 등이 있습니다.

① 매출총이익률

매출총이익률은 기업의 매출액에서 매출원가를 차감한 금액(매출총이익)을 매출액으로 나눈 금액입니다.

$$매출총이익률 = \frac{매출총이익}{매출액} \times 100(\%)$$

매출액에서 매출원가(판매한 상품의 원가)를 차감한 금액이 매출총이익입니다. IT나 게임, 엔터테인먼트 업종의 경우 상품이나 서비스 투입 원가가 작아 매출총이익률이 높습니다.

$$매출액 - 매출원가 = 매출총이익$$

② 매출액영업이익률(=영업이익률)

매출액영업이익률은 영업이익을 매출액으로 나눈 비율로, 영업이익률이라고도 합니다. 영업이익은 매출총이익에서 판매비와 관리비(판관비)를 차감한 이익이므로 기업의 수익성을 평가할 때 가장 중요하게 보는 항목입니다. 기업의 본업에서 발생하는 이익이 영업이익이기 때문입니다. 본업의 수입이 많아야 투자도 하고, 본업 외에서 발생할 수 있는 손실을 보전할 수 있기 때문에 영업이익률은 높으면 높을수록 우수합니다.

$$매출액영업이익률 = \frac{영업이익}{매출액} \times 100(\%)$$

국내 대표적인 전자전기 제조업체 삼성전자와 LG전자의 영업이익률을 비교해 볼까요? 2017년 양사의 영업이익률은 삼성전자가 22.37%, LG전자가 4.02%입니다. 주식시장에서 양사의 가치가 갈리는 주된 이유입니다.

삼성전자와 LG전자 영업이익률 비교 (단위 : %)

	2015년	2016년	2017년
삼성전자	13.16	14.49	22.39
LG전자	2.11	2.42	4.02

③ 매출액순이익률

매출액순이익률은 당기순이익을 매출액으로 나눈 값입니다. 매출액순이익률로 기업 활동의 전체적인 능률을 파악해 볼 수 있습니다. 당기순이익은 영업이익에서 차입금, 이자비용 등의 영업외비용과 일시적인 손실을 빼고 영업외수익을 더한 수치입니다. 매출액순이익률은 높으면 높을수록 좋습니다. 재무 구조가 비슷한 동업종의 타기업과 매출액순이익률을 비교해 보는 것이 유용합니다.

$$매출액순이익률 = \frac{당기순이익}{매출액} \times 100(\%)$$

삼성전자와 LG전자의 매출액순이익률은 어떨까요?

삼성전자와 LG전자 매출액순이익률			(단위 : %)
	2015년	2016년	2017년
삼성전자	9.5	11.26	17.61
LG전자	0.44	0.23	3.04

　삼성전자의 2017년 매출액순이익률 17.61%는, 1000원을 팔았을 때 모든 비용을 제하고 176원을 남기고 있다는 의미입니다. LG전자는 30원 정도를 남기고 있습니다. 이처럼 비슷한 업종에서 매출액순이익률이 높다는 것은 상품성을 포함한 회사의 전반적인 효율성이 높다고 이해하면 됩니다.

　동종업종 전체와의 비교는 다음 페이지 표를 참조하세요. 한국은행에서 2017년 발간한 우리나라 기업의 평균적인 매출액영업이익률과 매출액세전순이익률 표입니다. 2016년 전기전자 업종의 세전 평균 순이익률이 6.3%입니다. 삼성전자는 세후 순이익률임에도 불구하고 전기전자 업종의 평균 순이익률보다 월등히 높습니다. 이처럼 분석하려는 기업의 동업종 평균과 비교해보면 의미 있는 정보를 얻을 수 있습니다.

기업 평균 매출액영업이익률과 매출액세전순이익률 (단위 : %)

	매출액 영업이익률	매출액 세전순이익률
전산업	5.5	5.0
제조업	6.0	6.2
식음료·담배	6.5	6.0
섬유·의복	4.3	3.6
목재·종이	4.9	4.7
석유·화학	8.9	8.5
비금속광물	8.8	7.9
금속제품	5.9	5.0
기계·전기전자	5.8	5.9
(산업용기계)	5.6	4.3
(전기전자)	5.8	6.3
운송장비	3.5	5.5
(자동차)	4.6	6.2
(조선)	−1.1	2.5
가구 및 기타	5.5	5.5
비제조업	5.0	4.0
전기가스	10.1	8.0
건설	4.6	3.7
도소매	2.8	2.7
운수	4.1	−0.3
음식·숙박	1.8	−1.3
부동산·임대	11.8	9.5
출판영상방송통신정보	6.9	6.7
전문과학기술	5.8	6.9
예술스포츠여가	9.4	4.1

* 출처 : 한국은행 / 기준 : 2016년

지금까지 손익계산서로 수익성을 분석하는 방법을 알아봤습니다. 분석하려는 회사의 손익계산서를 분석 툴을 활용해 수치를 산출해 보는 연습을 해 보세요. 연도별로 계산해 수익성 비율이 매년 높아지고 있고, 동업종에 비해서 높은 비율을 유지하고 있다면 투자할 만한 회사, 입사할 만한 회사일 것입니다. "곳간에서 인심 난다"고 급여가 높은 기업일수록 일반적으로 수익성이 높습니다.

지금 소개한 분석 툴이 손익계산서만 대상으로 한다면, 다음에 소개할 분석 툴은 재무상태표 숫자를 같이 이용합니다.

④ ROA(Return on Assets : 총자산순이익률)

ROA를 보통 '총자산순이익률'이라고 부릅니다. ROA는 기업이 전체 자산을 얼마나 효율적으로 운용했는지 보여주는 지표입니다. 총자산순이익률은 같은 업종에 속해 있는 기업들끼리 비교해 보는 것이 좋습니다. 업종별로 차이가 크게 나타나기 때문입니다.

일반적으로 정유업이나 철강업 등 초기 투자비용이 큰 사업군에 속한 기업들은 다른 산업군에 비해 총자산순이익률이 낮게 나오는 것이 일반적입니다. 총자산순이익률이 5%면 양호한 것으로 판단합니다.

총자산순이익률은 당기순이익을 평균 자산으로 나누어서 구합니다. 분모에 오는 평균 자산은 기초(연초) 총자산과 기말(연말) 총자산의 합을 2로 나누어 구합니다.

$$ROA = \frac{당기순이익}{평균\ 자산} \times 100(\%)$$

$$평균\ 자산 = \frac{(기초\ 자산 + 기말\ 자산)}{2}$$

예를 들어 (주)솥단지의 자산과 당기순이익이 다음 표와 같다고 했을 때 2017년 ROA를 구해봅시다.

(주)솥단지의 자산과 당기순이익

구분	2016년	2017년
자산	80억 원	120억 원
당기순이익	3억 원	5억 원

2016년 말 현재 자산 80억 원은 곧 2017년 초 현재의 자산과 같습니다. 그러므로 2017년 기초 자산(80억 원)과 기말 자산(120억 원)의 평균은 100억 원[(80억 원+120억 원)/2]입니다. 당기순이익은 5억 원이니 2017년 솥단지의 ROA는 5%(5억 원/100억 원 × 100%)가 됩니다.

⑤ ROE(Return on Equity : 자기자본이익률)

워런 버핏은 과거에 자신이 투자기준으로 ROE를 참고한다고 언급하면서, 3년 동안 ROE를 15% 이상 기록한 기업은 투자할 만

한 기업으로 간주한다고 밝혔습니다.

자기자본이익률은 자본 대비 이익창출능력을 나타내는 지표입니다.

$$ROE = \frac{\text{당기순이익}}{\text{평균 자본}} \times 100(\%)$$

$$\text{평균 자본} = \frac{(\text{기초 자본} + \text{기말 자본})}{2}$$

ROE가 높을수록 자기자본 대비 이익이 높은 기업입니다. 하지만 기업의 자본 구조(부채와 자본의 비율)에서 자본의 크기가 작은 기업일수록(다른 말로 부채가 큰 기업일수록) 똑같은 당기순이익에도

ROE가 높아집니다. 따라서 ROE를 분석할 때는 자본 구조를 파악해 보는 것이 필요합니다. 일반적으로 부채 비율이 업종 평균보다 낮고, 10% 이상의 ROE를 기록하고 있다면 양호한 기업으로 판단합니다.

삼성전자와 LG전자를 계속 비

ROE는 자본 대비 이익창출능력을 나타내는 지표다. 일반적으로 부채 비율이 업종 평균보다 낮고 ROE가 10% 이상이라면 양호한 기업으로 판단한다.

교해 볼까요. 2017년을 기준으로 판단하면 삼성전자의 ROE는 계속 증가해 21.01%가 되었습니다. LG전자는 13.69%입니다. 워런 버핏의 기준에 대입해보면 삼성전자는 투자할 만한 회사입니다. LG전자도 2017년 ROE가 과거에 비해 크게 개선되었습니다. 양호한 흐름을 보이고 있는 것으로 판단할 수 있습니다.

삼성전자와 LG전자 ROE 추이 (단위 : %)

	2015년	2016년	2017년
삼성전자	11.16	12.48	21.01
LG전자	1.07	0.65	13.69

☑ 매출 성장률만큼 이익 성장률이 못 따라가는 이유는?

"주식은 꿈을 먹고 산다"는 말이 있습니다. 주식투자자들은 성장성이 클 것으로 예상하는 종목은 현재 실적이 없더라도 주식을 매수합니다. 이런 기업들은 실적과 무관하게 높은 주가를 형성하지요. 삼성바이오로직스, 셀트리온, SK바이오사이언스 같은 바이오업종의 경우 보여준 실적에 비해 주가가 높습니다. 마켓컬리 같은 신생기업이 벤처투자자 등의 투자를 받을 때 기업가치가 높게 형성되는 이유도, 성장성 때문입니다.

성장성을 분석하는 툴에는 매출 증가율, 영업이익 증가율, 순이익 증가율 등이 있습니다.

① 매출 증가율

기업의 외형적 성장세를 판단하는 대표적인 지표입니다. 이 비율은 제품가격 상승과 판매 수량의 증가 두 요인에 영향을 받습니다. 똑같은 수량을 판매해도 가격을 올리면 매출액이 증가합니다. 가격이 전년도와 동일해도 판매량이 많아지면 매출액이 증가합니다.

경쟁 기업보다 매출 증가율이 빠르다는 것은 시장점유율이 증가한다는 의미이므로, 매출 증가율은 기업의 경쟁력 변화를 알아보는 지표로 사용되기도 합니다.

매출 증가율은 영업이익 증가율과 함께 고려해야 합니다. 만약한 회사가 매출 증가율은 급격하게 상승하고 있으나, 영업이익 증가율은 감소하거나 오히려 마이너스 영업이익을 기록하고 있다면출혈 경쟁에 의한 성장으로 판단할 수 있습니다.

쿠팡, 위메프, 티몬으로 대표되는 소셜커머스 3사의 과거 재무제표를 분석해 보면 높은 매출 증가율에도 불구하고 지속적으로 영업손실이 커지는 것을 볼 수 있습니다. 이때는 매출 증가율과 영업이익 증가율을 같이 분석해 봐야 합니다.

$$\text{매출 증가율} = \frac{(\text{당기매출액} - \text{전기매출액})}{\text{전기매출액}} \times 100(\%)$$

② **영업이익 증가율**

영업이익 증가율은 전년 대비 영업이익이 얼마나 증가했는가를 보여주는 성장성 지표입니다. 영업이익은 회사의 본업에서 벌어들인 이익이므로 영업이익 증가율은 본업에서의 성장률을 나타냅니다.

일반적으로 매출액 증가율보다 영업이익률 증가율이 높은 걸 양호하게 평가합니다. 회사의 비용에는 매출액 증가에 비례해서 증가하는 비용도 있고, 매출액 증가와 상관없는 비용(인건비, 감가상각비, 금융비용 등)이 있기 때문입니다. 일반적으로 매출액이 증가하더라도 비용은 더 적게 증가하는 것이 정상입니다. 만약 장기적으로 매출액 증가율과 영업이익 증가율이 비슷하거나 영업이익 증가율이 낮다면 회사의 비용 구조에 문제가 있는 것으로 파악할 수 있습니다.

$$영업이익\ 증가율 = \frac{(당기영업이익 - 전기영업이익)}{전기영업이익} \times 100(\%)$$

다음 그래프는 바이오복제약(바이오시밀러) 유통판매사인 셀트리온헬스케어의 2017, 2018년 상반기 실적입니다.

매출액은 전년 대비 8.4% 증가했는데, 영업이익은 오히려 47%나 감소했습니다. 유럽 지역에서 바이오시밀러가 많이 팔렸고, 미국시장에서도 판매가 본격화하면서 매출액이 증가했습니다. 그러나 유럽 내 판매 경쟁이 심해지면서 바이오의약품 가격을 인하할

셀트리온헬스케어 매출
(단위 : 억 원)

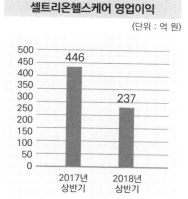

셀트리온헬스케어 영업이익
(단위 : 억 원)

수밖에 없었고, 새로운 바이오시밀러를 출시하면서 마케팅 비용이 크게 상승하는 바람에 영업이익이 대폭 감소했습니다.

③ 순이익 증가율

당기순이익이 전기보다 얼마나 증가했는가를 알아보는 비율로 성장성 분석의 주요 지표가 됩니다. 전기의 순이익 증가율보다 당기의 순이익 증가율이 높은 것은 주주의 몫이 더 빠르게 늘어나고 있다는 증거입니다. 그러나 당기순이익이 영업이익, 영업외수익과 영업외비용 등 어느 부분의 영향으로 증가했는지를 분석해야 합니다. 우연한 행운인지 아닌지를 가려야 하기 때문입니다.

$$순이익\ 증가율 = \frac{(당기순이익 - 전기순이익)}{전기순이익} \times 100(\%)$$

Lesson 25

재무상태표 분석 기초

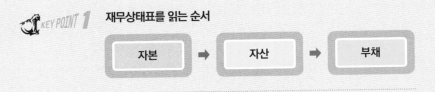

KEY POINT 1 재무상태표를 읽는 순서

자본 ➡ 자산 ➡ 부채

KEY POINT 2 자본, 자산, 부채에서 꼭 봐야 할 것

① **자본** : 이익잉여금을 중점적으로 살필 것
  - 자본이 많이 축적되어 있다
    ➡ 일시적인 불황에는 큰 타격을 입지 않는다.
② **자산** : 유동자산과 비유동자산 구성 내용을 살펴 업종의 특징 파악
  - 유동자산이 많다 ➡ 회사의 현금 가용 상태(유동성) 양호
③ **부채**
  - 유동과 비유동 부채로 구분해서 파악
    ➡ 유동부채가 많을수록 회사가 짊어진 리스크가 더 큼
  - 이자부부채와 무이자부부채 구분해서 파악
    ➡ 부채 가운데 무이자부부채가 많으면 현금흐름에 유리

☑ 재무상태표는 자본 → 자산 → 부채 순으로 본다!

손익계산서를 봤으면 이제는 재무상태표를 볼 차례입니다.

직장인이라면 매달 월급을 받습니다. 손익계산서는 월급에서 생활비를 차감한 가계부라고 생각하시면 됩니다. 총급여가 매출액이 되고, 4대 보험 및 소득세, 주택자금 이자 등 생활비를 떼고 남은 금액이 당기순이익이 되겠지요. 재무상태표는 현재의 재산 상태를 나타내는 표라고 할 수 있습니다. 아파트, 자동차 등이 자산이 되고, 주택담보대출 차입금과 자동차 할부금 등이 부채가 될 것입니다. 자산에서 부채를 뺀 금액이 실제 본인의 순자산입니다.

이처럼 기업의 결산일 현재 자산과 부채 상태를 나타낸 표를 재무상태표라고 합니다. 재무상태표는 어떤 순서로 봐야 할까요?

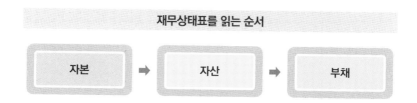

재무상태표를 읽는 순서

자본 → 자산 → 부채

먼저 자본이 어떻게 구성되어 있는지 살피는 것이 중요합니다. 자본의 구성 요소 가운데 가장 관심을 두어야 할 부분은 '이익잉여금'입니다. 먼저 이익잉여금의 크기가 크다면, 지금까지 당기순이익이 많이 축적된 회사라는 의미입니다.

만약 여러분의 재무상태표에서 자본이 200억 원이라면 어떤 일이 벌어질까요? 상상해 보세요. 모든 사람의 로망인, '경제적 자유'를 얻을 것입니다. 상사의 쪼임이 큰 스트레스로 다가오지는 않을 테고, 실직에 대한 두려움도 없을 겁니다. 마찬가지로 기업도 자본이 많이 축적돼 있다면 일시적인 불황에도 큰 타격을 받지 않을 것입니다.

✅ 자본잉여금과 이익잉여금

재무상태표에 표시되는 자본의 구성 항목은 기업마다 조금씩 다릅니다. 대체로 자본금, 자본잉여금, 이익잉여금, 기타 포괄손익 누계액으로 구분해 표시합니다.

자본금은 주식의 액면가에 발행주식 수를 곱한 금액입니다. 자본잉여금은 주로 유상증자처럼 회사가 액면가를 초과해 신주를 발행할 때 생깁니다.

회사가 최초 설립 단계에서 주식을 발행할 때는 설립자들(최초 출자자들)은 액면가로 발행된 주식을 나눠 갖습니다. 이후 회사가 성과를 내면 주식의 가치는 올라갑니다. 액면가 500원인 주식을 발행가격 1500원에 유상증자할 수 있지요. 만약 회사가 1500원에 주식 1주를 발행했고, 투자자가 주식대금을 납입했다면 이 회사에는 1500원의 납입자본이 생겼다고 할 수 있습니다. 이 납입자본을 더 쪼개 봅시다. 회사는 액면가에 해당하는 500원은 자본금으로, 차액 1000원(발행가격 1500원 − 액면가액 500원)은 자본잉여금으로 기록합니다.

기타 포괄손익 누계액은 예를 들면 회사가 투자한 주식에서 발

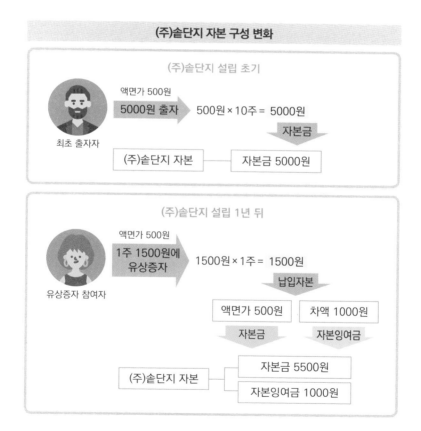

(주)솥단지 자본 구성 변화

(주)솥단지 설립 초기

최초 출자자
액면가 500원
5000원 출자 → 500원 × 10주 = 5000원
자본금
(주)솥단지 자본 ── 자본금 5000원

(주)솥단지 설립 1년 뒤

유상증자 참여자
액면가 500원
1주 1500원에 유상증자 → 1500원 × 1주 = 1500원
납입자본
액면가 500원 / 차액 1000원
자본금 / 자본잉여금
(주)솥단지 자본 ── 자본금 5500원
자본잉여금 1000원

생한 평가이익이나 평가손실을 손익계산서에서 당기의 손익으로 반영하지 않고 자본으로 보내 누적시켜 놓은 것이라고 보면 됩니다(투자주식의 평가손익이 다 기타 포괄손익 누계액이 되는 것은 아닙니다).

예를 들어 A사는 B사 지분 5%를 가지고 있습니다. A사는 이 주식의 평가손익을 손익계산서에 반영하지 않기로 했습니다. A사 장부에 기록된 B사 주식가액이 10억 원이라고 합시다. 결산 시점에 B사 주식가액을 평가했더니 12억 원이 되었다고 한다면, 차액 2억 원은 기타 포괄이익이 됩니다. 기타 포괄이익은 당기손익에 반영되지는 않지만 자본 내 기타 포괄손익 누계액이라는 계정으로 이동해 플러스로 누적됩니다. 만일 B사 주식평가액이 8억 원이 됐다면, 기타 포괄손실 2억 원이 발생한 것이고, 자본 내 기타 포괄손익 누계액 계정으로 이동해 마이너스로 작용하게 됩니다.

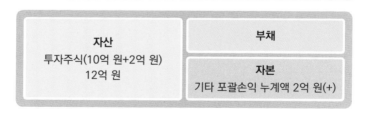

이익잉여금은 레슨5 153쪽에서 살펴본 대로 각 해당 연도 당기순이익의 집합입니다.

적자 계속 내는 회사 한눈에 파악하는 방법, 자본잠식

회사가 당기순이익을 많이 내면 좋겠지만 그렇지 못한 경우도 있습니다. 오랫동안 적자를 내면 결국 자본잠식이라는 상황을 맞게 됩니다. 상장사의 경우 자본잠식률이 50% 이상이 되면 '관리종목'에 편입됩니다. 관리종목에 편입되면 금융감독원에서 지정한 회계법인에게 감사를 받아야 합니다. 또 6개월 이내에 자본잠식을 해결했다는 감사보고서를 제

자본 〈 자본금 = 자본잠식

자본이 자본금보다 적으면 자본잠식 상태가 된다. 자본잠식률이 50% 이상이면 관리종목에 편입되고, 6개월 이내에 자본잠식 상태를 해결하지 못하면 상장폐지된다.

출하지 못하면 상장폐지 절차를 밟게 되죠. 당기순손실이 누적되어 완전자본잠식이 되면 곧바로 상장폐지됩니다.

당기순손실이 누적되면 자본(자본총계)이 자꾸 줄어듭니다. 당기순이익을 내야 이익잉여금이 누적돼 자본 규모가 커질 수 있는데, 계속해서 당기순손실이 나면 마이너스 이익잉여금이 돼 자본 규모가 자꾸 쪼그라듭니다. 그러다가 자본이 자본금보다 적은 상태에까지 이르러, 자본이 잠식됩니다.

예를 들어 A사 자본 12만 원은 자본금 5만 원, 이익잉여금 7만 원으로 구성돼 있다고 해 보겠습니다. 그런데 올해 당기순손실이 9만 원 발생했습니다. 9만 원의 적자를 이익잉여금 7만 원을 활용해 상쇄시켜도 2만 원은 해결되지 못하고 다음 연도로 넘어갑니다. 이 2만 원을 이월결손금(마이너스이익잉여금)이라고도 합니다. 올해 자본 구성은 어떻게 될까요?

자본금이 5만 원, 이익잉여금은 상쇄되어 없어져서 0, 그리고 자본에 마이너스로 작용하는 이월결손금이 2만 원이므로 총자본은 결국 3만 원이 됩니다.

자본 3만 원 = 자본금 5만 원 + 이월결손금(-2만 원)
* 이익잉여금은 상쇄돼 0

↓

부분자본잠식

이러한 경우를 '부분자본잠식'이라고 합니다. 자본잠식률은 '(자본금 - 자본) / 자본금 × 100(%)'로 계산합니다. 이 경우 자본잠식률은 '(5만 원 - 3만 원) / 5만 원 = 40%'입니다.

결손금이 계속 누적돼 결국 자본이 마이너스가 되는 경우도 있습니다. 예를 들어 A사가 이듬해 또 4만 원의 당기순손실을 냈다고 해봅시다. 현재 자본 구성 항목 중에서 4만 원의 당기순손실을 상쇄할만한 잉여금이 없습니다. 따라서 이 4만 원의 당기순손실은 기존 이월결손금 2만 원에 그대로 더해집니다. 이제 이월결손금은 6만 원이 됩니다. 그럼 자본은 마이너스 1만 원이 됩니다.

자본(-1만 원) = 자본금 5만 원 + 이월결손금(-6만 원)
↓
완전자본잠식

이렇게 자본이 '0' 이하로 떨어지는 경우를 완전자본잠식이라고 부릅니다. 완전자본잠식 상태 기업의 재무상태표 자본은 다음과 같습니다. 티몬의 자본은 -2861억 원으로 완전자본잠식 상태입니다.

티몬 2017년 포괄손익계산서 (단위 : 억 원)

구분	2017년
자본	-2861
지배기업 소유주지분	-2875
자본금	60
주식발행초과금	1244
기타자본항목	2668
기타 포괄손익 누계액	-38
결손금	6809
비지배지분	13

⊘ 이자를 내는 부채와 안 내는 부채를 구별해서 보자!

『1초 만에 재무제표 읽는 법』의 저자는 재무제표를 1초만 봐야 한다면 '유동비율(402쪽 참조)'을 보겠다고 했습니다. 이 말은 회사의 유동성 즉 현금 가용 상태를 보겠다는 의미입니다. 기업이 도산하는 건 거액의 당기순손실이 발생해서가 아니라, 가용 현금이 없기 때문입니다. 거액의 당기순손실이 발생한다고 해도 투자를 많이 받거나 차입금으로 현금을 조달할 수 있다면 회사는 망하지 않습니다. 현금이 돌고 있기 때문이지요.

유동자산과 비유동자산 구성 내역을 살펴보면 회사의 업종 특징을 파악해 볼 수 있고, 어디에서 돈을 벌 수 있을지 예상할 수 있습니다.

'중후장대(重厚長大)' 산업에 속하는 조선업, 철강, 석유화학 산업의 경우 유형자산 금액이 클 것이고, 바이오, IT 산업 등 소프트웨어 산업은 개발비 등의 무형자산 금액이 다른 산업에 비해 상대적으로 높을 것입니다.

회사에서 자금을 조달하는 원천은 '부채'와 '자본'입니다. 자본은 주주와 당기순이익을 통해 조달한 자금이고, 부채는 은행이나 타인에게 돈을 빌려 조달한 자금입니다.

부채를 구분할 때는 두 가지 관점에서 살펴봐야 합니다. 먼저 유동과 비유동 항목의 구분입니다. 결산일로부터 1년 이내에 갚아야 하는 것은 유동부채, 1년 이후에 갚아도 되는 것은 비유동부채로 구분합니다. 유동부채가 많을수록 회사가 단기에 자금이 많이 필요하리라는 것을 유추할 수 있습니다. 따라서 유동부채가 많을수록 회사의 리스크는 좀 더 높은 것으로 파악할 수 있습니다.

두 번째 관점은 이자부부채, 무이자부부채를 구분해서 파악할 것입니다. 이자부부채는 자금을 빌려왔을 때 이자를 지급하는 부채입니다. 은행으로부터의 차입금, 사채, 전환사채, 신주인수권부사채 등이 이자부부채입니다. 여기서 말하는 사채는 기업이나 개인이 고금리 급전으로 지하경제시장에서 빌리는 사채(私債)가 아닙니다. 기업이 공모(公募) 또는 사모(私募) 형태로 증권시장에서 발행하는 채권인 회사채를 통해 자금을 모집하는 것입니다.

부채 중에 이자를 지급하지 않는 부채들도 있습니다. 무이자부부채입니다. 원재료를 사고 아직 돈을 지급하지 않은 매입채무, 거래처로부터 미리 돈을 받은 선수금 등은 이자를 지급하지 않는 부채들입니다. 아무래도 이자를 지급하지 않는 부채를 보유하고 있으면 현금흐름 측면에서 유리한 게 사실입니다.

Lesson 26

재무비율 분석 2 :
재무상태표로 안정성 진단하기

 KEY POINT 1 **재무상태표를 통해 얻을 수 있는 정보**
① 안정성 : 회사가 망하지 않고 버틸 힘이 있는가?
② 성장성 : 기업의 미래 수익성은 어떠한가?

KEY POINT 2 **안정성을 분석하는 툴**
유동비율, 당좌비율, 부채비율, 차입금의존도, 선수금을 제외한 부채
비율, 이자보상배율

KEY POINT 3 **성장성을 분석하는 툴**
총자산증가율

☑ 기업이 망하지 않고 버티는 힘, 유동성

지금까지 재무상태표에 표시되는 자본과 자산, 부채의 큰 그림을 읽어내는 방법에 대해 알아보았습니다. 이제 좀 더 세부적으로 재무상태표를 분석하는 방법에 대해 알아보겠습니다. 재무상태표 분석 툴을 이용해서 알아낼 수 있는 주된 정보는 회사의 '안정성'에 관련한 사항입니다.

안정성은 회사의 재무 구조가 얼마나 탄탄한지를 확인하는 방법입니다. 즉, 안정성 분석은 회사가 망하지 않고 버틸 힘을 가졌는지 파악하는 데 도움이 됩니다.

안정성 분석에서 가장 먼저 알아야 할 개념이 '유동성(流動性)'입니다. 유동성이란 기업이 보유하고 있는 자산을 현금화할 수 있는 능력 또는 부채를 상환하기 위해서 현금을 조달할 수 있는 능력을 나타냅니다. 기업이 계속해서 존속하기 위해서는 채무를 상환할 수 있는 능력이 있어야 합니다. 기업이 도산하는 이유는 결국 회사의 부채를 갚을 현금이 없기 때문입니다. 기업을 인체에 비유하면 유동성은 '혈액'과 같은 역할을 합니다. 혈액 순환이 원활해야 건

강하게 잘 살 수 있는 것과
같은 이치입니다.

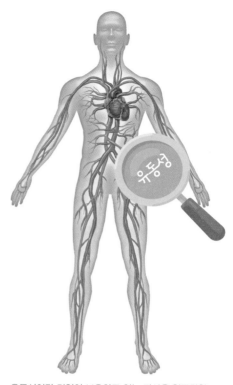

벤처투자자들이 가장
중요하게 생각하는 부분이
'성장성'이라면, 은행에서
회사를 평가할 경우 가장
중요하게 생각하는 요소가
'안정성'입니다. 돈을 빌려
준 회사가 많은 이익을 내
봐야 은행 입장에서 얻을
게 없습니다. 배당받을 수
있는 게 아니니까요. 금융
기관 입장에서는 이자와
원금만 연체 없이 회수할
수 있으면 됩니다. 따라서
이자와 원금을 정상적으로

유동성이란 기업이 보유하고 있는 자산을 현금화할
수 있는 능력 또는 부채를 상환하기 위해서 현금을
조달할 수 있는 능력을 나타낸다. 기업을 인체에 비
유하면 유동성은 '혈액'과 같은 역할을 한다.

회수하기 위해서는 기업의 안정성이 가장 중요합니다.

재무상태표를 통해 기업의 유동성을 분석하는 가장 기본적인
방법은 '유동비율'과 '당좌비율'을 구해보는 것입니다.

① 유동비율

유동비율은 재무상태표 상의 유동자산을 유동부채로 나누어서

구합니다. 유동자산이 유동부채보다 몇 배가 되는지를 나타냅니다.

$$유동비율 = \frac{유동자산}{유동부채} \times 100(\%)$$

* 유동비율이 150% 이상이면 안정, 50% 이하면 위험한 회사

유동부채를 상환하기 위해 얼마만큼의 유동자산이 있는지 정도로 이해하면 됩니다. 산업별로 다르지만, 일반적으로 유동비율이 150% 이상이면 안정적인 회사로 판단할 수 있으며, 50% 미만이면 유동성 위기가 올 수도 있는 상황입니다.

유동비율을 분석할 때 한가지 주의해야 할 점은 재무상태표는 결산 시점의 재무 상태를 나타내기 때문에 결산 시점의 유동성만을 나타낸다는 것입니다. 다시 말해 재무상태표를 통해 구한 유동비율이 연중 유동성을 대표하지 못한다는 얘깁니다.

삼성전자와 아시아나항공의 유동비율을 비교해 볼까요?

삼성전자와 아시아나항공 유동비율 (단위 : 억 원)

	삼성전자	아시아나항공
유동자산	680,702	15,414
유동부채	402,038	34,103
유동비율	169%	45%

* 기준 : 2018년 6월 말 반기 별도재무제표

2018년 6월 말 기준으로 삼성전자는 유동비율이 169%로 1년 내 갚아야 할 채무보다 들어올 현금이 훨씬 더 많습니다. 반면에 아시아나항공은 45%로 1년 내 갚아야 할 돈이 들어올 돈의 두 배가 넘습니다. 삼성전자는 안정성이 높은 반면, 아시아나항공은 안정성이 낮은 상태라는 것을 알 수 있습니다.

② 당좌비율

$$당좌비율 = \frac{당좌자산}{유동부채} \times 100(\%)$$

$$당좌자산 = 유동자산 - 재고자산$$

* 당좌비율이 100% 이상이면 단기 안정성 양호

당좌비율은 당좌자산을 유동부채로 나누어서 구합니다. 당좌자산은 1년 안에 현금화될 수 있는 유동자산 가운데 기업이 원할 경우 즉각적으로 현금화하기 쉬운 자산을 말합니다. 당좌자산은 유동자산에서 재고자산을 빼서 구합니다. 재고자산을 빼는 이유는 재고자산은 판매하고 현금화하는 데 그만큼 시간이 걸릴 수 있기 때문입니다. 그래서 유동비율보다 더 보수적으로 안정성을 측정하기 위해 재고자산을 뺍니다. 당좌비율이 100% 이상이면 단기 안정성이 양호한 것으로 판단합니다.

금호타이어의 당좌비율을 한번 봅시다. 2018년 반기 연결재무제표에서 항목과 수치를 단순화해 뽑았습니다.

구분	제16기 반기 말
금호타이어 2018년 반기 연결재무제표 중 유동자산과 유동부채	
유동자산	1조 2680억 원
현금 및 현금성 자산	890억 원
매출채권	4880억 원
재고자산	5640억 원
기타 유동자산	750억 원
유동부채	2조 3180억 원
매입채무	3340억 원
단기차입금	7710억 원
유동성 장기차입금	8480억 원

한눈에 보기에도 유동자산보다 유동부채가 훨씬 많습니다. 유동비율을 뽑아보면 55% 수준에 불과합니다. 당좌자산은 7040억 원입니다(유동자산에서 재고자산을 차감). 당좌비율은 겨우 30%(7040억원 / 2조 3180억 원×100%) 수준입니다.

당좌비율이 100%는 되어야 단기 안정성을 유지하고 있다고 볼수 있는데, 한참 못 미치는 수치입니다. 금호타이어는 중국 타이어업체에 인수됐기 때문에 인수자 측에서 신규 자금을 투입하고 금융회사 등 채권자들이 채권 상환 유예 등의 조처를 해야만 정상적으로 기업 활동을 할 수 있을 것으로 보입니다.

③ 부채비율

기업의 재무 안정성을 측정하는 대표적인 비율입니다. 부채를 자본으로 나누기 때문에 비율이 낮을수록 안정적인 것으로 평가할 수 있습니다.

$$부채비율 = \frac{부채}{자기자본} \times 100(\%)$$

* 부채비율은 유동부채비율과 차입금의존도를 함께 분석해야 함

눈썰미가 있으신 분은 알아챘겠지만, 부채비율은 부채를 유동과 비유동으로 구분하지 않습니다. 따라서 조금 더 고려해야 할 부분이 존재합니다.

부채비율이 똑같이 100%인 A와 B 기업이 있다고 가정해봅시다. 단순히 부채비율이 같기 때문에 두 회사의 안정성은 같다고 판단할 수 있을까요?

그렇지 않습니다. A는 유동부채가 70%이고 B는 유동부채가 30%라면, A가 단기자금을 더 많이 필요로 하므로 B보다 안정성이 떨어진다고 판단할 수 있습니다. 또한 부채비율은 같더라도 차입금(이자부부채)의 크기를 비교해 볼 필요가 있습니다. 차입금이 더 많다면 이자비용이 더 많이 지출될 것입니다. 차입금이 많은 회사는 적은 회사보다 당기순이익을 내는 데 불리합니다. 따라서 차입금의존도를 같이 분석하는 것도 의미가 있습니다.

부채비율 상세 분석

부채비율 100%

A기업
유동부채 70%

B기업
유동부채 30%

A기업이 B기업보다
안정성이 떨어짐

부채비율 100%

A기업
차입금의존도
10%

B기업
차입금의존도
50%

A기업이 B기업보다
안정성이 좋고 수익성이 높음

④ 차입금의존도

차입금의존도는 통상 재무상태표의 자산에 대한 차입금 비율을 나타냅니다. 차입금의존도는 보통 30% 이하를 양호한 수준으로 봅니다. 차입금의존도가 높은 기업일수록 이자 등 금융비용의 부담이 커 수익성이 떨어지고 안정성도 낮아지게 됩니다. 따라서 차입금의존도가 낮을수록 해당 기업의 재무 구조와 수익성이 좋다고 평가합니다.

$$차입금의존도 = \frac{(장단기\ 차입금 + 회사채)}{자산} \times 100(\%)$$

* 차입금의존도는 30% 이하가 양호

⑤ 부채비율 분석 시 선수금 유의

부채비율을 평가할 때 고려해야 할 또 한가지는 선수금입니다. 앞서 선수금에 대해 알아보면서 선수금은 미래에 매출로 전환될 금액으로 다른 부채와는 성격이 다르다고 설명했습니다. 따라서 선수금을 부채에 계상하고 있는 회사의 경우 부채비율 계산 시 선수금을 제외하고 부채비율을 산정해 보는 것이 필요할 수 있습니다.

다음의 표는 반도체용 실리콘웨이퍼 제조업체인 SK실트론의 별도재무제표에서 추출한 수치입니다.

SK실트론 별도재무제표		
구분	2016년	2017년
자본	3514억 원	4442억 원
부채	8512억 원	1조2062억 원
부채비율	242%	272%

부채비율이 1년 만에 30%포인트 상승했습니다. 회사의 재무 안정성이 떨어진 것일까요? 부채의 구성 내역(445쪽)을 봤더니 한 가지 특이한 사안이 있습니다. 회사의 장단기차입금은 크게 줄었습니다. 그런데 2016년 말 기준으로 없었던 선수금 부채가 2017년 말 기준으로 3060억 원 기재돼 있습니다.

2017년 중에 거래처에 납품 계약을 하고 선수금을 받은 모양입니다. 그리고 선수금의 유입으로 회사 현금흐름이 좋아지면서 차입금을 일부 갚았다고 볼 수 있습니다.

선수금은 점차 매출로 전환할 예정입니다. 그러니 형식적으로 부채비율은 올랐지만, 재무 안정성은 더 좋아졌다고 볼 수 있습니다. 회사 현금 유입분을 이용해 차입금을 줄였으니, 차입금의존도도 크게 떨어졌을 테니까요.

SK실트론 별도재무제표 부채 구성

구분	2016년	2017년
선수금(부채)	–	3060억 원
장단기차입금	7150억 원	5520억 원
차입금의존도	59%	38%

⑥ 이자보상배율

마지막으로 안정성을 측정하는 데 많이 이용하는 비율이 이자보상배율입니다. 기업이 이익에서 얼마를 이자비용으로 쓰고 있는지를 나타내는 수치입니다. 기업의 채무상환 능력을 나타내는 지표로 영업이익을 금융비용(이자비용)으로 나누어서 구합니다.

$$이자보상배율 = \frac{영업이익}{금융비용(이자비용)}$$

* 이자보상배율이 1 미만이면 잠재적 부실기업

기업이 영업활동으로 벌어들인 이익으로 이자비용을 지급할 수

이자보상배율이 1이면 영업이익으로 이자를 지불하고 나면 남는 돈이 없다는 의미로, 경영 여건이 악화하였음을 의미한다.

있는지 판단하기 위해 산출합니다. 이자보상배율이 1이면 영업이익을 모두 이자로 지불하고 나면 남는 돈이 없다는 의미입니다. 반대로 이자보상배율이 1보다 크다는 것은 영업이익으로 금융비용을 모두 충당하고 이익이 남는다는 의미입니다.

이자보상배율이 1 미만이면 영업이익으로 금융비용조차 지급할 수 없으므로 잠재적 부실기업으로 볼 수 있습니다. 한국은행은 한계기업의 기준으로 '3년 연속 이자보상배율 1 미만'을 설정하고 있습니다. 언론에서 좀비 기업을 퇴출시킨다는 기사를 종종 보셨을 겁니다. 퇴출 여부 결정에 이자보상배율이 중요한 기준이 됩니다. 금융감독원, 한국은행 등 국가 기관에서 그만큼 중요하게 생각하는 비율입니다.

✅ 재무상태표로 성장성도 알 수 있다!

지금까지 재무상태표가 기업의 안정성을 분석하는 데 중요한 정보를 제공하고 있다는 것을 알아보았습니다. 재무상태표에는 기업의 성장성을 분석할 수 있는 정보도 있습니다. 재무상태표의 주된 분석 대상은 아니지만 알아두면 좋을 것입니다.

총자산증가율

총자산증가율은 기업의 총자산이 전년 대비 얼마나 증가했는가를 측정하는 지표로, 기업의 전체적인 성장 추세를 측정할 수 있습니다. 총자산이 증가하지 않는다는 것은 영업이익을 만들어 내기 위한 영업자산, 기타수익을 만들어내는 비영업자산이 증가하지 않는 의미입니다. 총자산이 증가하지 않았다면 회사의 수익이 증가하는 걸 기대할 수 없습니다.

$$\text{총자산증가율} = \frac{(\text{당기말 총자산} - \text{전기말 총자산})}{\text{전기말 총자산}} \times 100(\%)$$

Lesson 27

재무비율 분석 3 :
얼마나 빨리 팔고,
빨리 회수하는가?

 KEY POINT 1

손익계산서와 재무상태표 크로스 분석으로 얻을 수 있는 정보	➡	**활동성** 회사가 얼마나 영업활동을 활발하게 수행하고 있는지

 KEY POINT 2

활동성을 분석하는 툴

매출채권회전율, 재고자산회전율, 매입채무회전율, 영업순환주기, 현금창출주기

 KEY POINT 3

영업순환주기와 현금창출주기

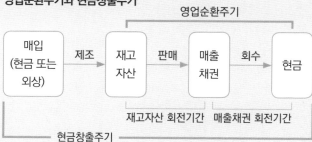

재무상태표와 손익계산서 크로스 분석

'크로스오버(crossover)'라는 말이 있습니다. 사전적 의미는 '활동이나 스타일이 두 가지 이상의 분야에 걸친 것'입니다. 재무제표를 분석하는 마지막 방법이 크로스오버입니다. 재무상태표와 손익계산서 두 가지를 모두 활용해서 분석하기 때문입니다.

재무제표 크로스오버 분석 툴을 이용해서 알아낼 수 있는 것은 주로 기업의 '활동성'에 관한 정보입니다. 기업의 활동성은 회사가 얼마나 영업활동을 활발하게 수행하고 있는지를 나타냅니다. 주요 분석 툴로는 회전율을 이용합니다. 회전율에는 매출채권 회전율, 재고자산 회전율, 매입채무 회전율 등이 있습니다.

기업에도 적용할 수 있는 백종원의 꿀팁!

〈백종원의 골목식당〉이라는 TV프로그램이 있습니다. 요식업계 대부 백종원 씨가 경기가 침체된 골목을 찾아서 골목에 포진한 작은 식당의 문제점을 파악하고 해결책을 제시해 식당과 골목 모두 활

449

기를 찾게 해주는 프로그램입니다. 프로그램을 몇 주 보다 보니 제 눈에도 장사가 안되는 식당의 공통적인 문제점이 보였습니다. 조리법이나 조리 과정, 메뉴 구성 등이 효율적이지 못해 손님을 오랜 시간 기다리게 해서, 회전율이 낮다는 점입니다. 회전율 낮은 식당의 모습을 지켜보고 있자면, 고구마가 목에 걸린 것처럼 답답합니다. 작은 식당은 테이블 수가 적기 때문에 조리하는 시간을 줄이고, 동선을 효율화해 테이블당 회전율을 높이는 것이 성공과 실패를 가르는 중요한 요인입니다.

장사가 잘 되는 식당에 가면 의도하지 않았는데도 기다리는 사람들 때문에 빨리 식사를 하게 되는 경우가 있습니다. 음식을 먹으면서 '이 집 참 회전율 높네. 떼 돈 벌겠어'라는 생각이 들기도 합니다. 우리가 자주 사용하는 '회전율'은 생활 용어이면서, 기업의 활동성을 측정하는 전문 용어이기도 합니다.

테이크아웃이 가능한 메뉴를 개발하고 회전율을 높이는 방법을 고민하세요.

✅ 기업의 활동성을 평가하는 3대 회전율 지표

먼저 회전율을 구하는 방법을 알아보겠습니다. 사실 공식을 외우는 것이 매우 번거롭고 수고스러운 일이기도 하지만 기본적인 공식은 외우는 것이 편할 때가 있습니다.

회전율 구하는 공식은 너무 외우기 쉽습니다. 그냥 직관적으로 생각하면 됩니다. 매출채권 회전율을 구한다고 해 봅시다. 매출채권 회전율을 구하려면 '매출액'과 '매출채권'을 분모와 분자에 넣어야 하는데, 어느 것을 분자에 넣어야 할지 헷갈릴 수 있습니다. 이렇게 생각해 봅시다. 자동차에서 회전하는 것은 바퀴이고, 바퀴는 아래에 달려있죠. 매출채권 회전율이라고 하면 매출채권이 회전하는 것이니까 아래(분모)에 달려있으면 됩니다. 분자에는 손익계산서의 매출액(매출채권이 발생하게 된 원인)을 놓으면 바로 회전율을 구할 수 있습니다. 분모에 오는 매출채권은 평균매출채권을 사용합니다.

재고자산 회전율과 매입채무 회전율도 같은 방식으로 구해볼 수 있습니다. 참고로, 재고자산 회전율을 구할 때 분자에는 일반적으로 매출원가를 사용합니다.

$$\text{매출채권 회전율} = \frac{\text{매출액}}{(\text{전기말 매출채권} + \text{당기말 매출채권}) \div 2}$$

$$재고자산\ 회전율 = \frac{매출원가}{(전기말\ 재고자산 + 당기말\ 재고자산) \div 2}$$

$$매입채무\ 회전율 = \frac{매입액}{(전기말\ 매입채무 + 당기말\ 매입채무) \div 2}$$

실제 기업의 회전율을 한번 구해 봅시다. 자전거 제조업체 알톤
스포츠의 재고자산 회전율과 매출채권 회전율 변화를 살펴보고,
제품이 팔려서 현금이 회수되기까지 기간이 해마다 어떻게 변했는
지도 한번 분석해 봅시다.

✅ 빨리빨리 팔자, 재고자산 회전율

알톤스포츠 재무제표에서 뽑아낸 수치는 다음과 같습니다.

알톤스포츠 재무제표 (단위 : 억 원)

구분	2014년	2015년	2016년	2017년
매출액	684	622	526	434
매출원가	434	425	358	357
매출채권	32	52	130	103
재고자산	155	111	270	181

평균 133억 원

2015년의 재고자산 회전율은 얼마인가요? 2014년 말(2015년 초) 기준 재고자산 155억 원과 2015년 말 111억 원의 평균은 133억 원입니다. 따라서 회전율(425억 원/133억 원)은 '3.20'입니다. 같은 방법으로 2016년과 2017년 재고자산 회전율을 구해보면 '1.88'과 '1.58'입니다.

알톤스포츠 재고자산 회전율

구분	2015년	2016년	2017년
재고자산 회전율	3.20	1.88	1.58

2015년 3.20에서 2017년 1.58로 재고자산 회전율이 절반 수준으로 떨어졌습니다. 재고자산 회전율이 감소하고 있다는 것은 재고자산(자전거)이 팔리는 속도가 늦어지고 있다는 의미입니다. 그런데 재고자산 회전율만으로는 알톤스포츠가 어떤 상황인지 정확하게 파악되지 않습니다.

✅ 길어질수록 '현금 갈증'이 심해지는 재고자산 회전기간

회전율을 산출하면 다시 놀라운 숫자를 계산해 낼 수 있습니다. 그것이 바로 회전기간입니다. 1년(365일)을 회전율로 나누어보면 회전기간이 나옵니다.

알톤스포츠의 2015년 재고자산 회전기간(365/3.20)은 '114일'

입니다. 자전거 한 대를 만들면 판매되는 데 대략 114일이 걸렸다는 의미로 이해하면 됩니다.

알톤스포츠 재고자산 회전기간

구분	2015년	2016년	2017년
재고자산 회전기간	114일	194일	230일

완성품 자전거가 팔려나가는 데 걸리는 기간이 해마다 계속 늘어나 2016년에는 194일, 2017년에는 230일이 됐습니다. 그만큼 자전거가 잘 안 팔린다는 이야기입니다.

재고는 현금이나 마찬가지입니다. 회전기간만큼 현금이 많이 잠겨있다는 의미로 해석할 수 있습니다. 이 때문에 알톤스포츠 주가도 2014년 9월 최고가인 1만 7750원에서 계속 하락해 2018년 4월에 3020원까지 하락했습니다.

✅ 매출채권 회전율과 회전기간이 말해주는 것

알톤스포츠의 2015년 매출채권 회전율을 한번 구해볼까요. 2014년 말(2015년 초) 매출채권 잔액 32억 원과 2015년 말 매출채권 잔액 52억 원의 평균치는 42억 원입니다. 따라서 매출채권 회전율(622억 원/42억 원)은 '14.8'입니다. 매출채권 회전기간(365/14.8)은 '25일'입니다. 물건을 판매해 발생한 매출채권이 현금으로 회수되는 데 평균적으로 걸리는 기간이 24.7일이라는 이야기입니다.

알톤스포츠 매출채권 회전율과 회전기간

구분	2015년	2016년	2017년
매출채권 회전율	14.8	5.8	3.7
매출채권 회전기간	25일	63일	99일

자전거 1대를 외상으로 판매(매출채권 발생)한 뒤 현금 회수(결제)까지 걸리는 기간이 2015년 25일에서 2016년 63일로 크게 길어졌다가, 2017년 99일로 또다시 증가했습니다. 외상값을 회수하는 데 걸리는 시간이 길어졌으니 거래처에서 돈을 떼일 위험도 커졌다고 판단할 수 있습니다.

$$매출채권\ 회전기간 = \frac{365}{매출채권\ 회전율}$$

$$재고자산\ 회전기간 = \frac{365}{재고자산\ 회전율}$$

$$매입채무\ 지급기간 = \frac{365}{매입채무\ 회전율}$$

☑ 영업순환주기를 보면 회사 평가 끝!

이제 완성된 자전거(재고)가 팔려서 현금이 회수되기까지 걸리는 총시간, 즉 영업순환주기(영업주기)도 알아볼 수 있습니다. 재고자산 회전기간과 매출채권 회전기간을 더해주면 됩니다. 영업순환주기를 통해 회사 경영이 갈수록 어려워지고 있다는 것을 알 수 있습니다.

알톤스포츠 영업순환주기

구분	2015년	2016년	2017년
영업순환주기	139일 (114+25)	257일 (194+63)	329일 (230+99)

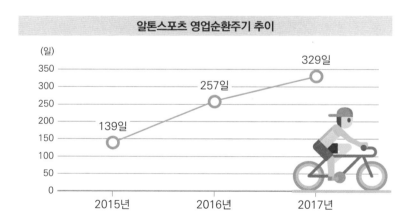

알톤스포츠 영업순환주기 추이

456

✅ 현금이 도는 속도, 현금창출주기

회사의 현금이 얼마나 빨리 돌고 있는지 계산해보기 위해서는 회사의 현금창출주기를 살펴보면 됩니다. 원재료를 매입해서 생긴 채무를 갚고, 재고자산을 생산해 판매하고, 매출채권을 회수하는 한 사이클이 바로 현금창출주기입니다.

　회사의 현금창출주기는 '재고자산 회전기간＋매출채권 회전기간－매입채무 지급기간'으로 계산할 수 있습니다. 재고자산이 빨리 팔리고, 매출채권이 빨리 회수되고, 매입채무는 늦게 주면 현금창출주기가 짧아집니다. 현금창출주기가 짧아지면 회사에 현금이 빨리 돌게 됩니다. 현금창출주기에서 매입채무 지급기간을 고려하지 않으면 영업순환주기가 됩니다. 영업순환주기도 짧으면 짧을수록 좋겠죠. 정상적인 회사라면 1년을 넘지 않는 것이 일반적입니다.

영업순환주기와 현금창출주기

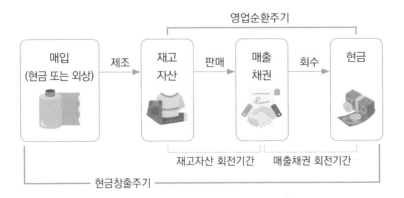

지금까지 재무제표를 읽는 방법에 대해 알아보았습니다. 재무제표를 읽는 목적이나 방법에 따라 걸리는 시간은 천차만별입니다. 1초가 걸릴 수도 있고, 5분이 걸릴 수도 있고 몇 시간이 걸릴 수도 있습니다. 재무제표 읽는 데 많은 시간을 투자할수록 그 안에서 건져 올리는 정보의 깊이도 깊어질 것입니다.

정보가 곧 돈인 시대입니다. 기업들의 재무제표는 금융감독원 전자공시시스템(http://dart.fss.or.kr)에 들어가면 얼마든지 무료로 볼 수 있습니다. '데이터(data)'와 '정보(infomation)'에는 차이가 있습니다. 의미 없이 흩어진 것(데이터)을 취합하고 분석해 의미를 부여했을 때 비로소 정보가 됩니다. 투자를 위한, 비즈니스를 위한 데이터는 누구에게나 열려 있습니다. 그러나 회계를 모르고서는 접근 가능한 데이터가 아무리 많아도 보석처럼 값진 정보를 발견할 수 없습니다. 이 책에서 설명한 기초 회계 지식만 잘 이해했다면, 여러분은 그 누구보다 멀리 깊이 내다볼 수 있을 것입니다.

회계 · 공시 완전정복 로드맵

회계　Basic

매출원가, 감가상각, 손상차손... 분명 우리말인데 외국어 같아요.

수익이랑 이익이 같은 말 아닌가요?

회계 책만 수십 권 있는데 끝까지 본 책은 한 권도 없어요.

김수헌 · 이재홍 지음 | 458쪽 | 20,000원

공시　Basic

감자요? 내가 아는 감자는 먹는 감자뿐이오.

주식투자 1일차! 기업공시가 뭔가요? ? ?

기업을 인수하는데 왜 유상증자를 하는 거죠?

김수헌 지음 | 297쪽 | 16,800원

어바웃어북의 경제·경영 스테디셀러

미래시장의 통찰력을 키우는 산업견문록
40일간의 산업일주

| 남혁진 지음 | 406쪽 | 28,000원 |

산업의 경계를 허무는 파괴적 혁신을 포착하다!

"○○산업의 본질이 무엇인가?" 고(故) 이건희 삼성전자 회장이 자신에게 그리고 경영진에게 수없이 던진 질문이다. 그는 비즈니스의 방향을 설정하고 경영전략과 전술을 짜는 출발점을, 산업에 대한 정확한 이해로 꼽았다. 비즈니스는 산업의 본질에 충실해지려는 과정에서 발전하고 확장된다. 이 책은 글로벌 경제를 선도하는 40개 산업의 흥망성쇠를 예리한 분석력으로 진단한 뒤, 성장가치와 투자가치를 짚어낸다. 이로써 투자자와 비즈니스맨에게는 미래를 읽는 통찰력을, 취업준비생에게는 최고의 스펙을 쌓을 수 있는 기회를 제공한다.

쌀 때 사서 비쌀 때 파는
저평가 우량주 투자지도

| 한국비즈니스정보 지음 | 430쪽 | 25,000원 |

**반도체, 배터리, 메타버스, 바이오, 수소/전기차, 자율주행, K-콘텐츠 등
증권사마다 목표주가를 상향 조정한 유망종목 100선!**

대장주라고 해서 높은 수익률과 안정성을 담보하지는 않는다. 이 책은 같은 업종의 경쟁사들에 비해 '저평가'되어 주가가 높지 않은 종목 100선을 엄선해 집중 분석했다. 1주당 가격이 1만 원 미만에서 2~3만 원 안팎이지만 주력 사업의 비전과 기술력 등을 들여다보면 결코 무시할 수 없는 알토란 종목들이다. 현재는 '저평가주'에 머물러 있지만 머지않아 '우량주'가 될 가능성이 매우 큰 '성장주'인 것이다.

마침내 찾아온 붕괴의 시간
부동산을 공부할 결심

| 배문성 지음 | 396쪽 | 25,000원 |

**금리와 인플레이션, 환율은
어떻게 당신의 부동산을 잠식하는가?**

급변하는 장세에서는 예측보다 대응이 중요하다. '마침내' 찾아온 '부동산 붕괴'의 시대에는 상승장에서나 품어야 할 '야수의 심장'이 아니라 자산시장의 대외여건을 꼼꼼하게 '공부할 결심'이 절실하다. 이 책은 공급, 금리, 유동성, 타이밍 4개의 축을 통해 부동산시장의 허와 실을 파헤치며, 파도처럼 밀려오는 위기에 휩쓸리지 않을 자산수호 독법(讀法)을 안내한다.